作者
李偉

浪花淘盡

——文人劫難記

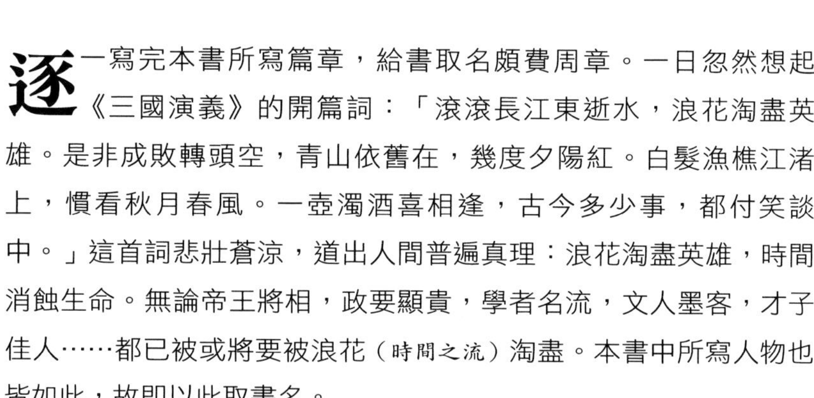

自序

逐一寫完本書所寫篇章，給書取名頗費周章。一日忽然想起《三國演義》的開篇詞：「滾滾長江東逝水，浪花淘盡英雄。是非成敗轉頭空，青山依舊在，幾度夕陽紅。白髮漁樵江渚上，慣看秋月春風。一壺濁酒喜相逢，古今多少事，都付笑談中。」這首詞悲壯蒼涼，道出人間普遍真理：浪花淘盡英雄，時間消蝕生命。無論帝王將相，政要顯貴，學者名流，文人墨客，才子佳人……都已被或將要被浪花（時間之流）淘盡。本書中所寫人物也皆如此，故即以此取書名。

「往事只堪哀，對景難排。」（李後主詞）。這些篇章都屬往事回憶。魯迅曾說：「一個人做到只剩回憶的時候，生涯大概總要算是無聊了吧。」（《朝花夕拾》）魯迅話語自有道理。其實個人回憶的集成就成歷史。前不久逝去的學人季羡林說得好：「回憶與懷舊能淨化人的靈魂。」季老又說：「歎時光之流逝，驚滄桑之巨變，心動神移，往事如煙，低迴難捨，靈魂震顫，難道不足以淨化你的靈魂嗎？」季老還這樣慨言：「根據我個人的經驗，這種淨化超過一切說教，超過一切義理。」註1信哉斯言，誠哉斯言！

說來回憶也非易事，要有回憶的餘暇，當求生不遑，甚或食不裹腹時，那能回憶？再說回憶與懷舊常被人相提並論。前些年在大陸，懷舊會被指為迷戀過去，那是萬惡的舊社會，早應完全忘卻，你還記著甚或懷念，如此追究下去結局可想而知。這樣看來，回憶必須有生活的餘裕，要把回憶形成文字，又要有祥和的環境。自然目前已有生活餘裕，「不能懷舊」那種左得可怕的觀點也不復存在，但無可諱言，引以為憾事仍有存在。

曾有這樣一些事例。在一個學術團的年會上，與一位年青編輯談到知名的學者、報人儲安平，他茫然地說：「我不知道這個人！」他是大學本科畢業。在讀時無論教材或教授講述中從未談到儲安平這人。儲安平以辦《觀察》聞名於世。在國共紛爭中，傾向中共，但獨立崖岸。一九四九年後先為上賓，反右時因「黨天下」的發言而獲罪，打成「右派」。文革中悄然消失人間。右派改正時屬不改正之列的五人之一。由於淡化或諱言反右更不提儲安平，竟造成失憶。真令人歎息！忘卻過去，迴避歷史，則無可參照。正如杜牧所言，「後人哀之而不鑒之，亦使後人而復哀後人也！」（〈阿房宮賦〉）

這回該說我自己了，出生於平凡的家庭，成長在國事蜩螗，戰亂不已的年代，一生平庸，乏善可陳。一個平凡的人所可回憶的，自然不是叱吒風雲、經國治世的偉業，同時自己也並不願意常常回憶往事。無奈往事纏繞鬱結在心頭，有不吐不快之感。

回顧平生，在上世紀四〇至五〇年代，曾從事新聞工作，記者雖並非真正「無冕之王」，但接觸各界（政軍士農工商）各層面的人物，知悉某些秘聞軼事卻也有職業之便。多年來一直藏於記憶深處，令人三緘其口。一則當年杯弓蛇影，人人自危，心防高築，不敢言宣。如與蔣氏父子的邂逅，與李宗仁的合影。[註2]如今世更時易，這樣的顧慮自無必要，且也多餘。

再者，風風雨雨、載浮載沉，本人已過八十之年，已屆耄耋，去日苦多，來者指日可數。似已屬歷史搶救之列。因此不揣簡陋，一一奉獻給讀者。孜孜兀兀近兩年始完篇。

成書之前曾將部分篇章發表並求教於友人。曾有讀者問，你筆下這些人物，為什麼遭遇如此不仁，命運如此奇慘。事實確如此。如北大才女林昭，只因堅持獨立思考，捍衛民主自由，獲刑二十年。在獄中竟遭正銬、反銬、毆打、辱罵、強姦……處極刑槍決後，公安還向家屬收取五分錢子彈費。堪稱曠古奇聞！陸久之雖為蔣氏貴戚（陳潔如的養女婿），卻暗中為中共效力，從事策反和特情，功勳卓著。不幸捲入潘（漢年）揚（帆）案，判刑十五年，禍連家族、掃地出門……。畫家林風眠一向服膺藝術至上，不問政治，「文革」仍難倖免，指鹿為馬，橫加罪愆，囚禁五年。石揮與舒繡文兩位名演員均藝臻絕境。前者有「話劇皇帝」之稱，後者為「話劇四名旦」之一。石揮一九五七年捲進反右，跳進大海以明志。舒繡文在文革中受盡摧殘與蹂躪，奪去生命。許燕吉為許地山之女，只因信仰宗教，「右派」、「反革命」雙帽齊戴，獄中嬰兒流產，絕情丈夫離她而去，出獄後發配關中平原，為活命嫁了個文盲老農……這裡無法一一縷述。筆者坦率告讀者，此番校讀這些篇章，我心情也極沉重，幾次掩卷，唏噓良久。對讀者的困惑，我的回答是：筆者無意煽情，賺取讀者眼淚，也並無借他人酒杯澆自己塊壘之意，實乃他們本身的遭遇如此。史傳文學貴在真實，筆者不能違心粉飾以取悅讀者。我可以這樣說明，我寫的是真實，當然誰都可以懷疑，但這是真實。

又有讀者問：性格即命運，書中人物是否因性格缺陷才有個人悲劇。非也，其因應從歷史與時代中去尋求。近代中國苦難實太深重，日寇入侵與八年抗戰，甫告勝利內戰又起……干戈不已，連年戰爭，血流成河，白骨蔽野。一九四九年江山底定後，為固政權、保江山，又是一波波運動，過了這關難逃那坎，所謂「覆巢之下焉有完卵」。故諺云：「寧作太平犬，勿為亂離人。」好在驚濤駭浪世局已成過去。原今後吉星高懸、祥雲普照。

似乎記得有過這樣的話語：「一百個作家筆下，有一百個莎士比亞。」自然莎士比亞只有一個，但各個作家的感受都各不相同，也就有不同的莎士比亞。本書所寫人物，也為筆者的獨特感受，也許不同於眾。如我所見到的蔣介石，實像一儒雅老人，難與「獨夫」、「民賊」等同。一介小民能在未「清園」、「戒嚴」與「肅靜迴避」的氣氛中見到他，今日幾乎難以置信。泛舟太湖，船中笑語相聞也似有「親民」之感。或許是他多元性格的又一面，這是要說明的。（本篇未收入本書，將在另冊面世。）

最後，筆者深願這些舊情往事，能作前車之鑒，引出二十一世紀的生命感悟和人的良知與理性。

是為序。

李偉，二〇〇九年八月二十三日於南京。是年八十五歲。

>>> **注釋**

註1：季羨林：《走近二十世紀文化名人叢書》總序。

註2：李宗仁當選副總統後，處於閒散地位。1948年9月14日遊覽無錫。筆者時為《人報》記者，曾與李宗仁、郭德潔、程思遠等合影。

目次

寧折不彎一老人

——追憶錢孫卿先生

一

說起錢孫卿，當代年輕人即使不是茫無所知也可能非常陌生，但是這個名字在上世紀四〇年代滬（上海）寧（南京）線蘇（州）錫（無錫）常（州）一帶，可說是無人不知無人不曉。

錢孫卿世居無錫，一八八七年出生於名門望族。無錫市中心一個叫「七尺場」的地方（現為新街巷），有「錢家大院」即錢宅。當年我多次造訪，見大門旁有石刻楹聯：「文彩傳希白，雄風動海潮。」上聯的希白指宋代文學家錢易，真宗時以第

錢孫卿。

圖上：錢孫卿長子錢鍾韓，曾任南京東南大學校長、江蘇省政協主席。
圖下：錢孫卿次子錢鍾漢，曾是無錫市副市長。

二名及第，文彩風流長傳不衰，下聯指吳越王錢鏐發箭射錢塘江潮故事，讚其武功。足見錢氏門風規模不凡。

錢氏門風至當代仍為世人盛讚。錢孫卿有兄弟三，大哥錢基成（子蘭），二哥即國學大師錢基博（子泉），他行三，名基厚，孫卿是他的字。他與錢基博是孿生兄弟。當代鴻儒錢鍾書是他的侄兒（錢基博之子）。真是「群季俊秀，皆為惠連」。錢孫卿長子錢鍾韓，負笈英倫，曾任南京東南大學校長、江蘇省政協主席，次子錢鍾漢曾是無錫市副市長。

我是先聞錢孫老之名，後見其人。

一九四七年春天的一天，位於無錫市中心崇安寺的縣參議會（當時無錫尚未改市），車水馬龍，人頭濟濟，一年一度的縣參議大會在這裡舉行。

此時我剛去無錫《人報》工作，任記者。參議會正是我負責採訪的範圍。會議的第二天，我匆匆趕到會場，剛在記者席上坐定，就見一個身材不高，銀髯垂胸，戴眼鏡，精神矍鑠的老人，快步走向講台。台下響起一片掌聲，就像名角上場的一個上場彩。

老人開始講話：「我不同意縣政府交辦的徵兵徵糧議案。」聲如洪鐘，語驚四座。

坐在政府代表席上的幾個地方官員面面相覷，侷促不安。

「政府打內戰，把重擔壓在人民身上，徵兵徵糧一年要有幾次，江南最富庶，也經不起這樣敲骨吸髓……」

接著他列舉無錫交糧出丁的具體數字。

掌聲更響，老人的喉嚨也更響：「這是竭澤而漁，殺雞取蛋，更是殘民以逞。」最後他怒目盯視那些官員，大聲高喊：「孫中山先生提倡民生主義，你們推行民死政策，無錫人要活下去，我堅決反對徵兵徵糧。」

掌聲如潮，老人以凜然不可犯的氣概走下台來。

「他是誰？」我急忙問同座的一位記者。

「商會會長錢孫卿，無錫無人不知的名人！你都不知道？」那位同業以法國人不知道拿破崙的神情嗔怪我。

當夜，我以極興奮的心情，把錢孫老講話幾乎一字不漏地寫了長長一篇會議新聞，總編孫德先又親撰一篇盛讚老人為民請命的社論以壯聲勢。

錢孫老歷來支持《人報》，看過我的報導也許覺得孺子堪教，對我以後採訪他總能盡言。我看他在多次場合，凡是地方公益事業，他都據理力爭。他真是不計身家性命為桑梓造福。我深深敬佩他。

二

無錫的徵兵徵糧，自錢孫老在參議會放炮後，幾乎停頓了。消息傳到鎮江（江蘇省府所在），急壞了省長王懋功，他決定親到無錫來打開僵局。在省府工作的無錫人立即送信給錢孫老：「王懋功是軍人，你最好敷衍他一下，免得造成僵局不好挽回。」老人放聲大笑：「難道軍人就不講理，我自會對付，不用操心。」

王懋功果然來了。他召集無錫耆紳與知名人士談話，錢孫老自然在邀請之列。會上，王懋功態度謙恭，一番開場白後，他要無錫人奉行政府決策，作蘇南各縣表率，在座各位更應率先垂範。

王懋功話音剛落，錢孫老就站起來，他說：「王省長，如果你容得下老朽說幾句話，那我就講幾句。」王勉強點了點頭。

錢孫老清了清喉嚨說開了：「江南人民在八年抗戰中，遭受日寇與汪偽的燒殺搶掠，本已奄奄一息，抗戰勝利後，正待休養生息，渴求和平，詎料內戰又起，政府接二連三徵兵徵糧，壓得老百姓求生不得求死不能，希望王省長重視民意，代向中央呼籲，給人民留一點生機。」一番話把王懋功氣得直瞪眼，口中連連說，你是言之過甚。

接著冷場，縣長再三請到會者講話，無人應聲，王懋功狀極尷尬，宣佈散會。

王懋功走了，但直接負責徵兵的無錫團管區司令江陰人蔡潤祺不甘心就此失敗，他召開記者招待會，發表公開談話，說錢孫老是為共匪張目、破壞兵役，要無錫人履行兵役義務。

消息見報，錢孫老拍案而起，針鋒相對地把蔡潤祺罵了一通。

接著三封空嚇信到了錢孫老家裡。信警告老人「勿以民意機構為護符，組織非法活動，以免流血……我們隨時注意先生的行動。」信裡附了一包藥粉，一顆手槍子彈，還畫著錢孫老的頭像。

錢孫老看信後哈哈大笑，提起筆來在信末寫了一段注：「徵兵違反人心，已成公開呼聲……而徒以恐嚇手段鉗制輿論，正證明政府未能把握人心，正其軍事所以失敗。不有犧牲何能成事。僕今老矣，必不為腐鼠之嚇也。」這一段氣勢磅礴的話，他交給我在《人報》發表。事後蔡潤祺也無可奈何。

無錫的徵兵徵糧終因錢孫老的反對，大大延緩了進程。

三

一年後，即一九四八年，錢孫老更有兩項無畏之舉。

一九四八年初，國民黨政府要開徵一項新稅（行商稅），選定無錫為試點。如一旦徵收，行商將裹足不來，導致無錫工商業蕭條。錢孫老首先發難，反對開徵這項新稅。派代表到行政院請願。

財政部見推行受阻，派了個司長到無錫，召集工商界人士開座談會，錢孫老與會。會上，那個司長說：「你們不要聽信共產黨的宣傳，中他們的奸計，開徵行商稅勢在必行，政府有決心。」這樣的口吻顯係威脅。

錢孫老立即駁斥道：「不要用共產黨的大帽子來壓人，國民黨好，還是共產黨好，老百姓是心中有數的，大家都有一本帳。」

這位司長被激怒了，手指著錢孫老：「你，你，把你送到蘇北去。」會就此中斷。後來，行商稅終於沒有開徵。

四

一九四八年夏天，國民黨在軍事上連連失敗，中共控制的解放區，已占全國總面積的四分之一，田賦收入因而銳減，而每丟失一地，就有成千上萬的難民湧來，加重了負擔，而軍費支出又直線上升，在經濟面臨崩潰之際，國民黨政府拋出「幣改方案」，以所謂金圓券為幣本位，收兑法幣與人民手中的黃金、白銀與外匯，並凍結物價限定在八月十九日的水平（所謂「八一九限價」）。蔣介石派兒子蔣經國坐鎮上海，伸出鐵腕打擊違抗者。結果市場一片混亂，引發搶購狂潮，市場有市無貨。民以食為天，最後發展到上海都買不到大米。

無錫是全國四大米市之一，一九四八年九月八日，蔣經國親到無錫，企圖拋出撒手鐧，要無錫米商無限制供應上海大米。下午兩時，蔣經國與隨行三人來到市中心崇安寺的縣參議會，與工商界人士見面並發表講話。蔣太子到無錫的消息不脛而走，參議會門前湧滿人群，市民要看這「經濟沙皇」如何動作。參議長李惕平臨時決定，拉出大喇叭，讓外面的人都能聽到會場情況。蔣經國帶著寧波鄉音開始說話：「這次政府頒佈《經濟緊急處分令》與進行幣制改革，是經過慎重考慮與研究的，大家要相信政府……這不但關係到人民生活，並且關係到整個國家的生死存亡。一個國家除了要有堅強的軍事力量外，經濟的穩定也很重要。」他又說：「無錫是京滬線上的重鎮，全國四大米市之一，希望工商界與地方父老要為政府分憂，協助政府不僅要做好無錫的物價管制和維持社會秩序，還要源源不斷供應上海的食米……」說到這裡，蔣經國似乎感到自己的話不夠份量，他把話頭一轉，說：「本人在上海所做的工作，大家想也知道（按：當時小蔣已在上海逮捕杜月笙之子杜維屏並判刑，又槍斃官員戚再玉與商人王春哲），我一向不畏權貴，自然也不恃強凌弱，不過要是有人不奉公守法，不與政府合作，那就莫怪我了……」這一番威脅的話，使全場空氣頓變，與會的人面面相覷。

當時也在會場的我，看到坐在會議桌另一頭（面對蔣經國）的錢孫老起來講話了，他不講客套話，一開始就觸及要害。他說：「自從實行經濟緊急管制以來，無錫市場上已沒有貨物成交，商店的貨架上已沒有貨物，叫工商界怎麼做生意？也許無錫的情況要比上海好一些，但目前最大的顧慮，就是賣了貨補不進來。無錫工商界向上海訂的貨，上海不准放行，貨物不能自由流通還做什麼生意。這一點請蔣督導員解決。」錢孫老的一番話觸到了在座工商界的痛處，紛紛起而發言，話題都是自己的難處，一致要求政府放寬限制。會場秩序陷入混亂。蔣經國的臉色唰地轉白，無言以對。

會場上的講話，通過高音喇叭傳到大門外，聚在外面的群眾聽得清清楚楚，齊聲鼓譟起來，還有人高喊口號，要政府停止經濟管制，取消限價……這又傳到會場內。主持會議的議長李惕平怕鬧出事來，徵得蔣經國同意，草草宣告收場。

蔣經國向參議會大門走去，門口被群眾擠得水泄不通。徐縣長立刻通知城防指揮部調來數百憲兵和員警，趕散群眾，護著蔣經國登車。

事後，蔣經國從上海調來「勘建隊」，查封振新紡織廠囤積的紗布，顯示他的威懾，對錢孫老無可奈何。為著給蔣經國一點面子，無錫就送去上海一些大米。

五

在光明與黑暗、垂死與新生最後搏戰的歲月，寧折不彎、耿介剛直的錢孫老始終站在最前列，為無錫以至江南人民謀取福祉。

一九四九年初，大局急轉直下，光明在望，蔣政權敗亡在即。錢孫老深慮政權更易之際，無錫工商界經多年努力經營開創的繁榮局面（有小上海之稱）會因而糜爛遭受塗炭，他和參議會議長李惕平、《人報》社長孫翔風、總編孫德先、榮氏企業秘書長華景吉多次商討如何應變。最後決定：1.組織「無錫公私社團聯合會」，以錢孫卿、李惕平、馮曉鐘、薛明劍、徐赤子五人為召集人，孫德先為秘書長；2.安定人心，大造輿論，勸阻遷店遷廠（後由《人報》派記者訪問榮德生，因他反對兒子遷廠國外。他的三子榮一心，因擬外遷，飛香港時墜機身亡）；3.組織工商自衛隊，購置武器，保廠護店。此後錢孫老背著徐赤子（他是中統並是縣黨部書記長）與數人商量後，直接派人去蘇北與新政權聯繫。

我雖在《人報》工作，總編孫德先與採訪部主任袁鶴皋，銜錢孫老之命，首次潛赴蘇北卻並不知曉，事後方知，此行並未成功。蘇北方面因袁鶴皋此人私行有缺，故不予接待。第二次，再派孫德先與錢孫老之次子錢鍾漢，分別代表參議會與商會，並帶授權證書，再潛赴蘇北，此行在淮陰見到了陳丕顯書記與管文蔚將軍。鍾漢先生轉達錢孫老代表地方的意見，解放軍到錫時，獻糧十萬石，並商定迎接無錫解放的具體任務。對照錢孫老對國民黨政權拒交軍糧，而對人民政權自動獻糧，足見老人的政治睿智。錢鍾漢回無錫後，向父親（時榮德生也在座）彙報去蘇北經過，錢孫老大喜說：「共產黨給我們指明了一條出路，今後大家可以順這條路走了！」

一九四九年四月二十三日，人民解放軍從江陰渡江後，深夜抵達無錫。大軍進城雞犬不驚，公私財產絲毫無損，社會安定，翌日市面熙熙攘攘如故，這當然是錢孫老與無錫工商界開明人士事前謀劃的結果。

六

建國後，錢孫老雖已是花甲老人，仍秉愛國初衷為建設新中國而獻身。身負多種職務：無錫各界人民代表會議協商委員會副主席、蘇南行政公署副主任、江蘇省人民政府委員、江蘇省政協副主席、江蘇省民建副主任委員、江蘇省工商聯主任委員等職，屈指一算有六個職務在身。他不只是掛名而是推動具體工作。土地改革、鎮壓反革命、抗美援朝是建國初期的三大運動，他積極回應中共號召並率先垂範。土改時他召集無錫市民建會員座談，宣傳土改政策，要求在農村佔有土地的會員回鄉登記，把田契交給農會聽候處理。他是抗美援朝蘇南分會的主席，他發動無錫工商界完成27架戰鬥機的捐獻任務，以無錫當時的經濟實力而言，這貢獻可說很大。

當時老人雖列身政府，仍保持平民作風。穿著雖換了人民裝，但依然布履。七尺場錢宅，錫人可以直接去造訪，他傾聽來訪者意見，轉有關部門後，一管到底，務必取得結果。錫人口碑相傳，感念不已。

耿介剛直、暢言無忌，老人性格依然如故。他從不趨利避害，明哲保身。土改中，根據蘇南的土地佔有情況，他認為江南沒有純粹的地主，地主大都兼工商業，要政府具體問題具體對待，不宜一刀切。在當時這是驚人之論，自然遭來反對，幾臨群起而攻的場面，他侃侃置辯，決不阿意曲從。鎮壓反革命運動中，他提出應嚴格掌握政策界限，要防止濫捕濫殺。幸而當時政情寬鬆，尚能聽不同意見，老人不僅順利過關，更有榮銜降身。一九五四年當選為第一屆全國人大代表，一九五五年當選為民建中央委員。

「性格即命運」。過了初一，過不了月半。一九五七年，錢孫老終於邁不過這個坎，侃侃談的結果，換來了「右派」的桂冠，本兼各職一概撤去，有幸的是免了皮肉改造，從此閒居在家。真為斯人長歎息！

然而噩運並不就此為止，到了「文革」，這樣一位有忠膽義肝，並把自己兒子獻給革命（四子鍾儀，一九四二年在浙江臨安被國民黨槍殺）的老人，竟定為反革命分子，身心受到嚴重摧殘，一九七五年十二月三十一日含冤去世。終年八十八歲。

七

建國後，我原服務的《人報》，開始時有復刊之説，我被留下，但最終還是沒有復刊。既不從事新聞工作，不再有親承錢孫老謦欬的機會，意外地得能過從錢孫老次子鍾漢先生。

大概是一九五一年，吾師馮曉鐘先生與鍾漢先生在無錫創辦《新經濟》週刊，我的文章多次被刊用，更得總編鍾漢先生獎勉，因而聘為特約撰稿，常聆鍾漢先生教言。此後我離開無錫，又是運動頻仍，求生不遑，也怕惹出事來，所有師友均不敢主動聯繫，因而只偶爾在報紙上看到無錫師友們的消息。錢孫老遭噩運就是在《新華日報》上看到的，當時再也不信錢孫老會是「右派」會是「反革命」，如果是，那他在解放前的種種表現又如何解釋，然而這想法只能深埋，哪敢表露。後來老人含冤去世，風聞之下，只有暗地灑淚，心香遙祭。

已記不清年月，我因公有無錫之行，去圓通路謁馮師曉鐘，鍾漢先生風聞後，翌日設宴於當時錫地最高檔的一家飯店（店名再也無法憶起），睽違已久，暢談甚洽，不知怎樣說到錢孫老庭訓之嚴。鍾漢先生已是無錫市副市長，公餘自不免有應酬，或在晚間有活動。錢孫老自己一生操守清白，任何場合從不越軌。某次兒子回府已是深夜，剛敲大門，門就開了。開門者竟是嚴父。原來錢孫老對兒子夜深歸來不滿，深怕兒子入官場後有所逾矩，親自持凳坐於門內等門。如此身教，雖老人未發一言，鍾漢先生從此謝絕一切夜間活動。一滴水裡看太陽，即此一事就足以說明錢孫老的為人。斯人遭遇如斯，令人扼腕！

錢孫老在十一屆三中全會後，得到徹底平反昭雪，這本是應得之義，不過遲了時日。老人瞑目與否，無從得知。

又過去了多少年，老人當年拍案而起，慷慨陳詞的形象至今仍常在我腦際浮現。

錚錚鐵骨的北大美麗之花
——林昭

北京大學，這使人仰慕和神往的名字。這是蔡元培提倡「相容並包」、胡適主張「但開風氣不為師」的中國最高學府。鍾靈毓秀的它曾培育出多少優秀學子、學界精英。詎料上世紀五〇年代（一九五七年），北大有一千五百人跌入「反右」、「陽謀」的陷阱，蒙受不白之冤。更有甚者，一些學子死在槍口下。其中一個「美麗之魂」是一九五四級中文系新聞專業女學生林昭。她高喊：「蔡元培保釋被軍閥囚禁的學生，你們……」她錚錚鐵骨，寧死不屈，九年囚獄，最後被秘密殺害和毀屍滅跡，死後劊子手還向她母親索要五分錢子彈費……

遲到公正　平反追悼　奇特輓聯　疑問驚歎

先從林昭的平反追悼會説起。

時間：一九八〇年十二月十一日，離她被殺害的日子（一九六八年）已有十二年。

地點：北京大學禮堂。

平反追悼會籌備組在致同志書中說：她是「被林彪、江青反革命集團所殺害」。

她的遺像簇擁在菊花和翠柏編織的花圈之中。相片下是林昭在獄中用血寫的詩（是真正的血，並非象徵意義的血）：「青磷光不滅，夜夜照燈台。留得心魂在，殘軀付劫灰。他日紅花發，認取血痕斑。媿學嫣紅花，從知渲染難」。因為她的殘軀已滅跡，靈台前的白塑膠盆裡只放著她的一束頭髮……

靈堂四周掛滿的輓聯中，有這樣奇特的一副，沒有字，上聯是一個怵目驚心的大問號——？，下聯是一個震撼靈魂的驚嘆號——！這一問一歎實在好。她有何罪，人血不是水，滔滔流成河，花樣年華（那年她三十五歲，未婚）死於槍口，而且槍殺前她在監獄醫院的病床上打吊針，強行拔下拖到刑場，哪還有一點人道！

她用最後的血寫下「歷史將宣判我無罪」，這八個大字。這自信、這預言被歷史所證實。一九八〇年八月二十二日，上海高級法院以「滬高刑復字第四三五號判決書」宣告林昭無罪，承認這是一次「冤殺無辜」。她以年輕鮮活的生命換來這結論。

北大才女　名師賞識　受命編刊　傾吐心聲

林昭的經歷很簡單。她姓彭名令昭，取名由來是其父要她仿效漢代班昭。她作文常以林昭為筆名，後即改成此姓名。蘇州是她的出生地，一九三一年生於此。她是家中長女，極受父母寵愛。她自幼聰慧，家中富有藏書，小學與中學階段就讀了很多中外名著，並有感悟，後來被稱為北大才女即由此奠基。

一九四九年，林昭從蘇州景海中學高中畢業。是年十七歲，父母期望她進大學深造。剛建立蘇南（江蘇南部）新政府的宣傳部門，為培養新聞幹部，在無錫成立蘇南新聞專科學校。早受中共宣傳影響並願追隨的林昭，毅然去考新專並被錄取。父母強烈反對，她不惜家庭關係的破裂。當年筆者雖已從事新聞工作，為瞭解新的新聞事業也曾去考蘇南新專和華東新聞學院，都被錄取。如果去了新專，該和林昭有同窗之誼。只是因組織安排立即去《蘇南日報》工作而未去蘇南新專。

不過我和林昭還是有過見面之緣。一位原先是我同事的友人在蘇南新專，我去看他。我們在惠山的寄暢園裡談著話，迎面走來一位文雅莊重、梳著雙辮、有一雙大大眼睛的姑娘，她和我友人打招呼。友人為我介紹：「她是我們學校的才女林姑娘。」她嫣然一笑：「我是林姑娘，但不是多愁善感的林黛玉。」寒暄幾句後，她就走開了。這就是一次識面之緣。

蘇南新專是速成性質的學校，學生大半時間又參加蘇南「土改」（即土地改革）。大概這不能滿足林昭的求知欲。後來林昭在一九五四年進了北京大學中文系新聞專業。她是這年作為江蘇地區文科最高分而被北大選中的。進了民主搖籃、「五四運動」發源地的北大，學者皆才俊、教者均名師，林昭何等興奮，決心日後要做個浦熙修（《文匯報》）、彭子岡（《大公報》）一樣的女記者。她勤奮讀書，北大圖書館常見她的身影。她讀新聞專業但又愛好文學。讀古典文學的《詩經》〈風．七月〉，她有創見。這為古典文學的名教授游國恩所讚賞。游先生倚之為助手。游教授開的幾次學術講座都是即席發揮，並無講稿，事後都根據林昭的記錄整理成文。游教授為此建議中文系主任，把林昭調到文學

林昭。

專業。這建議也為中文系的楊晦教授所贊同。後未果。林昭讀書之餘，又從事寫作，寫了很多歌頌中共、歌頌社會主義的篇章，並在報刊發表，她的文名傳了開來。

一九五六年冬，北大校黨委決定辦個綜合性的文藝刊物，讓學生來編。除了主編是樂黛雲教授外，其他編委都是學生，其中就有林昭，還有幾個後來都成為學者、教授，如謝冕、張炯，還有一個「反右」鳴放時首先發難貼出大字報，並對林昭一往情深的張元勳。

這刊物名為《紅樓》，於一九年元旦創刊，反應極好。第二期的責任編輯就是林昭、張元勳。該期的〈編後記〉就是林昭寫的：「我們希望能在『紅樓』上聽到更加嘹亮的歌聲，希望我們年輕的歌手，不僅歌唱愛情、歌唱祖國、歌唱我們時代的全部豐富多彩的生活；而且希望我們的歌聲像熾烈的火焰，燒毀一切社會的遺毒，以及一切不利於社會主義的東西。」

她自幼就受到中共的影響。她的大舅父許金元，曾任中共江蘇省委青年部長，死於一九二七年清黨，被裝入麻袋拋進長江。她的母親許憲民也追隨其兄參加中共地下活動。所以林昭一九四九年後對共產黨是赤誠並矢志效忠的。

加冕「右派」　心底流血　寧折不彎　自殺抗議

單純、天真的北大學子（包括林昭）哪會想到以大鳴大放為誘餌，引蛇出洞的陽謀就像張開的網等待者他（她）們鑽進去。

一九五七年春天，乍暖還寒，許多知識份子先懷著將信將疑的態度迎接整風運動，費孝通就寫了那篇〈知識份子的早春天氣〉，說出當時的心情。後來看到中共黨那樣誠懇，希望黨外朋友幫助整掉命令主義、官僚主義、關門主義，可以「知無不言，言無不盡」。於是聞風而動都來幫助黨整風了。

一九五七年五月十九日，北大學生餐廳的牆上貼了一張大字報，作者是張元勳、沈澤宜。在紅紙上寫著一首詩，題目是：〈是時候了〉，詩共兩首，錄第二首如下：「是時候了。／向著我們的今天／我發言！／昨天，我還不敢／彈響沉重的琴弦。／我只可用柔和的調子／歌唱和風和花瓣！／今天，我要鳴起心的歌，／作為一支巨鞭，／鞭笞死陽光中一切的黑暗！／為什麼，／有人説，／團體裡沒有溫暖？／為什麼，／有人説，／牆壁隔在我們中間，／為什麼，／你和我不敢坦率地交談？／我含著憤怒的淚，／向我輩呼喚：／歌唱真理的弟兄們／快將火炬舉起／埋葬陽光下的一切黑暗；！」張元勳、沈澤宜闖禍了。詩像衝開阻水的巨閘，贊成的、反對的蜂擁而出。

幾天後，一個晚上，北大校門外的馬路邊，群集不少人，顯然分成兩派，展開口舌之戰。這是一位女士的聲音：「我們不是號召黨外人士提意見嗎？人家不提，還要一次次動員人家提！人家真提了，怎麼又勃然大怒了呢？就以張元勳説吧，他不是黨員，連個團員也不是，他寫了那麼一首詩，就值得這些人這麼惱怒、群起而攻之嗎？今晚在這兒群體討伐的小分隊，我個個都認識！所以自整風以來，我一直沒有説話，也沒有寫過什麼，為什麼？我料到，一旦説話也就會遭到像今晚這樣的討伐！我一直覺得組織性與良心性在矛盾著！」她的話剛説到這裡，黑暗中有人大吼：「你是誰？」她毫不畏懼回答：「我是林昭！你又是誰？竟用這樣的腔調來和我講話！你可以記下來，雙木『林』，刀在口上之日的昭！今天我既然來了，就不怕刀在口上或者在頭上。我倒要問你，你們是誰？怎麼不敢自報家門！」林昭這段披肝瀝膽、義正辭嚴、凜然不可犯的話是由在場人張元勳記下的，見之於張元勳的「最知情者的回憶」。就在這晚，從不沾酒的林昭喝了很多酒，她陷在深沉的痛苦裡。

終於風雲突變，一九五七年六月八日，中共機關報《人民日報》發表〈這是為什麼〉的社論。文中稱，出現了「右派分子乘機向黨進攻」這樣的語言，這就表明原來請人鳴放現在要追究罪責了。林昭百思不解，她在日記裡寫道：「是這樣的嗎？不，不是！」她不相信會這樣，但事實是這樣。「黨啊，你是我們的母親。母親應當最知道孩子們的心情！儘管孩子過於偏激，説錯了話，怎麼能説孩子們懷有敵意呢？」

林昭還沒有從困惑中擺脱出來，她就被戴上右派分子的帽子。

她更不能理解了，在給妹妹的信中説：「當我加冕成為『右派』後，妳是無論如何也不能體會我的心情的，我認為我熱愛黨的程度是壓倒一切的，沒有任何事物可以與之相比擬。我不能忍受它對我的誤解，而且誤解得那樣深。維繫我的一切都垮了，比牛虻不信蒙泰里尼還慘……」

寧折不彎的她用自殺抗議。一天夜裡服了大量安眠藥。自殺前寫下絕命書。書中説：「人們只看到我流淚，卻看不到我心頭在無聲地流血。」結果被同室人發現搶救過來。這一來，罪就加重了，看作頑固對抗，加重處分：勞動教養三年。她仍然不服：「我決不低頭認罪！」她向北大當時的領導説：「蔡元培先生當年曾慨然向北洋軍閥政府去保釋『五四』被捕的學生，你呢？」這哪裡會有回答。

兩罪相加　判刑廿年　現代竇娥　滴血鳴冤

一九五八年北大中文系新聞專業併到人民大學新聞系。原蘇南新專的教育長羅列，他是看重林昭的，這時羅列正在人大新聞系任領導（副系主任）。他看林昭身體這樣單薄，如果送到外地勞動，勢必難以支撐。他向上面建議，讓林昭就在系裡的資料室監督勞動，這建議被批准。林昭還碰到了一個難得的好人——資料室的負責人王前（劉少奇的前妻），心地忠厚，對林昭和另一個右派男生，此人叫甘粹，都很同情，沒有「嚴加管束」，有時還送些食品給林昭。在險惡的環境中，林昭在一年多裡，生活尚算平靜。

不過，林昭心中痛苦，熱愛黨向黨進諍言，怎麼成了罪人。痛苦無處訴說，悶在心裡，久而鬱結成病，加上支氣管擴張，經常咳血，病情嚴重。王前建議林昭請假回上海治療，拖了一年多才批准。她母親從上海趕來把她接回家去調養。後來她母親卻為此後悔。因為林昭在上海被捕並遭殺害。其實她在北京是否會有同樣遭遇也很難說。這是後話。

林昭回上海後，經母親盡心調護，病體漸次恢復健康，能到戶外活動。離家不遠就是復興公園，她常去該公園散心。邂逅兩個年輕人，也是右派，一是蘭州大學生，一也是北大學生。幾次交談，有共同語言。當時大陸由「大躍進」導致了大饑荒，有些農村已餓死人。此情此景，三人如骨鯁在喉，不吐不快。為表達他們的赤誠心聲，辦了個刊物，

名曰《星火》。當時書刊從來不准私人發行，且控制極嚴。何況又是發的一些針砭時弊（被認為揭短）的文章。林昭發了兩首長詩：一是《海鷗之歌》，另一是；《魯米修士受難之日》。這就冒天下之大不韙。還有他們偶然看到一本《南共綱領》的書，雖說的是南斯拉夫的情況，但對當時中國卻可借鑑。激情一來，三人聯合寫了份意見寄往中央機關。這本是民意上達，但他們幾乎忘記了一九五五年胡風就因為上萬言書成反革命。這一來兩罪相加（私出刊物與反動言論），後果可想而知。林昭是在蘇州家中被逮捕的。悲痛欲絕的父親，一個月後自殺。她入獄是一九六〇年十月。關在何處，家中音信杳然，無從尋找。不判不放，直到一年多後才判，定為反革集團。不是主犯的林昭，說是「認罪態度惡劣」判了二十年

徒刑（有期徒刑中最長年限）；另兩人一判十三年，一判七年。判刑後家中才知道她關在上海靜安分局，通知家中可送衣物，但不能接見。她多次要家裡送白被單，把白被單撕了寫血書，一份「判決後的聲明」就是用鮮血寫的。獄中的林昭患了病而且日益沉重，獄方通知家屬可以保外就醫。這是六二年初。她母親去接她，她堅決不走說母親太天真，今天放出去還是要抓進來，何必多此一舉。母親拉不動她，請了幾個有力氣的人，硬把她按在三輪車上拖回來。回家後，她說起獄中的遭遇使人不能卒聽。她在獄中上了兩副交叉反銬（手在背後銬住）。她絕食後發生胃炎，痛得在地上滾；還有月經來潮時，也從不解除手銬或者減掉一副。這樣銬著一銬就是半年。果然如林昭所預言，一九六二年底林昭又被從蘇州押解到上海，這一回進了遠東第一大監獄——上海提籃橋監獄，到一九六八年被殺在獄中達九年。

台北作家無名氏有位友人方為良，他也曾囚於提籃橋。他告訴筆者，在獄中曾見到林昭。幾乎全獄的人都知道林昭敢於和獄方對抗。她常指責獄方對犯人的苛虐。她曾帶頭高呼口號「要人權」、「犯人也要吃飽飯」。她要別的犯人跟著她喊，別人哪有這膽量，她就高唱「國際歌」，這一下許多人都跟著唱，歌聲響徹全獄。獄方以她絕食為由，把她送進監獄醫院。

林昭出現在眾人眼裡，像「竇娥冤」裡的竇娥。她的頭髮紮成一束，甩在一邊，著白衣，用白被單縫的白布裙。頭頂一塊白布，上用鮮血寫的斗大「冤」字。只要她從獄室出來，全獄都死寂鴉雀無聲。

方先生還說，林昭在獄中常刺破血管滴血寫詩、寫抗議的文字，不過他並沒有看到。這方面林昭之妹彭令範曾提供數首。一是《獻給檢察官的玫瑰花》：「向你們／我的檢察官閣下／恭敬地獻上一朵玫瑰花。／這是最有禮貌的抗議／無聲無息／溫和而又文雅。／人血不是水／滔滔流成河……」還有一首「無題」：「將這一滴注入祖國的血液裡／將這一滴向摯愛的自由獻祭。／揩吧！擦吧?!洗吧！／這是血呢！／殉難者的血跡，／誰能抹得去？「她還寫過一首《家祭》，懷念一九二七年清黨中被蔣介石殺害的中共要員、她的大舅父許金元。詩的片斷是：「三十七年的血跡誰復能記憶？／死者已矣，／後人作家祭，／但此一腔血淚。／舅舅啊！／甥女在紅色牢獄裡哭您？／在國際歌的旋律裡，／我知道教我的是媽，／而教媽的是您……」

友人探監　痛訴獄情　以詩言志　含淚訣別

北大的精英、長詩《是時候了》的作者、林昭的好友張元勳曾於一九六六年四、五月間到上海探監。他先劃為右派，後又以「反革命罪」被捕判刑八年，一九六五年刑滿，仍在勞改機關管制下在山東某地煤礦勞動。他請了假，千里迢迢趕來上海，以林昭未婚夫名義要求探監。獄方從林昭那裡核對確實是未婚夫（其實不是，只是兩人說法一致）才予同意。

張元勳曾寫下這次見面的一些場景：

> 現場有數十人監視，林昭走進接見室。她臉容憔悴，由於失血過多而蒼白，頭髮已長及腰，大半是白髮，披著一件破舊不堪的上衣，下圍白布長裙，頭上仍頂著斗大「冤」字白布。現場的空氣如凝固，沒有一點聲息。
>
> 林昭對張元勳說：「出獄？已經是不可能的了，他們早告訴我要槍斃我，這是早晚的事了！民不畏死，奈何以死懼之。」

林昭還說：「他們故意把我調到『大號』（大的牢房），唆使一群女流氓、娼妓一齊打我。我怎擋得住一群潑婦又撕、又打、又掐、又踢，甚至又咬、又抓，還揪我的頭髮（她邊說邊撥開長髮，只見一塊塊沒有髮的疤痕）。這樣的瘋狂摧殘每天都有，每次起碼兩小時，每次我都遍體鱗傷……，甚至還唆使這些潑婦扒掉我的衣服，說是脫胎換骨……。」

林昭當眾解開外衣，裡面的襯衣和褲子用線密密縫在一起。她指著周圍的人：「他們想強姦我，所以我只有這樣縫起來。大小便時就撕開來完了再縫！無非是讓我妹妹每月送線！」

林昭又說：「我盼著你來，就是想告訴你前面這些話，我隨時都會被殺，相信歷史總會有一天，讓人們來說今天的苦難，告訴未來的人們。希望你把我的文稿和信件，搜集整理成三個專輯：詩歌集題名《自由頌》，散文集題名為《過去的生活》，書信集題名為《情書一束》」接著又說：「母親年邁，妹妹弟弟尚不能自立，還望多多關懷和體恤。」話至此，林昭淚如雨下，痛哭失聲，悲噎下止，無法再說下去。

（筆者按：據說由於林昭的文稿很多都散失，「加以時機不合」，她的遺願至今未實現，只出過一本由她的親舅舅許覺民編的《林昭，不再被遺忘》，問世二年多，已很難覓到。）

接見時間已到，分別即是訣別。林昭賦詩一首贈張元勳，詩云：「藍橋井台共笑之，天涯幽阻最憂思。舊遊飄零音情斷，感君凜然忘生死。猶記海淀冬別夜，吞聲九載逝如斯。朝日不終風和雨，輪回再覓剪燭時。」林昭吟詠完，說：「詩吾志，此刻已無法多推敲，只是為了給終古留下真情與碧血，死且速朽，而我魂不散！……如果有一天允許說話，不要忘記告訴活著的人們：有一個林昭因為太愛他們而被他們殺掉！我最恨的是欺騙，後來終於明白，我們是真的受騙了！」

接見本可以兩次，說因首次接見林昭表現不好，取消第二次接見。

死事慘烈　子彈索費　母斃街頭　家破人亡

「我隨時都會被殺的」，事實終於證實林昭的話。

一九六八年四月三十日，下午二時左右，上海茂名南路一五九弄十一號二樓——林昭家中，有人在樓下喊許憲民（林昭之母）。林昭之妹彭令範趕速下樓，來人說是公安局的。話僅二句：「你是林昭的家屬嗎？林昭已在昨天執行死刑，要收五分錢子彈費。」彭令範付錢並問屍體在何處，沒有置答即走，許憲民聞訊立即暈倒在地。

林昭被密殺時有位目睹者，一位在學的中學生、林母許憲民的友人朱太大的兒子朱祥祥。他每週兩次在龍華飛機場勤工儉學，做雜務工，下午三時收工。這天收工後在機場多耽一刻，忽見兩輛軍用小吉普疾駛而來，停在機場第三跑道上。兩個武裝人員，從車裡拉出一個手反綁著的女子，女子的嘴裡似乎塞著東西。他們一腳把她踢倒，她撲倒在地。另一車裡出來的持槍者向她開了一槍，她倒地後又慢慢強行爬起來。他們又向她開了兩槍，看她不再動了，把她拖上車，飛速而去。朱祥祥看清楚這就是大姐姐（他平時這樣喊林昭），他驚嚇得面無人色，說不出話。同學們把他送回家。同學一走，他大哭起來：「大姐姐被殺害了！」母親問他是否會看錯。「那是絕對不會錯的，大姐姐身上穿的好像是醫院裡的衣服，人也瘦得不像樣子。」朱祥祥回答。林昭死訊證實後，朱太大才敢把這告訴許憲民。

朱祥祥說林昭被殺害前穿的是病人衣服確實不錯。她本在監獄醫院打吊針，幾個武裝人員衝進來，邊喊：「死不悔改的反革命，妳的末日到了！」林昭視死如歸非常鎮靜說：「讓我換件衣服。」「不行！」立刻扭住她的胳膊架起就走。一位善良的獄醫後來說：「我當一輩子獄醫，從來沒有看到任何犯人從病床上拉起來開公審大會就去執行的。」

那公審大會的場景，是同獄的一個犯人在出獄後所說的。林昭從監獄醫院被拉到公審台上。她的嘴裡塞了個橡皮塞子，這種塞子能隨著張口的程度的大小而伸縮，是專防犯人喊口號而用的。還雙管齊下在林昭的頸子又套了根塑膠繩子，用活扣可以隨時拉緊，絕不讓她發聲。站在台上的林昭臉漲得通紅，睜著怒火燃燒的雙眼。那年月，犯人上公審台，下面就要喊口號，可是這天沒有人喊。主持人急了，大聲喊道：「你們是死人嗎？怎不喊口號？」於是他自己帶頭喊，應者還是寥寥。主持人無可奈何，犯人們有自己的想法。

主持人要林昭寫遺書，她用最後的血寫了：「歷史將宣告我無罪！」

愛女之死使母親許憲民的精神徹底崩潰。年逾七旬的她，整天呼喚著女兒的名字，徘徊躊躇於街頭。小女兒彭令範把她找回來，她又走失了。有一天，她倒在車水馬龍、熙熙攘攘的上海街頭。她遍體鱗傷，面頰青腫，口鼻流血，光著腳。她是被紅衛兵小將打死的。說她是反革命分子的母親，不應該讓她活著，一聲吆喝，棍棒齊下，這位曾為革命出過力的老人就這樣曝屍街頭。

遺言應驗　樹碑建墓　宣告無罪　尋覓遺骨

林昭遺言「歷史將宣告我無罪」，在十二年後應驗，遲到的公正終於到來。「四人幫」被拉上歷史審判台後，全國開始平反冤假錯案。一九七九年一月，北京大學發出關於林昭錯劃右派的改正通知。報端也開始有林昭冤殺的報導。這就推動上海市高級人民法院接受彭令範對林昭被殺冤案的平反複查要求。一九八〇年八月二十二日，上海高院以「滬高刑復字第四三五號判決書」宣告林昭無罪。冤案能平反，但人死不能復生。正如林昭的老師，北大教授樂黛雲所説，林昭是縈繞人們心間的「美麗之魂」。她和其他在「反右」「文革」中被迫害而死的北大師生「都是北大撫育出來的優秀兒女，北大的精英！如果他們能活到今天」。

告慰於死難者，北大在一九八〇年十二月十一日開了對林昭的悼念會，地下的林昭有知或可欣慰。嗣後林昭的同學和友人在蘇州靈岩山西側的安息公墓，為林昭建墓，碑曰：「林昭之墓」。墓中只有她一縷長髮、一套舊衣、一張照片，此為一九八五年。林昭的友好向社會呼籲，尋找林昭的遺骨。又是十多年過去了，後來遺骨終於找到，重又建墓。近據人言，謁林昭墓者人眾多，墓前裝有攝影機，不知何故?!

林昭，真理的殉道者。她宛如夏夜一顆一閃即逝的流星，生命雖短，但那劃過天際的璀璨光芒，當會點燃人世間許多追求真理的心！

神龍見首不見尾的儲安平

前不久，在一個學術團體的年會上，和一位年輕教授談起文化名人儲安平，他神情茫然地說：「我不知道這個人！」淡化與忘卻「反右」，造成人們失憶。

幼失怙恃　淒苦奮進

儲安平，一九〇九年七月七日出生於山明水秀的江蘇宜興城北門儲宅。

說到儲安平，筆者不僅和他有同鄉之誼，還沾親帶故。我的祖母出自儲姓，每逢我家有婚喪大事，都請儲安平的大伯伯儲南強（清末南通知縣）蒞臨。

儲安平的童年非常淒苦。他出生六天，母親就過世。父親吃喝嫖賭，不顧家庭生計，由年老的祖母擔當撫養他的責任。十四歲那年，祖母和父親一起過世，用他自己的話說，他成了飄忽在茫茫大海中的一葉孤舟。

祖母過世後的一段生活，他曾這樣回憶：「祖母過世以後，不知她們母女（指繼母惲氏與女兒——筆者）吃什麼，我單獨吃飯，一塊腐乳吃三四天。過年過節給一點肉醬，也是一吃幾天。」

幸而他的伯父儲南強向他伸出援助之手，供給他讀書。

在故鄉讀完小學和初中，伯父讓他到南京讀高中（正誼中學），後又轉到上海光華大學附中。他節衣縮食，勤奮讀書。還在課餘寫作品向報刊投稿。稿酬所得積儲起來，準備讀大學之需。高中時期所寫大都是散文，他雖自慚思緒蕪雜，感情浮泛，沒有能寫出深含哲理之作，但也有二百多元稿酬，使他能償進大學的夙願。

進光華大學　受名師薰陶

儲安平於一九二八年考進上海光華大學。光華大學的前身就是著名的教會大學聖約翰大學。當時校內名師輩出。約略而言，有胡適、張東蓀、錢基博、羅隆基、徐志摩、吳梅、盧前、王造時、彭文應等，大半是自由主義氣息很濃的「新月派」文人與學者。在這些名師的沾溉與薰陶下，對他後來自由主義思想的形成有很大關係。

在光華大學儲安平所讀的專業，歷來說法不一。有的說是讀的新聞系，有的說讀的是政治系，據台灣史料家秦賢次先生查教育部檔案是政治系畢業的。

儲安平在光華讀了四年，一九三一年畢業。讀書期間，他寫作很勤。一九三一年春天，在偶然衝動下，寫了首篇小說《春》。翌年再寫小說《世紀與義務》。由此對寫小說發生興趣，四年裡寫了十二、三篇。後來趙家璧在上海良友圖書公司掌編務，選了八篇，給他出了本小說集《說謊者》（一九九二年上海書店影印再版）。用他自己的話說，感情拉著他接近文學，理智又叫他離開文學。在這同時，他又對政治發生興趣。一九三一年十月，他編了本《中日問題各家論見》，入編文章都是知名學者和政治家所寫。如陳獨秀、汪精衛、左舜生、羅隆基、陶希聖、王造時、陳啟天、梁漱溟、張東蓀、張其昀等。初生之犢不畏虎的儲安平，為該書作序並寫扉頁題辭。

一九三一年儲安平在光華大學畢業後，並未立即就業，因病休養了一年。這時紅鸞星照到他的頭上，他和比他低兩級的女同學端木新民（愛稱露西）結婚。郎才女貌，一雙佳偶。

婚後又有喜訊，《中央日報》聘儲安平編文藝副刊，薪水非常優厚（法幣二一〇元，按一九三四年幣值很優裕），於是他賃高級住宅一所組織家庭，生活很美滿。

留學英倫　受業拉斯基

不過儲安平並不滿足於眼前生活，他立志要去英國留學。為著積儲留學費用，他降低生活標準，錙銖必較，這引起妻子不滿，成為日後婚變的潛因之一。

這中間，儲安平一度去北平，就讀於燕京大學研究部，又一次受當時著名的自由派學者胡適、羅隆基的影響。

留學的願望終於可以實現了。一九三六年，第十一屆奧運會在德國柏林舉行。當局正窘於無力派記者去採訪時，儲安平自動提出只要無償搭乘中國運動員赴歐的專列，即可完成任務。當時他已有了一筆費用。他的伯父儲南強也為他在江蘇教育廳申請到去外國留學的二千元官費。他終於以《中央日報》特派記者身份成行。

奧運會閉幕，儲安平就去英國倫敦，考進倫敦大學經濟學院，受業於著名的費邊社成員拉斯基教授。課餘在英國各地參觀考察。留英期間，他對英國的憲政法治、人權自由印象深刻，使他相信自由主義是一個國家富強的根源，中國也可以透過良好的教育方式來改造國民性格，進而建造一個民主的國家和自由的社會。（參見儲安平：《中國人與英國人》）

在倫敦，為著貼補生活費用（第二年他的愛妻也赴英），儲安平曾為《中央日報》寫稿，獲取稿費。一度還為羅隆基辦的《北京晨報》寫歐洲通訊。寫了四、五篇，始終沒有收到稿費，導致後來他和羅隆基不大往來，這是後話。

執教藍田國立師院　締交錢鍾書

儲安平從英國歸來，已是抗戰時期，在英不到四年，學未卒業，提前返國。先在《中央日報》一度任主筆兼國際版編輯，並不如意終於辭職。

這時恰好有一個機會，儲安平在光華讀書時的教育系主任廖世承，在湖南的寶慶藍田，創辦了國立師範學院任院長，延攬了下少光華畢業的學生去執教。於是儲安平去了藍田，任教授職，教英國史和世界政治概論。這大約是一九四〇年。

藍田國立師院，雖地處偏僻的湘西小鎮（屬寶慶縣），卻因是國立，資金比較充裕，藏書也極豐富，更值得一談的是人才濟濟。著名的學術泰斗錢鍾書任外文系主任，錢鍾書的父親錢基博任中文系主任，父子同執一校，又同為系主任，一時傳為佳話。儲安平也在這時與錢鍾書、高覺敷、鄒文海等知名教授締交。上述諸人日後也成了儲安平辦《觀察》雜誌的撰稿人。

在藍田執教時，儲安平諸事順遂，心情愉快，教學和寫作都有豐碩成果，因而聲譽鵲起。這有數例可證。

據儲安平妻子露西回憶，每逢周會，教授們要輪流演講，在儲安平演講時，「連走廊都坐得滿滿的，中間不曉得要拍多少次掌。」這說明學生對他的敬仰。在他後來辦《觀察》雜誌時，有雷柏齡其人，力勸其父賣地，投資《觀察》，這人就是藍田國師的學生。

戰時生活，本動盪不安，儲安平每日舒卷濡筆不稍懈，在藍田期間他寫成《英國采風錄》、《英人法人中國人》——兩本著作。

又把各次的演講整理成書稿《英國與印度》。他還編了一套叢書（共十冊），自印自辦發行，銷路頗佳。這可以說是他日後自辦《觀察》週刊的契機。

這裡插敘一句：儲安平在藍田執教時，湖南辰溪有張《中國晨報》問世，馮英子任副社長兼總編，曾重金禮聘儲安平任主筆；這自然是兼職的。

心血鎔鑄的《觀察》問世

儲安平一生中，最能為理想獻身的光彩時段，無疑是一九四六至一九四八年創辦和主持《觀察》筆政這段時期。

一九四六年，儲安平從重慶勝利復員回到上海，正式的職業是在復旦大學任教授，在政治系和新聞系分別開設「各國政府與政治」、「比較憲法」、「新聞評論練習」等課程。不久，他把主要精力放在辦雜誌上。

也許是陶醉在抗戰勝利中，或者忙於「接收」，無暇顧及，國民黨統治下的上海，一九四六年出現進步刊物爭相出版的局面。

共產黨的地下組織以叢刊形式出版《文萃》。唐弢與柯靈先生合辦《週報》，黃炎培先生辦了《展望》。還有一本下知何方所辦的刊物《時與文》。

《觀察》週刊就在這時異軍突起。

《觀察》於一九四六年九月一日創刊於上海。十六開本，每期六萬字。從形式到內容，《觀察》都與眾不同。

從形式言，《觀察》不是幾套色的封面，是紙的本色，非常樸素，中上方是一枚以擲鐵餅的健者為圖形的刊徽，四周是一排英文，譯意是《觀察》（The Observer）和「獨立的（Independence)、非黨派的（Nonparty）。上面正中地位是方方正正的刊名《觀察》兩字，刊徽下是直排的文章題目（封面就是目錄頁）。下方一條橫線下面就是七十位特約撰稿人的名字，都是學者名流。如馬寅初、張東蓀、費孝通、傅斯年、陳之邁、陳衡哲、錢端升、錢鍾書、潘光旦、蕭公權、吳世昌、梁實秋、李純青、宗白華、傅雷、楊絳、卞之琳等。儲安平稱「凡非確實函允擔任者，我們未敢貿然將其姓名刊出」。創刊半年即有三分之二的特約撰稿人為刊物寫了稿。

儲安平以「民主、自由、進步、理性」八字為標榜，自稱《觀察》是一個真正超然的刊物」（見「給胡適信」）。在當時鬱悶的時局下，每期都有抨擊國民黨政府的文章，這自然贏得許多讀者。特別是每期都有軍事通訊，內容都與當局唱反調，分析和預言戰局的發展，幾乎言都必中。如〈徐淮戰局的變化〉一文，曾使蔣介石大為惱怒，認為這篇通訊洩漏了軍事機密，以致國軍在徐淮戰役大敗，於是下令查封《觀察》，追捕那個南京特約記者。

儲安平自己在《觀察》上寫了大量文章，大體有這樣一些：1.抨擊國民黨的腐敗政治；2.對學生運動表示支持和同情；3.對言論自由價值的維護；4.批評美國的對華政策；5.對經濟問題發言。儲安平那些文章，筆者印象最深的莫過於那篇〈一場爛污〉。這是一篇爆炸性的文章，一九四八年「八一九」國民黨政府發行金圓券，同時實行限價政策，不久放棄限價，宣告失敗。儲安平不計個人利害秉筆直書：「是二十年來，這一個政府，第一次在人民面前低頭的一個紀錄！在這二十年中，這一個政府憑藉他的武力，憑藉他的組織，憑藉他的宣傳，統治著中國的人民，搞到現在，弄得民窮財盡，烽火遍地。這次，在全國人民不可抗拒的普遍的唾棄下，他終於屈服了一次！」文章的篇末竟是怒罵：「七十天是一場小爛污，二十年是一場大爛污！爛污爛污！二十年來拆足！爛污！」能寫這樣的文章，把個人的身家性命都潑出來，在當時儲安平不是唯一也是極少數中的一個。

儲安平對《觀察》付出的心血，終於得到讀者的積極回應。《觀察》初創刊時發行五千份，以後陸續增加，一萬、二萬逐步遞增，發行到一一三期時，發行數猛增到十萬五千份，並且出了西北航空版和台灣航空版。發行數之高，發行範圍之廣，在當時報刊界創了奇蹟！

《觀察》被封　逃出上海

政府的利刃，終於指向《觀察》。

一九四七年五月二十四日，上海《文匯報》、《聯合晚報》、《新民晚報》三家報紙，被國民黨查封，勒令停刊、當時輿論界或緘默不語、不置一辭：或輕描淡寫，不置可否。可是儲安平不計個人安危，挺身而出，在《觀察》上大聲疾呼：「二日查封三報，警備車怪聲馳騁於十里洋場之日，我們仍舊不避危險，挺身發言，實亦因為今日國家這僅有一點正氣，卻寄託在我們肩上，雖然刀槍環繞，亦不能不冒死為之。大義當前，我們實亦不暇顧及一己的凶吉安危了。」現在讀來猶感凜然正氣撲面而來！

其實《觀察》的命運也岌岌可危，隨時都有被封危險。一九四八年七月，蔣介石在御前會議上決定查封南京《新民報》和上海《觀察》。《新民報》果真在七月被封，《觀察》無恙。這本該採取避禍之道的儲安平，卻悍然在四卷二十期頭條位置上發表署名文章〈政府利刃指向《觀察》〉。他慨言道：「封也罷，不封也罷，我們早已置之度外了。假如封了，請大家也不必惋惜，在這樣一個血腥遍地的時代，被犧牲的生命不知已有多少，多少人的家庭骨肉在這樣一個黑暗的統治下被拆散了，多少人的理想、希望在這樣一個黑暗的統治下幻滅了，這小小的刊物，即使被封，在整個的國家浩劫裡，算得了什麼！」

然而，敢於逆龍鱗、捋虎鬚的儲安平和《觀察》竟平安無事，又延長了五個月的生命，一九四八年十二月，查封《觀察》的風聲愈來愈緊。十二月二十三日，一家夜報就透露消息，「《觀察》將要封門」。寧可信其有，不能信其無。儲安平悄悄逃離上海，潛往北平這快要解放的城市。

敬業、忠於職守的《觀察》同人，並不因儲安平已走而放棄《觀察》。社內同人為著作者和讀者的安全，以及讀者的經濟利益，正在焚燒往來信件與名冊，提前把外埠分銷戶和直接訂戶的刊物付郵。下午四時，《觀察》工作人員林元、雷柏齡等人，正忙著打最後一包《觀察》，交火車送往南京，此時，突然來三名武裝人員，自稱受警察局、社會局、警備司令部派遣，前來執行「勒令永久停刊令」。勒令全文是：「查《觀察》週刊，言論態度，一貫反對政府，同情共匪，曾經本部予以警告處分在案。乃查該刊竟變本加厲，繼續攻擊政府，譏評國軍，為匪宣傳，擾亂人心，實已違反動員戡亂政策，應依照總動員法第二十二條及出版法第二十三條之規定，予以水久性停刊處分。」

雷柏齡簽字收下停刊令，提出了一個不識時務的請求：「出一期休刊號，以便對社會、對讀者有個交代。」來人一笑：「別作夢了。現在還要追究編者和南京那個特約軍事記者。原稿呢？帳簿呢？儲安平呢？」

《觀察》的財物被洗劫一空，林元、雷柏齡被關進上海提籃橋監獄，後送南京，遭迫害連累的人達百人以上。

儲安平是一九四八年十二月十二日清晨，秘密逃離上海飛北平的。到北平後，不敢拋頭露面，先躲在樓邦彥家，又換到費青家裡。《觀察》被封後五天，北平十幾個特務闖進《大公報》北平辦事處（曾是儲安平的聯絡點），追問儲安平的下落。名記者徐盈、子岡夫婦受到嚴密監視，其他辦公人員及家屬也失去自由。儲安平由友人掩護，轉入地下，藏身府學胡同，直到北平解放。

沉重的一九五七　戴上「右派」帽子

新中國成立，儲安平在北京。推倒國民黨反動政權，儲安平顯然有一定的功勞，於是他被視為上賓。

他住進了招待高級民主人士的北京飯店。「真想不到，周先生（指周恩來——筆者）親自到我房裡，而且談得很高興。」儲安平對友人袁翰青説。話裡顯出他的心情是愉快的。

一九四九年九月二十一日，儲安平作為中華新聞工作者協會籌備會的候補代表參新政協，另一候補代表是徐鑄成。

新政協閉幕後，一九四九年十一月，《觀察》被封停刊將近一年，經胡喬木、胡繩向中央進言，准許《觀察》復刊。視《觀察》為自己生命的儲安平，何等欣喜。復刊後的《觀察》由週刊改為半月刊。殊不知曾使《觀察》輝煌的環境已經變了。新問世的《觀察》銷量一落千丈。一年前，《觀察》頂峰時期，發行數達十萬份，直接訂戶一萬二千，但這時的直接訂戶連三千都不到。儲安平茫然。

復刊後的《觀察》辦了十三期（出至六卷十四期），發表聲明，徹底改組。同人加入改組後的《新觀察》半月刊。加了「新」字的《觀察》已無往昔《觀察》的一絲影子。儲安平也離開了。

本來無意於參加黨派的儲安平，這時一下參加了兩個黨派：民主同盟和九三學社。他説因為兩邊都請，索性兩邊都參加。在九三學社擔任理事，算是側重。

行政職務他被安排到新華書店總店任副總經理，把他當書刊的發行人才來使用。

接著上邊又改變了主意。一九五二年，儲安平被任命為出版總署發行局副局長，他去了，看不出什麼新表現。

也許上邊在檢查《新觀察》的工作中，感到當年讓儲安平離開是個遺憾。於是想讓他回來任社長，但方案遭到反對。不過儲安平以全國人大代表、《新觀察》特派記者身分去新疆採訪，好在這也是他久藏心中的一個願望。

生活倒也平常過去，雖然這些年運動沒有斷，三反、五反、鎮反、批俞平伯的《紅樓夢研究》、批胡適，又有反胡風與肅反……儲安平倒也平靜無事。這期間，鰥了多年的儲安平，第二次結了婚。

沉重的一九五七年終於來了，儲安平跌入反右派運動。

一九五七年三月十日，黨中央在開宣傳工作會議，毛澤東與新聞界人士談話時，問到《光明日報》總編輯常芝青：「是不是共產黨員？」答話：「是黨員。」共產黨替民主黨派辦報似乎不好，這是毛澤東的意見。

一年前，上邊也有過擬議，《光明日報》由民主黨派辦，從民主黨派人士中物色總編輯。一度考慮到徐鑄成，再考慮的結果是胡喬木親登儲安平的門。胡喬木對他說：「過去你在編《觀察》時，聯繫了一批知識份子，將來去《光明日報》後，可以繼續和舊日的朋友聯繫，鼓勵大家多寫文章，多說話。」他接受盛情與新使命。一九五六年十一月，章伯鈞通知儲安平，民主黨派公推他擔任《光明日報》總編輯。

一九五七年四月一日，《光明日報》黨組撤銷，儲安平走馬上任總編輯。

上任之初，他以當年辦《觀察》的精神，想幹出一番成績。他擬訂了一些計畫，走訪了一些人，想大刀闊斧幹一番。可是事不如人願，在總編輯位上僅坐了七十天就下台了。

這導因於一次發言，當時號召大鳴大放，鼓勵講話。

鳴放開展後，儲安平很少講話。九三學社、作家協會來邀，他都採取迴避態度。統戰部開座談會，一位彭處長邀他在六月一日發一次言。終於卻不了邀請，作了「向毛主席和周總理提些意見」的發言，這就是後來舉世周知的那篇「黨天下」的文章。

他的講話當時效果不錯。據說當時馬寅初用手拍著椅背，連稱「very good，very good」（很好，很好）。他也不免得意。第二天，在見報同時，中央電台全文廣播。他要孩子們聽，這是爸爸昨天在會上的發言。

他哪裡知道，事情已在變化。全民性的反右派運動開始了，儲安平成了批判對象。他連忙低頭認罪：「我的關於『黨天下』的發言是絕對錯誤的。」（一九五七年七月十四日《人民日報》）。

不過也有人給儲安平說話，章乃器在六月十五日，《光明日報》的緊急社務會議上說：「儲安平的言論（即〈黨天下〉一文），以政治來看，是不能說離開了社會主義的。他的動機還是為了國家好。」「並不是說對於毛主席和周總理就不能提意見。毛主席和周總理他們本人是歡迎提意見的。」（章立凡，〈章乃器與中共領袖們〉，見《百年潮》月刊，二〇〇〇年第八期。）

然而已說的話，無法收回了。他被戴上一頂沉重的「右派」帽子。

成了「右派」後的日子是可以想像的。也許是劃清界線，結婚未幾年的妻子和他離婚。然後跟另一個人結婚，而且就住在他家的南屋。

這時他不僅沉默，而且任何人也不見。梁漱溟去看他，連續多次敲門，他故意聽而不聞，更不用說應聲去開門。

他被送到北京郊區石景山模式口「政協工地」進行「勞動改造」。放羊、種菜、培植蘑菇。一個寒冷的冬天，小兒子儲望華去探望他，見他獨自住在一間陰暗潮濕，充滿黴的茅屋裡。

抱負、理想，一切都化作塞外悲風！

他自然不知道有更大的厄運還在等待著他。

消逝人間杳無蹤影

「文革」的罡風拔地而起，儲安平將面對更大的磨難。

一九六六年六月一日，「人民日報」發了「橫掃一切牛鬼蛇神」的社論。儲安平已有預感。他對兒子儲望華（澳洲墨爾本大學音樂博士）說：「吳晗的問題和我一樣，本質上都是要在中國追求一條民主、自由的路，但都行不通。」他預感自己要和吳晗一樣成為掃蕩對象。抄家、批鬥、打罵、人身侮辱無所不為。

一九六六年八月三十一日（這天作家老舍投了太平湖），儲安平偷偷地離開北京西四頒賞胡同（九三學社機關，關儲的地方）。跑到京西青龍橋邊潮白河，他向河中縱身一跳，哪知河水太淺，沒有死成，反成笑柄，又被帶回。

儲安平與孩子們。

潮白河自殺未遂一周後，儲安平從關押地方回到家中。家中已第二次被紅衛兵抄家了。臥室、客廳都被洗劫掠奪一空，除了滿地的碎紙亂片外，已一無所有。面對這樣的情景，儲安平整個絕望了。於是踽踽離開了家，走了出去：這一走就杳無蹤影。

如果死了，卻不見屍體。單位組織找了兩年，到一九六八年還是沒有下落。一九八二年六月的一天，儲望華（儲安平之子）離北京去澳大利亞留學，正坐進汽車準備前往機場時，忽見中央音樂學院院長辦公室主任匆匆跑來，手中拿著一份文件對他說：「剛接到中央統戰部來函，對你父親儲安平，正式做出『死亡結論』，特通知子女。」

儲安平失蹤十六年後，才有這樣的結論。

外界仍有他的許多傳聞。

傳聞之一，儲安平從北京逃出，匆匆跑到天津，在塘沽投海而死。據說，儲曾向一同關押的難友，問起天津與塘沽間的距離。

傳聞之二，儲安平的蹤跡曾出現在宜興與長興交界的茗嶺（屬宜興），那是聞名的竹海。

作為儲安平的家屬，對這些並無實據的消息，是寧信其真不當作假的。但一次次最終失望。

儲望華說：「我自己在無數次夢中見到他從外面回來，更是悲喜交加，而伴隨的卻只有醒來之後枕頭的淚痕和一次又一次的幻滅。」

四十多年後的今天，儲安平從人們的記憶中也消失了。不是嘛，年輕的一位大學教授就不知道有過這個辦《觀察》的儲安平。

這該怎麼說呢？

身後是非說孟真

眾議蝟集褒貶不一

傅斯年（1896-1950），字孟真。舊時人際交往不直呼其名而稱其字，故以孟真行世。

他出生於山東聊城。這位山東漢子還有兩個雅號。

一是傅胖子。他體胖，外形酷似京劇中的曹阿瞞（曹操）。社會學家陶孟和調侃他，如由他演曹公，不必穿厚底靴，也不需穿棉坎肩，也無需在臉上搽白臉。在重慶，雇抬「滑竿」的工人，見到他拔腿就跑。在昆明，他乘人力車，遇斜坡，車急速滑下，車翻人落，車夫不道歉還怪他體胖過重，要他賠車。

另一是傅大炮。他耿介剛直、不畏權貴，在國民參政會上發連珠炮，目標是皇親國戚，趕走行政院院長孔祥熙在前，繼後又發難「這個樣子的宋子文非走不可」。蔣介石出面說情：「你既然信任我，那麼，就應該信任我所任用的人。」換了別人就乘風轉舵，他卻不是：「因為信任你也就應該信任你所任用的人，那麼砍掉我的腦袋，我也不能這樣說。」落地作金石聲，在場者驚而失色，他卻坦然。老蔣不免動容。

自然他不是無名之輩。中西文化熔鑄出這位學者（北大畢業後，留學英德），歷任教授、中央研究院歷史語言研究所所長、北京大學校長（代）、台灣大學校長等職，桃李滿天下，著作惠後人。

有道是「身後是非誰管得」，孟真生前就眾議蝟集，「譽滿天下，謗滿天下」。附帶説一句，他死後口碑比生前更好。

亦師亦友的胡適曾説：「孟真是人間一個最難得最稀有的天才。」「他是最能做學問的人，同時又是最能辦事又最有組織才幹的天生領袖人物。他集中許多難得的才性於一身。」蔣夢麟（北大校長）説：「孟真為學辦事議論三件事，大之如江河滔滔，小之則不遺涓滴，真天下之奇才也。」同窗友羅家倫（清華大學與中央大學校長），以「縱橫天岸馬，俊逸人中龍」兩句形容孟真，第一句形容他的才氣，第二句形容他的風格，這樣的好評實在不少。

對孟真的非議也不少。除説他「恃才傲物」、「好衝動，喜發脾氣」外，多半是從政治的角度，但對他的操守、治學而貶者鮮見。在大陸因他反共抗俄的政治態度，又雖攻擊國民黨政治統治集團的腐敗不遺餘力，但仍和他們結合在一起，這在馬克思主義文化陣營中的知識份子就把他推向政治上的對立面，這不足為怪。這裡我想舉一則外界鮮見的舊聞以資談助。五〇年代初，上海的《亦報》有周作人兩篇斥孟真的文章。他為孟真的猝死而高興，又稱孟真是偽君子，「蔣二禿子的幫兇」（見一九五〇年六月十四日、一九五一年一月十三日《亦報》）。周的文章素以沖淡閒適著稱，這裡似乎咬牙切齒。其實是他因私怨（見下文）和另有政治意圖。

數十年來，傅孟真幾乎湮沒無聞，近年始有人重新提起並開始研究他，這就使年輕一代有「何許人也」之感。儘管這樣，即使由於時間的沖淡，重新回顧他的人生腳印，依然清晰，歷歷可數。

「不容青史盡成灰」，對傅孟真應有較客觀、較公允的評述。

「五四」闖將　魯迅看重

傅孟真是個讀書種子，有天才異稟。

傅孟真又是「五四」闖將，得魯迅看重。

孟真出生於山東聊城一個儒學世家。遠祖輩出過一位狀元（傅以漸），登宰輔位。祖父傅淦是一位拔貢，父傅旭安是舉人。九歲喪父，家漸困頓，由母撫養，自幼讀書很刻苦。五歲啟蒙入私塾，讀完「十三經」不過十一歲。鄉中盛傳他的聰敏好學。

創辦《大公報》的英斂之與一位飽學進士侯雪舫交往莫逆。侯每次過天津都訪英斂之府。有一次，侯老先生說，家鄉有個外甥名傅斯年，極聰明，極堪造就，苦於在鄉間無法得到新學識，長此以往前途堪憂。他把孟真的作文給大家傳看，果然名不虛傳。在英斂之資助下，宣統元年（一九〇九年）孟真到了天津，考進天津府立中學，那年十四歲。

一九三一年，孟真考進北京大學預科。經過三年標準很高的預科訓練，升入本科。預科期間，孟真的國學根基就為同學和師輩所讚賞。後來成為國際知名學者的毛子水說：「同學中我最佩服的是傅孟真」，「在我起初和他閒談時，從他談話中，知道他對於治『國學』，非特能夠利用乾嘉以後的學者所得的成果，且時有很合理的新觀念。」當時北大幾位國學大師如劉申叔（師培）黃季剛（侃）、陳伯弢（漢章），都非常讚賞孟真，以老儒傳經觀念，甚至想要他繼承儀征學派或是太炎學派的衣缽。不過他並未聽從這幾位老師之訓，他也重視西方文化。

胡適留美回國才二十幾歲，到北大教中國哲學史，一開始就把商以前割斷，從西周晚年、東周初期說起。哲學系的學生說胡離經叛道，怎配當教授。孟真在文科學生中當時頗有威信，哲學系的同學請他去聽課，看看應不應該把胡趕走。孟真聽了幾天課，對同學們說：「這人讀書雖不多，但他走的路子是對的，你們不能鬧。」這時胡適也察覺到有許多學生的學問比他強，常常提心吊膽加倍用功。比他強的學生是指傅孟真、毛子水、顧頡剛這幾個。若干年後，胡適才知道孟真是替他做了保護工作，免於被趕。

不過，還是有不稱職的教授被孟真趕走的。朱蓬仙教授是章太炎弟子，講授《文心雕龍》其實非其所長，講課常出錯。有一回，朱蓬仙的講義全稿落到孟真手裡，他一夜看完，摘出三十多條錯誤，由全班學生簽名上書蔡元培校長。蔡並不輕信，深怕教授們互相攻訐，藉學生發難。蔡突然通知要召見全班學生親自考試。同學怕孟真一個人負擔過重，各人分擔幾條，匆促準備起來。口試時都回答得頭頭是道。蔡校長當時不動聲色，事後朱蓬仙不再任這課。

正當此時，一場震盪中國思想學術界的新文化運動狂飆突起，北大正是新文化運動的搖籃，孟真在舊國學的故紙堆中驚醒，在陳獨秀、李大釗、魯迅、胡適的影響與引導下，他開始學習西方文化，也投身到新文化運動中去。他寫的〈文學革新申義〉，就是經胡適校閱後發表在《新青年》四卷一期（一九一八年一月十五日）。

和《新青年》遙相呼應，孟真和幾個摯友組建學生學術團體「新潮社」，並辦社刊《新潮》，孟真任主編。他們的辦刊宗旨是：批評的精神，科學的主義，革新的文詞。比起《新青年》似乎更激進，來勢更猛，很受青年歡迎。在《新潮》上孟真發表五十四篇作品，內容涉及面很廣，都是投向封建營壘的炮彈。據周作人說：「魯迅同他不曾見過，但在新潮時代頗為看重他。」《新潮》既受青年歡迎（創刊號印三版，銷一萬三千冊，以後一直維持此數），蔡元培校長欣然支持，撥二千元作創刊經費，並由校方代為發行。

「五四」運動爆發前，孟真是參加發難大會的，當時被推為二十個代表之一。「五四」這天學生遊行，火燒趙家樓，衝進曹汝霖住宅……孟真是否在遊行隊伍裡，這有兩種說法。一種是孟真參加了示威遊行，並擔任遊行總指揮。另一說法是，因孟真的主張和別人不同，一個衝動到失去理智的同學，和孟真打起架來，把他的眼鏡打在地上，後來幾十個人打他一個，把他壓在底下。他並不怕，但他發誓不再到學生會工作，因此中途折回。

「五四」運動過後，山東有官費留學英國的名額，他去應考，成績出類拔萃。可是考官們以為他是「五四」運動健將，又是新潮社的主腦，是個不安分的學生，準備不錄取他。幸而當時山東教育廳有個陳雪南科長攘臂力爭：「成績這麼優秀的學生，而不讓他留學，還辦什麼教育！」他這才如願以償。

他去英國前，向同學致意：「我只盼望我去英國以後，新潮社日日發展。我的身子雖在外國，而我的精神留在北大裡；因為我覺得我一生最有趣味的際會是在北大的幾年，最可貴的是新潮社，最有希望的是北大的文化運動。」（《新潮之回顧與前瞻》）

到英國後，他進了倫敦大學研究院，從史培曼（S. Peaman）教授研究實驗心理學，又進而治理化學和高深的數學。貪多務得、細大不捐的孟真又廣泛流覽英國的哲學、歷史、政治、文學等方面的書，不但能看，而且能體會。接著他又去了德國，到柏林大學聽相對論，又聽比較語言學。並和先已在德的陳寅恪、俞大維、趙元任、金岳霖等人切磋學問。

在北大七年，在英、德兩國也七年多，孟真讀書整整十四年。一九二六年冬，應廣州中學朱家驊校長之聘，任文學院長兼國文和史學系主任，翌年春，他在文學院內創辦歷史語言研究所。一九二八年夏，中央研究院成立，應蔡元培之邀任歷史語言研究所所長，連任二十二年。他把一生獻給教育和學術研究工作。

學問過人　追求真理

胡適曾說孟真有絕頂天才他替我解決了中國哲學史上不能解決的問題。」沈尹默也說「傅孟真這個人才氣非凡。」胡、沈兩人都是孟真的師輩，知徒莫若師，他們的話是可信的胡適還列舉他的著作說明其學術價值。如《史學方法導論》，「許多有價值的種子在這個導論裡邊」。《性命古訓辯證》，其中方法是值得我們繼續的。

曾受教於孟真的楊向奎說：「傅先生教書，大氣磅礴，上天下地，無所不及。從《詩經》講起，講到雅、頌的起源，頌是採用阮元的說法，而雅是參考了章太炎說，以為雅與夏同源。傅先生是一位淵博而有開創性的學者。」

也是孟真的學生，後成為北大歷史系教授、辛稼軒研究專家的鄧廣銘，針對有人發問：「傅斯年有什麼學問？」他這樣回答：「凡是真正瞭解傅先生的人都知道，他的學問淵博得很，成就是多方面的，影響是深遠的，他對中國的歷史學、考古學、語言學所作的貢獻是很大的，可以說中國沒有傅孟真，就沒有二、三〇年代的安陽殷墟發掘，今天的考古學就完全是另一個樣子了」。

當年流傳過一個有趣的故事，說俞大維（兵工學家、國防部長、孟真妻舅）這個人很聰明，本來也搞文史，也頗有成就，自從他和孟真結交後，便忽然放棄文史，什麼原因呢？他說：「搞文史的人當中出了個傅胖子，我們便永遠沒有出頭之日了！」

孟真有才，但有人說他恃才傲物，並以他自己說的話為證。比如他曾說：「誰都沒有資格罵胡適，只有我才有資格罵。」作為門生居然這樣冒犯師長，然而胡適並不以此為過。其實在過從中，孟真對胡適執禮甚恭。鄧廣銘稱：「胡先生也承認，傅先生舊學根柢比他好，才氣比他高，辦事能力比他強。」如果從思想見解而論，要說孟真是胡適弟子，那是青出於藍。程滄波就這樣認為。

對孟真的驕傲，程滄波有另一種解釋。他的驕傲是智慧學識上的驕傲，並不是待人接物上的驕傲。見到人，他動輒稱先生，即使是後學晚輩。而他的智慧學識確也值得驕傲。學問方面的內容很豐富，具備中國漢學家，西洋十八世紀百科全書派，近代數理科學家的全部優點。他的學術思想貢獻，散見於各處論文，在他所處時代的關鍵段落的主要表現。近代中國學人夠得上稱「博大精深」四字的並不多。孟真卻能算得上一個。

孟真做學問並不曲學阿世，遇有他認為並不正確的意見，決不隨便苟同，即使是前輩師尊，也必要爭個到底。外界不知情的，也就把他看做不謙虛。孟真的姑丈李雲林（繼璋）是位漢學家，在山東以淵博著名。因為治學的基本觀點不同，一見面兩人就吵架，吵得面紅耳赤、聲色俱厲。一九三一年，有一次孟真路經濟南去青島，與李雲林不期而遇，又同坐一節車箱。途中談起學問來了，談到堯典舜典著成的時代，意見分岐，又從堯典舜典爭論到禹貢；又爭論到安陽發掘問題。攘臂怒目、氣壯聲宏。驚動同車旅客，幸好有個熟人劉次簫出來排解，一場風波才告平息。

對學術問題，孟真總是堅守原則，信其所信，不隨風轉舵。孟真和朱希祖對明成祖的生母是否高麗磧妃的問題進行辯論。他曾用一篇文章答覆朱希祖，文章結尾引用亞里斯多德的話：「吾愛柏拉圖，甚於余物；吾愛真理，甚於吾師。」他追求的是真理。

孟真之所以稱得起「博學」，稱得起「絕頂天才」，自然由於他畢生「與書為伍」，「手不釋卷」。不過他不讀死書，也不迷信書。他治學精勵，尤其注意治學方法。他生平以讀書為最大樂趣。台北有家大陸書店，他生前經常光顧。曾給這家書店老闆寫了一幅中堂：「讀書最樂，鬻書亦樂；既讀且鬻，樂其所樂！」這流露出他自己的讀書興趣，也替書商找出賣書趣味來。

愛國情深　忠奸分明

孟真有段自我剖析的話：「我之性格，雖有長有短，而實在是個愛國之人，雖也不免好名，然總比別人好名少多矣。」（〈致胡適書〉，一九四二年二月六日）他的愛國確是有口皆碑。

一九三一年，孟真在北平，擔任中央研究院歷史語言研究所所長，同時主持北大歷史系。「九一八」事變發生後，孟真憂心如焚。北平圖書館開了個會，孟真在會上慷慨陳詞並提出一個問題：「書生何以報國？」討論結果是編一部有關東北的史籍，他自告奮勇接下這任務。在百忙中，他很快寫成《東北史綱》一書。用民族學、語言學的眼光和舊籍的史地知識，證明東北原是我們中國的郡縣，我們的文化、種族和這一塊地方有著不可分離的關係。這對東北特殊化做了迎頭痛擊。當時「國聯調查團」正到東北調查，此書譯成英文後，他讓人遞交調查團，要他們做出日本侵略東北的結論。

繼東北淪陷後，華北局勢日緊。日本浪人和一些漢奸策動冀東六縣自治，搞華北特殊化。許多親日派遙相呼應，發了不少荒謬言論。第二十九軍總參議、軍委會北平分會委員蕭振瀛在一次招待北平教育界的會上，講了一通儼然為日本招降的話，用意是要北平教育界閉口。眾人惶惑之際，孟真挺身而出，當面教訓蕭振瀛一頓，表示堅決反對。北平的混沌空氣為之一變。隨之，北大同仁在激昂慷慨的氣氛中，開了大會，共同宣誓不南遷。只要在北平一天，仍然做二十年打算，堅持到最後一分鐘。

蘆溝橋事變不久，華北淪陷，北大與清華加上天津的南開，合組西南聯合大學的主張是孟真提出的。他並任校務委員，當時三校沒有校長，他的職務就相當於校長，頗盡維護之能事。

「漢賊不兩立」，孟真從民族大義出發極重視文人氣節。他提到羅振玉時總是說「羅振玉老賊」，因為他保溥儀搞了個「滿州國」。友人程滄波臨虞世南「廟堂碑」，他勸程不要臨虞字，因虞世南是變相貳臣。北平淪陷時期，容庚、周作人都任職「偽北大」。抗戰勝利後，容庚欲回校去重慶活動，往訪傅孟真。傅拍案大罵：「你這民族敗類，無恥漢奸，快滾！不用見我！」翌日，《新民報》登載此事，標題是「傅孟真拍案大罵文化漢奸，聲震屋瓦」。後來，容又去拜訪他，表示謝罪悔過，孟真才接見他。

一九四五年十月，陳雪屏由教育部派到北平，去接收原北大校產。北大復員回北平，孟真任北大代校長。十一月間，他乘飛機到北平，甫下機，見到陳雪屏第一句話就問：「你和偽大學中的教師有無交往？」陳說：「有的，不過僅限於在一些必要的場合。」孟真憤憤然說：「連握手都不應該。」此後每提此事仍發脾氣。任職偽北大的周作人要求返校任教，孟真嚴詞拒絕，故周此後在不同場合均攻擊孟真，即此宿怨。在「偽北大」任過職的職員，要求回校，甚至有以死威脅者，孟真不為所動。

日本投降消息傳到重慶當晚，孟真的愛國激情達到瘋狂程度。他從聚興村的住所拿了一瓶酒，到街上大喝，拿手杖挑著一頂帽子，到街上亂舞，結果帽子和手杖都不知所終。他和市民以及盟軍大叫大鬧了好一回，叫不動了鬧不動了，才回原處睡覺。第二天下午，友人羅家倫去看他，他還爬不起來，連連說：「國家出頭了，我的帽子掉了，手杖也沒有了，買又買不起，晦氣，晦氣。」

懷民族大義，如此愛國的孟真豈不可愛。

抨擊孔宋　頂撞老蔣

孟真受到非議的一點，是作為學者捲到政治漩渦中。不過，實事求是而言，歷數孟真行事，他只是參政而並不從政。

參政與從政有區別。參政是參預、談論國是。中國士大夫歷來有在國家危難時，挺身而出預政的傳統。大凡義之所在，言人所不敢言。如《史記》所說：「千人之諾諾，不如一士之諤諤。」東漢有李膺、范滂一流人物，近代有康、梁「公車上書」。從政即是進仕途當政客。孟真顯然是前者而不是後者。

抗戰軍興，全國統一，一致抗日。「蘆溝橋事變」剛起，國民政府就請一些社會精英上廬山共商國是，即廬山談話會，孟真被邀。「八一三」事變以後，南京成立國防參議會，各黨派領袖和文教界名流，都有少數領袖人物參加，孟真是其中之一。嗣後在重慶成立國民參政會，聘孟真為參政員。連續四屆他都當選，還擔任駐會委員。他辦事認真，是非觀念很強。既當參政員就盡職盡責。他不是光舉舉手，喝幾杯酒。他盡言責，糾彈國是而不顧任何壓力與情面。

大膽抨擊孔（祥熙）、宋（子文）就是他在參政會上的驚人表現。行政院長孔祥熙腐敗無能，孟真在一九三八年七月，就有「上蔣介石書」揭孔「於國家大事只是枝節應付，並無政策，其用人則一由愛憎，罔分賢不肖」，又「縱容其夫人、兒子斂錢」，並歷數友邦對孔不滿之具體事實，而「持身家教更是失檢」。書上，無效。一九四一年十二月，「太平洋事變」後，孔氏家族又發生「飛機洋狗事件」。香港淪陷前，重慶派飛機去接政要（許崇智、陳濟棠、胡政之），人沒有接來，運來的卻是累累箱籠（甚至有馬桶）和幾條洋狗，這都是孔家的。引起輿論大嘩，《大公報》的文章被扣。

消息傳到昆明，幾千學生遊行。孟真在參政會上義憤填膺揭露。隨後又有「美金公債舞弊案」。財政部舉辦的美金公債，以美元為基金，一美元折合國幣二十元時，未售出的五千萬美金債券，全為孔家及部屬買去，當美元黑市已達每美元可換國幣二三七元時，一轉手就賺十一倍多。如此膽大妄為，孟真再也按捺不住心中怒火，參政會上直接抨擊孔祥熙。發言結束時鄭重聲明，這些話不僅在會場內負責，會場外也同樣負責，也可以和孔氏法庭對簿！會後，羅家倫問他，為甚麼敢說這樣肯定的話，他說：「我沒有根據，哪能說這話。」取出兩張照片給羅看。

當滿城風雨，鬧得不可開交時，蔣介石出面宴請孟真，想替孔說情。

「你信任我嗎？」蔣介石問孟真。

「我絕對信任。」他蹺著二郎腿回答。

「你既然信任我，那麼，就應該信任我所任用的人。」

他語出驚人：「委員長我是信任的。至於說因為信任你也就應該信任你所任用的人，那麼，砍掉我的腦袋，我也不能這樣說！」他很激動，在座的人都失了色，蔣也為之動容。

敢於這樣頂撞老蔣的，實在鳳毛麟角。記得好像文人中有個葉公超，他跟老蔣頂嘴：「別的您懂，外交比不上我懂！」

不久，行政院長換了人。然而哪知前門拒虎後門進狼，繼孔祥熙的是宋子文。

不僅是換湯不換藥，而且變本加厲。孟真再也忍耐不住了。今日之事，「第一件是請走宋子文，並且要徹底肅清孔宋兩家侵蝕國家的勢力，否則政府必然垮台」。他寫的〈這個樣子的宋子文非走開不可〉（一九四七年二月十五日《世紀評論》），臚列宋子文的無能與腐敗：黃金政策是先「充公」後又「自由放開」，一管一放中，上下其手，人民倒楣；工業政策，扼殺民族工業，導致工廠一片停產聲，對外信用掃地，控制外匯中飽私囊；辦事方面，把各部長都變成奴隸或路人……。於是他大聲疾呼：「一如當年我在參政會要與孔祥熙在法院見面一樣，國家吃下不消他了，人民吃不消他了，他真該走了，不走一切垮了，當然有人歡迎他或孔祥熙在位，以便政府快垮……我們要求他快走。」

孟真這些驚世駭俗的舉措，是否作為登政壇的敲門磚，非也。蔣介石曾想請他當國府委員，並親自召見當面說明，遭到他的婉拒，事後並致函蔣：「如在政府，於政府一無裨益，若在社會，或可作為一介之用。」一九四七年六月前，老蔣又想請他當考試院長，也為他辭謝。

當然對蔣政權，孟真也並不想讓它垮台。他言明：「我們是救火的人，不是趁火打劫的人。」他還說過：「我擁護政府，不是擁護這班人的既得利益，所以我誓死要和這些敗類搏鬥，才能真正幫助政府。」昭昭之言，心事若揭。

在國共兩黨紛爭中，傅孟真並非加柴燃火，深願兩黨合作，為國家之福。一九四五年六月間，孟真以無黨派人士身分，聯合國民黨及民盟人士黃炎培、褚輔成、左舜生、章伯鈞等七人，致電毛澤東、周恩來，提出訪問延安。得到歡迎的回應。七月一日包括孟真在內，一行七人抵達延安。賓主相互讚賞各自的貢獻，毛澤東並有唐人詠史詩一首饋贈孟真。此行圓滿。

不過，由於歷史淵源與人事關係，一九四九年後，孟真還是離大陸去了台灣。他所謂：「歸骨於田橫之島」。

用人唯才　不拘形跡

蔡元培過世後，有人請孟真寫紀念文。他深感文章難寫，因為一個偉大人物的人格，很難由一個人的觀察而狀述全貌。結果他寫

傅斯年（左）胡適（中）與胡祖望。

了篇〈狀蔡先生人格之一面〉。寫孟真也有同樣困難，因為他的人格是多元的，可說光怪陸離，一如萬花筒。這裡只是從他生活的多側面看他的人格。

孟真不善養氣，性好衝動。他去世前兩天，羅家倫諷刺他，說他像蟋蟀一樣，被人一引就鼓起翅膀來。但也有人認為，他如果沒有火爆脾氣，也就沒有一往無前、敢作敢為那種爆發力。他的好衝動也和辦事認真與是非觀念太強有關。一旦弄清事實，如果錯在自己，他就會改正。還沒有認識丁文江之前，只是聽了一些不利於丁的傳言。一九二六年，他在胡適面前大罵丁文江，還說如果見了丁文江，一定要殺他。後來胡適介紹他認識丁文江，並說這就是你要殺的丁文江，不久傅、丁兩人成為好朋友。丁在長沙病危時，他從北平趕去看護。丁去世後，他連寫〈我所認識的丁文江〉、〈丁文江一個人物的幾片光彩〉，大加讚揚。在國民參政會上，有一次為中醫問題，孟真反對孔庚的提案，兩人激烈辯論了一場，孔庚辯不過他，對他進行辱罵，罵了許多粗話。孟真氣不過，準備和他決鬥。會散後，一看孔已七十多歲，瘦弱不堪，他說：「你這樣瘦不和你決鬥了。」與孟真接近的人也知道他發過脾氣後，十次有九次要後悔。他的辦公室裡有個工友老裴，最希望他發脾氣。上午發過脾氣，下午他收到一筆稿費就全部送給老裴。好發脾氣的孟真，人們還說他可愛。

孟真非常尊重和愛護有才之士，用人堅持唯才原則，不讓濫竽者充數。陳寅恪、趙元任、李濟都是當時絕頂的人才，他折節下禮，登門請賢，請他們到史語所工作。為了他們，孟真也放棄堅守的原則。史語所規定，在所內工作的人不准在外面兼課，但陳寅恪和趙元任一定要在清華兼課，他不得已，為請到傑出的人才，他只好讓步，「只有你們兩人可以，別人不行。」抗戰時在昆明，孟真和陳寅恪同住一幢樓裡。每當敵機來襲，警報一響，別人都往外跑，孟真卻跑上二樓，把陳寅恪先生攙扶下來送入防空洞，他那胖胖的身軀，爬樓是夠吃力的，何況還冒著被炸的危險。用他的話說，陳先生這樣的人才少不得。孟真汲引才流，不遺餘力，不問原先是否認識。廣東岑仲勉，並非名牌大學出身（讀的是海關學校），但他覃精中古史地之學，著書二百餘萬字，憑陳援庵一紙介紹，經孟真考核，認為「岑君一空依傍，特立獨行，以有今日之成就，豪傑士也」，立即聘為專任研究員。對無才學的，即使是名賢後裔他也不用。在台大時就有個名人之後，總想到台大任教，他硬是不聘。有位他的好友的弟弟教書不理想，要他自動辭職。他在台大不到兩年，遭他不續聘的教授、副教授、講師有七十多人。其中有七人特別窮困，雖然辭退了，他還想方設法介紹到別處去，很有人情味。

從外表看，孟真是非常嚴肅不苟言笑的人，但和他相處久了，就知道他不拘形跡，為人很隨和。一九四九年一月，他接任台大校長後，住在台北福州街校長宿舍，晚飯過後，常到街頭散步，許多商店的老闆和店員都知道這位胖先生是大學總長（校長），和他打招呼，他都頷首回答。日據時代，台北帝大（台大前身）校長的身價與台灣總督相等，全不理睬普通老百姓。孟真這樣，感動很多見到他的老百姓。有時街頭夜市的餛飩攤，他也會去光顧。路旁的象棋地攤，他也會蹲下來和擺攤人走上幾盤。南昌街兩家書店的老闆成了他的朋友，他也是這兩家書店的老主顧。這時的孟真完全是平易近人、不拘小節。他因高血壓病，遵醫囑須少吃或不吃鹽，常年是一碗白飯，配上一片西瓜或木瓜。時間久了，也就嘴饞。在台大時，外出開會或公務回來，就買一大堆山東煎餅或肉包給同事們吃，自己也開禁。有一次他從校長室出來，兩位部下在午餐，他右手從別人飯盒裡拿個麵包，左手在那人的便當裡取了塊鹵肉，麵包夾肉，正是很好的三明治，他邊吃邊說，笑著走開。這時他完全沒有校長的架子。當然他對屬下的違規行為又不稍寬縱。重慶時期，史語所的工作人員冬天在室內工作久了，他要大家出來曬曬太陽。其中有一助研，常獨自一人到院內曬太陽，時間很長，孟真硬是不讓他出來：「你昨天已經曬夠了。」

孟真事親孝，他的孝心也推己及人。孟真九歲喪父，由母親撫養成人。他事母極孝。「八一三」淞滬戰事起，南京考試院首被轟炸，他立即把母親和兩個侄子安置在和縣（屬皖省）。南京淪陷，歷史語言研究所內遷長沙。史語所一位同事把兩位侄公子護送到長沙來。一到長沙，就去見孟真。他當然很高興，接著問起祖母的下落時，他們回答：「沒有逃出來！」孟真聽了勃然大怒，打了他們幾個耳光。一旁的那位同事很尷尬。後來他終於把母親接到重慶，嗣因患膽結石去世。他那種孝心也推己及人。史語所從南京撤退到台灣時，本不允許帶老年家屬，因為當時對到台後的生活沒有把握，多一個人就多一分困難。同事嚴耕望的岳母因別無依靠，孟真通知他可帶岳母同行，岳老太大的旅費也由公家暫墊（規定非直系親屬，不能由公家負擔）。孟真的做法，博得全所同仁讚揚。

兩袖清風　望肉興歎

「孟真貧於財，富於書。」這是友人羅家倫對他的評語。他一生廉潔自守，兩袖清風，毫無積蓄。羅家倫說他的廉潔是很徹底的。

抗戰時期在重慶，他雖是史語所所長，又貴為參政員，但因家累重，負擔的人口多，入不敷出，生活很拮据。當然他只要稍一示意，就會有人送上錢來。但這非孟真所為。當時他患高血壓，又有神經衰弱症，工作又繁重。有一次，他告訴友人陶希聖，為著貼補家用，他一口氣為一家報紙寫了兩萬字一篇稿子，累得他幾乎垮了。

孟真公私之分極其認真，點滴也不放過。有一次他看到史語所裡有人用公家信紙寫私信，他馬上出了個佈告，告誡同仁以後不得如此。有人說他小題大做；他說小題不大做就釀成大題（意為大問題），以致不好收拾。

一九四九年到台灣後，孟真任台大校長，立刻辭去立法委員，只靠台大的薪水過活。當時寄居他家中的人不少，生活不免困難。但他從不向旁人訴苦或抱怨。有人建議他應該向台灣省政府（台大預算列在省政府）申請列支校長職務的「特支費」，這也並非逾分，但他堅決拒絕。

他的清貧有幾個實實在在的故事可以佐證。

孟真去世前三天，很想到螢橋去吃一頓烤肉，曾向夫人俞大彩提起。結果因為囊中羞澀終未能如願。這成為俞大彩一直難以釋懷的遺憾。

也是孟真去世前兩天，孟真託劉瑞恒請便人到香港去，為他帶一件西裝的上身。他有兩條西裝褲子，而西裝上身破了，想把它配起來。孟真限定劉先生只能花港幣一百元，而稍像個樣子的西服就要一百五十元，也就難以買成，究竟也成了憾事。

堂堂一個大學校長，清貧若此，真堪一歎，「兩袖清風」四字是他一生清苦的證詞或寫照。據孟真的秘書那廉君說，他一身之外，所留下來的只不過是一堆書籍而已。

接掌台大　意外去世

孟真擔任台灣大學校長，是當時的教育部長朱家驊的提議。一九四八年的冬天，史語所已從南京全部轉移到台灣，不久台大校長出缺，新校長人選頗費躊躇。考慮再三，朱家驊和孟真商量。當時他從美國回來不久，夙疾剛瘥，不願再任繁重的新職，重損健康。經不得朱家驊力勸，他也就答應下來。

一九四九年一月十七日，孟真從上海到台北接任。省主席陳誠親到飛機場迎接他，場面很大。

台大在孟真接長後，舉行該校有「史」以來的第一次校務會議。會共開兩天。會上出現戲劇性場面。第一天上午有個學院院長向孟真開炮，當天下午這同一學院的教授又把炮口轉向他們的院長。孟真笑了，對被轟的院長開玩笑說：「剃人頭者，人恒剃其頭，此之謂歟？」

革新和改進，在孟真領導下加速進行，短時期內（半年餘），台大出現了新氣象。這中間孟真付出了多少心血，這就加重了他的病患。

他離世前幾天，和朱家驊閒談，他對朱說：「你把我害了，台大的事真是多，我吃不消，恐怕我的命要斷送在台大了。」沒有想到真的一語成讖。

如果講迷信，孟真去世前有兩個「預兆」。一是，前面說到的首次校務會議，第二天下午閉幕時，他致閉幕詞，其中說：「斯年以久病之身，任此繁劇之事，兼以大局不能安定，意外事件又不敢必，故不能向諸位保證，可以長久任職；但向諸位保證，在職一日，必當積極為本校努力一日。」二是，一九五〇年台大的一次行政會議，責成農學院園藝系擬出美化校園計畫，後該系拿出一個「五年計劃」，請行政會議研究。孟真半開玩笑說：「五年？未免太長了，我實在等不及！」

不幸的事終於發生，這是一九五〇年十二月二十日下午。

那天晚間，孟真本來決定邀請有關單位在他家裡開會，商討台灣省省政府和台大合辦「血清疫苗製造所」的事情。通知早已發出，並備了一桌晚餐。下午二時，省參議會開會，要孟真列席「備詢」。

真是巧合，孟真也和胡適一樣，在會場上意外倒下去，走了不歸路。

會上，也有「大炮」之稱的郭國基參議員提了有關台大的一些問題，要孟真答覆。孟真答覆完畢為六時十分，走下發言台時步履不穩，教育廳長陳雪屏上前攙扶，他說聲：「不好……」，就倒在陳雪屏身上，立即昏迷。傳來醫生進行搶救，那知未再清醒。兩小時後，醫生宣告孟真已經死亡。會場內一片哭聲，本來那位郭參議員所詢問的兩點，五分鐘便足以說明，孟真費了三十分鐘，回答時也激動了些。

議會負責人對外宣佈孟真死亡消息，用了「棄世」這文縐縐的字眼，外界傳為「氣死」，引起一場不小的風波。台大的學生們，聽到他們愛戴的校長，被「郭大炮」氣死。第二天，遊行示威，包圍參議會，要對郭國基有所行動。教育廳長陳雪屏趕到現場，說明實際情況，風波才告平息。

孟真去世，首次治喪委員會決議種種紀念方式。如決議建築「斯年堂」。後來竟沒有兌現。只在台大校園內建了一個羅馬式紀念亭，墓前矗立一座無字碑，並命名此園為「傅園」。

近六十年過去了，對孟真這位前輩學人，人們依然記著他。

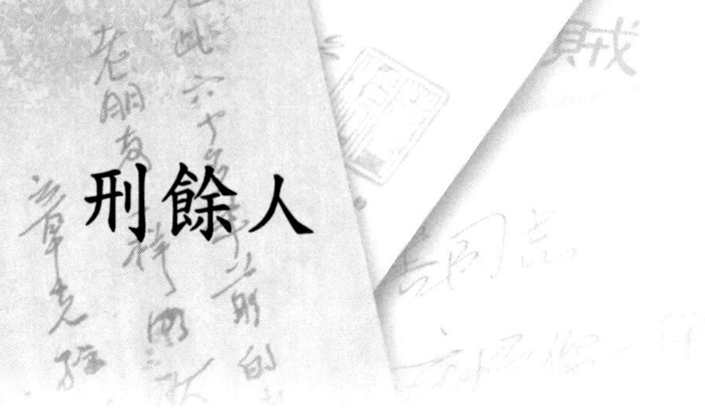

刑餘人

——孫翔風

讀舊小說，或看京劇，常看到「刀下留人」的場面。監刑官高坐公堂，囚犯跪於案前，驗明正身，監刑官的珠砂筆在待決犯的名字上一點，擲筆高喊：「立即斬首，斬罷報來！」於是囚犯綁赴刑場，劊子手正待開刀、人頭行將落地之際，遠處一騎快馬，飛速馳來，來人高喊：「刀下留人！」接著宣讀赦詔，囚徒生還……

原先認為只是小說家和戲劇家的誇張，事實是現實生活中也不乏其人。當年我在《人報》工作，社長孫翔風就是刀下的倖存者，也可稱為刑餘人。孫翔風我是先知其事後見其人的。

一九四七年，《人報》招聘記者，經應試我被錄取。進社之初和我談話與分配工作的都是總編輯孫德先。他是社長孫翔風之兄。孫翔風當時是國大代表，上海又有他主持的一個大型印刷企業，他常年風塵僕僕於京（南京）滬（上海）兩地，他把《人報》（在無錫）的編務交給兄長，財務大權由他妻子楊薇君獨攬（任經理）。他偶爾才來報社。

不久後，社中一位頗激進自命左傾的青年編輯告訴我，孫翔風原來是CP（中共黨員），後被捕，行將處決時被人保下，生還後就轉了向。他說時一片神秘樣，還特別叮囑我要小心云云。我謝過他的關切，因他語焉不詳，益發增加我欲知其詳的好奇心，可一時又無從打聽。

進《人報》大約三個月，雖新來乍到，鋒芒初試，幾次成功的採訪與刊發的新聞，頗引人矚目，並曾得到總編孫德先的當面讚許，使我受寵若驚。這些大概孫翔風也有所知聞。

一天晚上，我正伏案寫稿。忽然身後有人輕聲問我：「今天的新聞還多嗎？」回頭一看，這是一個從未謀面的陌生人。

他身材高大魁偉，戴寬邊眼鏡，著一身挺括的西裝，與我說話時身體微彎。看我詫異的神情，自我介紹道：「我是孫翔風」。

「孫翔風不是社長嘛！」我猛然想起。剛進報社僅只三月的我，立刻侷促不安起來。

「稿寫好後到我辦公室裡來談談。」他看出我不安的神情笑著說。

這天我把稿寫完，已是深晚。我推開社長辦公室，他果然還在等著我。這是我首次和他接觸。在那次談話中，他沒有以社長之尊、居高臨下之態，而是恂恂然宛若忘年交。他告訴我《人報》產生的歷史以及自己的生平，又肯定了我剛開始的工作（這是他那任總編輯的哥哥告訴他的），勉勵我繼續努力。

從此開始，他回來後常約我去他家中談話，內容很廣，可說無話不談。從別人處我也知道他更多情況。

孫翔風於一九〇六年出生在江南古城無錫的一個寒士之家。祖父孫仲耕曾中秀才，應舉不成而學幕（充當官府幕僚），遠去東北（吉林邊塞）在邊防軍中任文書幫辦。父親孫錫皋，字鳴仙。十九歲中秀才。民國後曾就讀江陰南菁書院與上海南洋公學。早年贊同康梁的維新運動。辛亥革命時曾襄助光復無錫，當時任俟實學堂校長，又兼任錫金教育工會工作，並創辦《錫金白話報》。教書、辦報都是高手。正當奮發有為時，不幸染上猩紅熱病，一九一一年十二月九日去世，年僅三十二歲。

父親過早去世，剩下寡母孤兒，二子一女，含辛茹苦，依靠典當變賣，母親又代人洗衣縫補，艱難度日。

兄弟中，孫翔風行二，大哥孫德先，自小聰慧，十四歲考進無錫省立第三師範，五年畢業時僅十九歲。畢業那年，孫德先就編了一本《學生小辭典》，由中華書局出版，得了稿費兩百五十元。在當時這是一筆不小的數字。少年得志加上他讀師範，生活費用全由學校供給，而家中的窘困生活他並沒有親身經歷，這導致他在生活作風方面與孫翔風大異其趣：一個艱苦樸素，一個豪奢揮霍。後來孫德先從教育界轉向新聞界，下筆成文、才思敏捷，成了無錫新聞記者中的佼佼者。可惜的是孫德先不能潔身自好，沾上舊記者的種種惡習，特別是吸食鴉片煙的惡癖，意志頹唐，生活腐化。孫翔風說到這位胞兄，常引以為憾。

說到孫德先，我也曾過從。我進《人報》時，孫德先任總編輯。我應考錄取後，高層首次和我談話的就是孫德先。在他私寓一個昏暗的房間裡，已近中午他仍未起床，一臉煙容，談話時呵欠連天，身旁是一個妖條水蛇腰的女子隨侍在側，事後知道是他的妾侍，舞女出身。不過孫德先私行雖不佳，才情卻並不差。他寫的社論，一手梁體（梁啟超）文筆，筆鋒帶感情，頗有吸引力。晚年他也順應潮流，追求進步。一九四九年江南解放前夕，他曾代表無錫工商界冒險去蘇北與中共聯繫，應記此一筆。

孫翔風的童年與求學之路比兄長要艱辛得多。他的童年生活極孤寂，家中只有母親與小六歲的幼妹，常受鄰居富家子弟的欺凌。既無人作伴，讀小學時看小說著迷。十五歲在省錫師附屬小學畢業，續進私立公益工商中學。這中學是國內享盛名的企業家榮德生捐資創辦，校長為無錫著名耆紳錢孫卿。學校在著名的景點梅園附近，風景絕佳。從一九一九年至一九二七年，該校辦了八年，培育了不少優秀人才。著名的經濟學家孫冶方（原名薛萼果）就是孫翔風的同學。

公益中學分工商兩科，孫翔風原是考的工科，一年後改讀商科。在校四年，對正課並不重視，大量閱讀中外名著，特別是西方那些鼓吹自由民主與共產主義學説的著作。初讀《共產主義宣言》，孫翔風為之狂喜竟日。正由於此，正課成績一落千丈，直到臨畢業那年，才憬悟以後在社會立足，還需一定的技能，原視為「只是盤算金錢、錙銖必較，輕視而不學的銀行簿記、成本會計」，終於被重視。他説：「後來在我自已經營新聞事業與印刷企業時，這些會計知識給我很大幫助。」

公益中學既是榮德生所辦，孫翔風一九二六年畢業後，分配到漢口榮氏企業申新第四紡織廠工作。從學校進入工廠，開始社會實踐。他目睹工頭調戲女工，憤然出來干預，引發一場風波，他對廠方的姑息加上管理方面的種種不平，非常不滿，暗地決定離開工廠。

怒潮澎湃，風雲際會，大革命的烈火融融燃燒，一九二六年上半年，北伐軍從廣州出發，一路勢如破竹，進入漢口，直下武昌，武漢三鎮起了翻天覆地的變化。工人起而成立工會組織工人糾察隊，老闆失去向日的威風。專賣革命書刊的長江書店開張了。《嚮導》和《中國青年》兩種中共的期刊，布哈林的《共產主義ABC》、瞿秋白的《唯物辯證法》、李達的《政治經濟學大綱》等書，使孫翔風大大開了眼界，他饑不擇食地讀這些書，自命為馬克思主義者。廠裡的青年同事和有文化的青年工人自動匯合到他周圍。

在多次群眾集會上，孫翔風聽到中共領導人蘇兆祥、吳玉章、李立三、向忠發的講話。給他印象最深的是李立三的講話。當時李立三青年英俊，講話流利曉暢。向忠發本是長江邊駕渡船的船工，這時四十多歲，講話激昂慷慨，揮拳捋臂，可説聲容並茂。他聽到瞿秋白講話，卻是偶然。有一次，他到江蘇黨務訓練班去找一位同鄉，正上課，教室裡一位青年教師在講話，他在窗外聽，講的是唯物辯證法，原認為深奧難懂的道理，講得深入淺出、明白易懂，不由得暗暗佩服。散課了，同鄉告訴他，講課的是瞿秋白。他驚喜至極，本想立刻去向瞿秋白討教，同鄉勸阻，說瞿很忙。失去這機會，一直引為憾事。

孫翔風這些舉動，很快共產黨就知道了。一天，同廠的工友林嘉藜陪了一位瘦弱的青年來找他。經介紹是中共武漢礄口區委書記李芸生（當時中共是公開的），談約二三小時，孫翔風折服他理論水平的高，李芸生啟發他：「馬克思主義不是書齋裡的知識，是行動的指南」。這就是要他從理論進入行動。

此後就常有工人來找他談心，或給他帶來中共的文件。約二個多月，林嘉藜對他宣佈：鑑於他有入黨的要求，現在時機成熟，由林嘉藜和錢士坤（一位練習生）兩人作入黨介紹人，經支部、區委通過完成了組織手續，成了一名正式中共黨員，參加申新四廠支部工作。

猶記當年孫翔風講這番入黨經過時眉飛色舞，還講到引領他入黨的三位後來的結局。國共分裂後，林嘉藜曾被捕，經組織營救保出，離開漢口後，脫離了組織，隱蔽在無錫及上海的紡織廠裡，做一名普通職員。錢士坤同樣被捕，他挖牆越獄，逃得性命。回到無錫後，躲在家中，脫離組織，從此絕口不談政治，抗戰時在一家麵粉廠當會計，文革中病死。只有李芸生是壯烈犧牲。一九三二年，李芸生任南京特委書記時，被叛徒出賣，英勇就義於南京雨花台。李芸生的愛人是中央紀委的章蘊。

孫翔風慨歎：「真是命運捉弄人，林、錢和我雖都很早參加革命，都沒有把革命走到底，主客觀都有原因」。

國共蜜月已經結束，隨之寧漢分裂，一九二七年清黨，從此兩黨兵戎相見，血流成河。進入地下的中共武漢組織，因孫翔風面目暴露，不宜再在武漢，派他回江蘇工作。聯繫地點和聯繫方法不用文字完全用腦記住。向廠方辭職批准，一九二七年七月初，孫翔風乘英商聯和輪到上海。經在上海的江蘇省委聯絡站轉了關係，要他到無錫觀前街二十號縣委機關報到。

無錫縣委書記黃周平，委孫翔風以重任，任縣委委員並兼宣傳部長。當時革命處於低潮。無錫總工會委員長秦起被殺害，前任縣委組織被破壞，新建的縣委五人只有孫翔風和另一人是當地人，許多黨員都中斷了組織關係。孫翔風義無反顧地擔當了聯繫黨員恢復組織的工作。

憑藉地利與人和獨缺天時（當時革命處於低潮），經乃兄孫德先的介紹，孫翔風有了《中山日報》記者的職業掩護，他的工作有顯著的成效，恢復和新發展的黨員三十餘人。

「蒼天變化誰料得，萬事反覆何所無」。兩個意外接踵而至。先是縣委書記黃周平突然失蹤。黃周平是四川人，曾勤工儉學留學法國，又留學蘇聯，與王若飛、鄭超麟（托派）有極深友誼。一九二五年回國後，黨派他在楊虎臣軍中做政治工作。一九二七年到上海，江蘇地下省委派他來無錫，既語言不通又跛一足，本不適宜做秘密工作，也只好讓他在機關留守。突然三天不見蹤影。經多方打聽終無消息，成了當時一謎。上世紀六〇年代，據鄭超麟猜測，此人大概見革命前途渺茫，隱姓埋名回四川當農民了。

「前波未滅後波生」。又一個意外是地下工會遭破壞，縣委代書記孫遜群等五人被捕，幸縣委機關撤得及時才縮小波及範圍。縣委機關新建後，孫翔風挑起大樑。

在這樣的情況下，本該順時待變，然而在無錫、宜興兩地又發動秋收起義。王若飛、夏霖（省委委員）從上海到無錫檢查了準備工作。一九二七年十一月九日起義如期舉行。參加農民雖有數千人，也鎮壓了惡霸地主，然而手持鋤頭棍棒的農民，終難敵有機槍步槍的敵人。大批駐軍迅速趕到，農民軍只得解散隱蔽。待在無錫縣城的縣委竟不知這樣的結局。

城中公園在無錫市區的中心，與崇安寺望門對宇。這是極小的一個公園，宛如盆景具體而微。當年《人報》的社址與宿舍，都在公園附近。

孫翔風的首次被捕並幾乎殺身也就在城中公園之旁。上世紀四〇年代屋舍猶存，他曾親自指點。堵家弄是條斷頭小巷（只有入口沒有出口），很少有人進出。縣委機關設在黨員李襄臣家。縣委緊急會議在這裡召開。省委派夏霖、段焱華來指導秋收起義。把門的李歧臣是群眾，雖曾交代他不能放生人進來，卻未交代暗號。

意外終於發生。會剛開始，三個持槍的偵探闖了進來，員警把守門外。與會者無法逃出，只是把重要文件銷毀。喬沁泉、夏霖、段焱華、張子庭、孫翔風，連同開門的李歧臣一併被捕。六人全都上重鐐，關進死囚牢。

鄉村已經暴動，無錫城中也人心惶惶、一日數驚。共產要犯被捉，地方士紳、社團代表要求立即處決、以儆其餘。當時「四一二」反革命政變不久，反動勢力極為倡狂，幾乎沒有經司法程序，就判八人死刑。並決定恢復廢止已久的斬首示眾，請來清朝末年的劊子手來行刑，做了八個竹籠，準備盛放首級。

一九二七年十一月十二日下午，夏霖、張子庭、孫翔風、王津民、張杏春、邵杏泉、嚴壽鶴、蔡大炘等八人，在獄中五花大綁將送刑場，時間一到就要開刀殺人。這時看守忽然把孫翔風提到另一房間，說：「你好大造化得救了！」與此同時另外七人全都血染刑場，而且首級放入竹籠，懸掛在城中大街示眾三日。

在生命懸於一線的俄頃，孫翔風得救終於死裡逃生，這原因有幾種說法。事實上是多種因素起了作用。

當時的無錫縣長俞復，曾在上海中華書局任職。孫翔風之父生前和俞有交誼。為營救兒子，孫母幾次登門求見。俞雖未見，但傳下話來：「只要能救，定當盡力」。

孫翔風兄長孫德先，當時任《錫報》總編輯，雖交往甚廣，然多方奔走，似效果不大。他想到了黨國元老吳稚暉。德先剛入報界，有一次曾記錄吳稚暉講話，吳看後非常滿意，留下極好印象。孫德先夤夜趕赴上海吳宅，當面求救，言詞哀楚感人。吳稚暉愛屋及烏，當即手書一封要無錫縣暫緩執行。孫德先持函趕回無錫，正是行刑前半小時。

孫翔風自己也肯定後一說法。

免了死罪，活罪難免。當時所有涉共案件都由南京特種刑事法庭處理。孫翔風押解南京。月餘後，特刑庭判孫翔風徒刑六個月，扣除已羈押的日子，執行了二個多月的未滿刑期即被釋放。不幸在獄時感染了肺結核，留了終身之疾。

歸來後，雖被稱為「活著歸來的烈士」。他自已說：「我只有羞愧。犧牲的烈士已貢獻出他們寶貴的生命，我滿身是病還能做什麼呢」。

孫翔風的人生經歷中濃墨重彩的一頁，是和王昆侖等人創辦《人報》。

孫翔風被釋出獄，從南京回到無錫。一度曾恢復中共的組織關係，後因故中斷。他為謀生遠去鎮江，在江蘇省工會任文書幹事。工會是國民黨所御用，任職者都需入國民黨。他已對政治厭倦，決定回無錫另謀生機。這時恰好小學同窗、好友，後並成為孫的妹夫的李惕平，在無錫縣黨部任宣傳部長兼《國民導報》社長。他順利地進了《國民導報》任編揖主任兼業務主任，實際由他負全責。

一張黨辦的發行數百份的地方報，經孫翔風的整頓與多次刊登反映民生疾苦與抗日救亡主張的消息及言論，終於起死回生。孫翔風善於辦報由此引人矚目。其中就有王昆侖。

王昆侖（1902-1985）著名的革命活動家。紅學家。出生於無錫。畢業於北大哲學系。曾參加「五四運動」。一九二二年加入中國國民黨。參加北伐戰爭，任國民革命軍總司令部政治部秘書長。後任國民政府立法委員。一九三三年加入中國共產黨。此後一直參加反蔣民主活動，組建國民黨中的革命組織。新中國成立後，歷任全國政協常委、副主席，全國人大常委，北京市副市農，民革中央主席。他平生深愛《紅樓夢》，任中國紅學會名譽會長，著有《紅樓夢人物論》。

一九三一年冬，「九一八」事變，東北淪喪，國難日亟。王昆侖在無錫休假。他注意到無錫有一批進步青年，缺乏組織領導。通過他的學生王南嶽，分別邀請晤談，孫翔風即是其中之一。其他還有華方增、諸祖蔭、李惕平、范放、華景吉等人，都是姚寶巷王府的常客。王昆侖極健談，話題常是抗日救亡，對國民黨的不抵抗一致憤慨。翌年（一九三二年）又發生「一二八」淞滬抗戰，十九路軍孤軍奮戰，報國有心，請纓無路，群情更為激奮。戰火熾烈時，滬甯路多次中斷，滬地報紙不能到錫，謠言蜂起。有人提議不妨辦張報紙，既可及時報導戰訊，又可激勵群眾同仇敵愾，一致抗日。恰好工昆侖有台RCA無線電收音機，可以收聽戰訊。一致贊成這擬議，王昆侖全力支持開辦費用，孫翔風負責籌辦，不到半月，報紙就問世。

力主爭取人的權利，維護人的尊嚴，以《人報》命名的四開小報，一九三二年二月二十六日在無錫創刊。《人報開幕宣言》稱：「……當為社會爭言論出版之自由。立國之本，在於民意，民意不張，國乃滅亡。……中國今日之要圖，在去專制之餘毒，揚民治之精神，然後敵愾同仇，外侮共禦。人報敬以至誠表白於讀者：凡所致力，一以發揚民意為職志，不受政治之壓力，不諱言民間之疾苦，不投流俗之所好，充塞淫盜之教誨，不為宣傳所蔽，轉以蔽民視聽，不為利害所宥，因而混淆是非，以此片紙為此喉舌……」

《人報》在艱難曲折中行進。孫科任立法院長後，委任王昆侖為立法委員，自此離錫常住南京。孫翔風接任社長。他不負眾望，以輿論陣地和官府鬥爭，特別是一九三四年的辜仁發案件，《人報》申張正義、大膽揭露，終獲全勝。

辜仁發屬政學系（國民黨內的一個派別），任江蘇民政廳長。當時江蘇省長是CC派的陳果夫。辜仁發倚仗後台楊永泰（南昌行營秘書長兼湖北省主席）公然賣官納賄（無錫公安局二分局局長即行賄而得）、又重婚納妾。《人報》查得真憑實據後公開揭露。此舉當時有極大風險。原鎮江《江聲報》主筆劉煜生，就因揭發辜的前任民政廳長趙啟碌而報紙被封、人被槍決。孫翔風頂著極大壓力又堅拒辜的行賄，最後因《大公報》、《申報》都起而聲援，終於扳倒一個省府大員。雖然真相是國民黨的派系矛盾，CC派戰勝政學系，而外界總認為是輿論的勝利，為《人報》贏得聲譽。此後《人報》一直站在進步的立場，支持工人運動與學生運動。抗戰發生後停辦，勝利後復刊。仍然保持戰前的進步本色。特別是在三年內戰時期站於中間偏左的立場。當時官辦報紙都以「匪」稱解放軍，《人報》稱共軍。正因為如此，一九四九年無錫解放時，蘇南區黨委本擬讓《人報》作為民辦報繼續辦下去，後因故未果。這是後話。

孫翔風的轉向就在扳倒辜仁發之後。

辜的扳倒使CC統一了江蘇省府，為論功行賞，省府秘書長程天放對省府委員葉秀峰（葉與孫翔風關係極好）說：「孫某願做官，可以給他一個縣長，如不願做官可以每月給《人報》廣告費三百元，作為酬勞」。孫接受了後者。

事情並未到此為止。接著葉秀峰又要他加入國民黨。來人並以威脅口吻說：「你離開共產黨多年了，難道還戀念共產黨？」一頂紅帽子壓過來，他當時知道份量。他說：「我已無意於政治，辦報只是為提倡抗日救國」。來人又傳葉秀峰的話說：「蔣先生（指蔣介石）目前是忍辱負重，正積蓄力量，待時機成熟，當然是會抗日的。你既然愛國就應加入本黨」。他無可推託。

孫翔風入國民黨，還有一個有趣的插曲。拿到入黨登記表後，躊躇了幾天才填表，填好後裝進信封，準備寄給在鎮江的葉秀峰，放在口袋裡待親自去郵局。畢竟是重大政治轉向，又猶豫了，沒有投寄。幾天後發現已遺失，心中反釋然，正好不想入。過了幾天，卻收到了葉秀峰的來信，說：「你的入黨申請表我收到了，你把信遺失在路上，有人拾了，代你貼好郵票發出。這人還在信末附了一筆，只是沒有寫姓名。由此可見，你在地方上有人緣。」孫又苦笑著說：「葉沒有批評我，反誇我，真啼笑皆非」。一個月後他就拿到了國民黨黨證。

孫翔風轉向後，國民黨就立即委以重任，當上無錫縣黨部執行委員，還被選上國民代表大會代表（因抗戰發生，國大沒有召開）。他說「名利思想侵蝕了我」。平心而論，孫翔風個人雖轉向，但《人報》中仍有不少左傾人士，報紙依然保持進步面貌，在宣傳抗戰救國、關心民生疾苦、以及支持「一二九學生運動」都發揮一定作用。

抗戰八年，孫翔風全家流亡重慶。前四年因沉痾（肺病）復發，處於休養狀態，後四年才與其兄（孫德先）合辦《復甦月刊》，又接辦一個小型印刷廠。抗戰勝利後返回無錫，立即投入《人報》的復刊，費時四月告成。他並未忘情於政治，在縣參議會的選舉中，他與有「中統」背景的縣黨部書記長徐赤子為一方的力量爭短長，支持政治態度開明的李惕平（是孫的妹夫）出來任議長，籌謀成功順利當選。他在無錫的政治根基較戰前更穩固。

以上這些都是他和我在多次談話中談及的。

一九四七年我到《人報》時，他已任國大代表並在一九四六年十一月參加過國大會議。當時上海又有他主持的企業。他風塵僕僕於京滬道上，回來的日子很少。一九四八年又當選立法委員，回來的次數更少了，但偶一回來，總要找我們幾個年輕的記者和編輯去他家裡聚談。他向我們透露許多國民黨政府的內幕新聞，結論是國民黨非垮不可。

我們幾位青年記者、編輯，當時確實「左」得可愛，痛斥政府的「民死」政策，預言新局面就要到來。《人報》上不時有這些言論。孫翔風不以為然，他說反動派在死亡臨頭之日將更瘋狂。這樣赤膊上陣不行，要注意保護自已。他是言者諄諄，我們是聽者藐藐，私下議論這是一個「轉向者」的表現。

他雖這樣說，卻並沒有以他的權力干預。用意也確實是好的，旨在保護我們。再說他也是「心在曹營心在漢。」他和中共黨一直有著秘密的聯繫。國民黨對他有戒心，對他作過試探。有次他接到中共太湖游擊司令薛永輝的一封信，要他支援若干物資。薛永輝曾是他在首都模範監獄時的難友，按理他會照辦的。他警覺這信來得蹊蹺，沒有上當，事後知道這是中統設的陷阱，他幸而沒有中計。也應該指出，他在必要的時候也就毅然為之，並不畏首畏尾。一九四八年秋天，大局雖更見明朗，但江南的形勢更為險惡，他曾參預無錫工商界暗地派代表去蘇北見中共黨政同志，首途就是他的兄長孫德先（人報總編輯）與一位採訪部主任袁鶴皋。第二次去仍有孫德先，還有無錫耆紳錢孫卿之子錢鍾漢。自然這是在秘密狀態下進行的，我們是在事後得知。

日子久了，我們也對他多方面理解。他清正廉潔，生活儉樸。在他倡導下，報風比較純正。一發現職員中有不軌行為，他立即處理，毫不寬假。報紙也始終堅持以民營面目出現，保持著公正客觀的立場，這在當時的處境下很不容易。儘管待遇清苦，我們的工作熱情都很高。這和他的工作作風有很大關係。

孫翔風在參加國大會議後，曾和我們說起他的一個提案曾引起軒然大波。這還涉及另一個轉向者，人稱「三民主義理論家」的葉青（任卓宣）。討論「憲草」（憲法草案）第二十八條時，他提了一個修正案：主張保留「國民大會代表不得兼任官吏」這十二字，不要刪除。這可觸動已當著官又要當代表那些人的神經，爭論極為激烈，多數人傾向他的意見主張通過。蔣介石親自出馬，授意國民黨代表要否決這提案。大會複議時，青年黨首領陳啟天，三青團中央宣傳處長胡庶華先後上台講話，主張否決，被代表轟下台。第三個上台的就是葉青，他洋洋自得一口氣講了六條主張通過這提案的理由，博得全場一片掌聲。正當他樂滋滋地向台下走時，陳誠把他喊住，鐵青著臉問道：「你怎麼能這樣講？」葉青回答道：「我為什麼不能……」不過原先滿面紅光　地變成灰白。講到這裡，孫翔風又說：「葉青是轉向的，中共說他是叛徒。」

此後他參加立法委員競選，幾經挫折以票多而當選。在立法院，他以反對派姿態出現。立委劉不同嘩眾取寵以打擊豪門資本為名提出「徵收財產稅案」，他認為不足以打擊豪門，受打擊的將是民族工商業，詳細說明理由。詎料竟被對他不滿的人作了攻訐的藉口。說他背叛工人階級，為資本家說話（他是工會中產生的立委）。後他把反對理由印成文件散發，又面詰社會部長谷正綱，一股惡浪才告平靜。一九四八年冬，他又和立委薛明劍聯名代電國防部長徐永昌反對徵兵、徵糧。一九四九年初，國民黨敗象紛呈，蔣介石引退，李宗仁繼任代總統，立法院院長孫科主張立法院遷廣州，他起而反對；他還和十多立委在南京發表談話，要求停止內戰，恢復孫中山先生的聯俄、聯共、扶助工農的三大政策；他還和立委朱華、曹寅甫等人面見代總統李宗仁，要求兑現他自已提出的釋放政治犯的諾言。

南京解放前夕，立法院送飛機票給孫翔風，要他帶家屬飛廣州，然後去台灣，他托辭去上海，後潛回無錫留待解放。一九四九年七月，他和五十三名立委一起在南京起義，起義宣言由新華社發表。

解放後，等待了三個月，原准復刊的《人報》還是停刊了，我去《蘇南日報》工作。對孫翔風的情況也就隔膜了。直到上世紀八〇年代才知道他還在上海，任上海市人民政府參事、市文史館館員。我終於知道了他的地址。有一次，去上海公幹，乘便登門拜訪。他已垂垂老矣，睽違近四十年，相見如夢寐，他極為激動，談起彼此遭遇不禁泣下。「文革」中他受衝擊，更不幸的是他的妻子楊薇君，走在人行道上竟遭車禍而亡。臨別時執手、相看、無語、凝澧……

由於我的粗心，竟忘了他的地址，此後無從問候，如仍存世，已是百歲高齡，謹致我良好的祝願！

獨闖西班牙的張慕飛

張慕飛先後寄來上海電視台「往事」頻道錄製的《我與蔣緯國六十年》碟片。張是我上世紀九〇年代訂交的朋友。

「人生得一知己足矣，斯世當以同懷視之。」（魯迅贈瞿秋白聯）。

上世紀九〇年代，我為寫台北作家無名氏（卜乃夫）的傳記，多方收集材料，偶得知張慕飛先生是無名氏在西安時的好友，兩人時相過從，而其時張先生從海外回來定居於滬。獲悉他的地址後，冒昧致函擬往訪，很快就得回音：請即來滬。初面之日，一見如故。暢談從晝至夜，雙方都無倦色。尤堪一記的是當晚即下榻張府，偌大一宅，僅只兩人，而此前從未謀面，信賴若此，彌足感人。

以後多次相晤，相知益深，方知張先生往昔經歷豐富多彩，並具有傳奇般的魅力。以職業而言，曾棄學從軍，執戈衛國，有上校軍階；也曾置身桃李門牆；還曾入外交界，折衝樽俎於拉丁美洲諸國，得心應手，游刃有餘。而在生活困難時，在北冰洋捕過鯨，西班牙挖過礦。以交遊而言，上至一國之君（尼加拉瓜、薩爾瓦多總統都是同窗），中至將軍、元帥，而下至街頭藝人都有交往。「讀萬卷書，行萬里路」，足跡遍及五大洲，到過十多個國家。他的生平可說光怪陸離，令人目不暇接。筆者建議他寫回憶錄或自傳，他連連謙稱：「不值得寫。」

張慕飛。

時復兩年，張慕飛還是接受了朋友們的意見。其中台北詩人瘂弦說，可以「把上一代的奮鬥經驗傳給下一代」，他還引用了錢鍾書所說「自傳就是他傳，他傳就是自傳」，先生的自敘，也是為時代立傳。這終於有了《一個黃埔生的八十自述》的初稿。其中若干篇章先在台北「傳記文學」（二〇〇一年十一月號）、「中外雜誌」發表後，筆者受他委託進行「整理、考證、增補、改錯」。該書於二〇〇一年九月問世，由北京中國文史出版社出版。書名為《永不放棄》，以「一個黃埔生的八十自述」作為副標題。

永不放棄：愛國戀鄉

愛國戀鄉、振興國家是張慕飛一生孜孜以求、從不放棄的首要目標。

張慕飛，一九二二年出生於湖北省光化縣老河口的一個富商之家，原名張富民，後因仰慕岳飛改名為慕飛，立志「消滅日寇，匡復河山」。抗戰軍興，張慕飛本就讀河南大學，而棄學從軍。首次報考中央軍官學校因體檢不合格落選。第二年再考，終於被錄取為軍校七分校（西安）第十八期。「艱難困苦，玉汝以成」。嚴格的四年軍事教育畢業，成績優秀。他沒有接受任何個人關係的推薦，聽候派遣，到二十七軍任擔架排長。卞和識寶，終脫穎而出，調到軍司令部任特務營衛士排的排長，軍長還特別召見。後又調到青年軍第二〇六師蔣緯國營時（此前在洛陽與蔣緯國邂逅並訂交），抗戰勝利，日寇投降。與蔣緯國朝夕相處，意氣相投。張慕飛從軍本為救亡圖存，但此時已無仗可打。那知內戰烽火又起，一九四八年青年軍二〇六師在洛陽被中共陳賡兵團殲滅時，他幸在武漢接新兵，不然將和師長邱行湘同一被俘的命運。

生活的道路總是曲曲折折，當張慕飛已無部隊可回時，一個生在湖北的河南人，竟摸到了桂系的層峰，這得力於他的母親裴漱玉。這位沒有讀過多少書，但寫得一手好字，還能背誦六法全書的張老太大，她也擅長「公關」，五戰區司令部駐節老河口時，政治部主任徐會之中將，是裴漱玉的牌友，一九四九年春，徐會之任武漢市市長，常聽裴漱玉說到這個兒子是一個價廉物美的軍官。徐會之主動提出，要把張慕飛帶到南京去看看「德公」（即李德鄰，李宗仁的字）。於是他成了代總統的侍從官。參軍長劉士毅給他一周假期，然後回來「好好服務」（李宗仁語）。不料風雲突變，他去杭州看望卜乃夫（小說家無名氏），四天後由滬直赴南京。火車抵鎮江，聞南京已潰決，城陷。匆匆返回上海，找到蔣緯國。三艘登陸艦艇升火待發，蔣緯國將去台灣，蔣緯國給他三條路：一是到湯恩伯總部參加保衛大上海；二是到復興島去跟老先生（蔣介石）；三是跟我一塊到台灣。他婉拒三個意見。他要去廣州，然後出國讀書。「這樣的局面我不想工作，軍隊已不像軍隊，都貪污亂來，哪是我們當年從軍的抱負和志向！」到廣州後，他先向參軍長劉士毅報到，幾天後竟然寫了一封上李代總統萬言書。結果是石沉大海，並無反應。他徹底絕望後，巧遇總主教于斌（張慕飛是天主教徒），于斌承諾，介紹他去西班牙留學。他向參軍長辭職後，去成都，原擬偕妻楊瓊一起出國，妻因割捨不下三個孩子，放棄出國機會，他只好一人獨行。一九四九年尾，他在香港登機西飛，無人叮嚀，無人話別，留下無限眷戀的故國。他的心在流淚。從此一別祖國四十餘年，直到一九九一年才重回祖國。到北京之日，剛出機場大門，他情不自禁雙膝跪下去親吻大地。他飽含熱淚告訴親人：「為這塊大地，和萬千羈留海外的同胞一樣，流血流汗並長年牽腸掛肚，為她支付著我們的感情與關切，我怎能壓抑這份激動呢？」足見他對祖國的愛戀。

「闖」──他的人生動力

「闖」是張慕飛的人生動力。憑一股闖勁，他多少次排除困難，轉為柳暗花明。

他去西班牙讀陸軍大學，僅憑于斌主教給該國教育部長的一張名片。所持護照是從香港經羅馬到里斯本（葡萄牙），並不經西班牙。到西班牙比利牛斯山山下，哨兵檢查他的護照，護照沒有簽證不讓入境，他不氣餒畏難，雙方語言不通，一番爭執，幸而對方知道他是中國人，是蔣介石一方，居然得到落地簽證，進入西班牙。

到了西班牙，人生地不熟，不懂西班牙語，生活依傍只有二十美元，是西班牙政府給的獎學金，勉強維持生活。憑著他的闖勁，「沒有假期，沒有娛樂」，兩年焚膏繼晷，孜孜不倦，不僅終於戰勝語言關，而且修完全部博士班課程，還開始讀陸軍大學第一年函授課程。就這樣順利進入西班牙陸軍大學。

西班牙陸軍大學是很嚴肅的建制學校，為國家培養將才，西班牙人以能進入該校為榮。張慕飛是該校歷史上第一個來自中國的學生，他深知為祖國榮譽也要取得好成績。一重重困難闖過來了。其中最難的還是費用問題。他不是國家保送，除獎學金外別無經濟來源。只有假期去西班牙西南部的阿爾美利亞（Almeria）金礦去挖礦石，勞動繁重天又熱，他咬牙堅持，一個假期只拿到五十美金。還到挪威海面上去捕鯨，哪知上船就吐，還是熬過來了。經過四年苦讀終於畢業。

西班牙陸大的優秀生張慕飛，他的名聲漸次傳到西班牙上層社會。西班牙三軍元帥佛朗哥曾多次接見他。一九五二年西班牙外籍軍團（外籍人士所組成的一支特種作戰部隊有過戰功）的創辦人阿士特拉義上校，邀請張慕飛訪向問駐紮在北非的阿爾巴侯爵單位。外籍軍團讓他以黃埔學生的身份，接受檢閱分列式。對他個人而言，實在是一種榮譽。

在西班牙陸大讀書期間，還從一次偶遇中，結識當今西班牙的國王桓・卡洛斯，當時是王儲殿下。張慕飛把中國的拳術和劍權傳授給他。桓・卡洛斯雖貴為王儲，但謙恭有禮非常平民化，喜愛和尊重這位中國軍官。一九七五年桓・卡洛斯接王位為西班牙國王。上世紀八〇年代初期，張慕飛在大陸的家屬得西國王室恩遇，二子一女都到西班牙定居。這是後話。

一九五六年，張慕飛從西班牙陸軍大學畢業，何去何從，一時茫然。回中國大陸，當時正是一波一波的運動，加上他的國民黨關係豈不自投羅網。大陸有家難歸。他又不願為越南的吳廷琰政權効力。或成為外籍軍團的成員為雇傭國賣命，只有去台灣。投函給台北蔣緯國。祝賀他的生日，算是投石向路。蔣立即覆函：等著你早日趕回祖國。隨後台北人事行政局寄來六百美金旅費。由此他在台北安身。

上世紀六〇年代，台北少數有識人士，有鑑於台島的人口膨脹，生存空間有限，擬定了去境外開發的計畫，首選地是拉丁美洲的巴西。經考察團考察半年後，又選定該國的馬諾良州成立中馬農林工商股份有限公司，無奈因故擱淺。再起動時，請時為陸軍備役上校（從陸軍參謀大學退役）的張慕飛為副董事長。要他親自去巴西打開停滯的局面。他沒有去過巴西，巴西操葡萄牙語他也不會。居然他單槍匹馬以跳龍潭入虎穴的心情，下知費了多少唇舌（當時州政府新舊交替），巴西方面同意起動並把開發計畫送交國會，無奈台北這方面資金遲遲不到位，外交方面也不過問，拖到一九七四年，巴西與北京建交，中馬開發計畫悶死在巴西國會。張慕飛的五年寶貴光陰成為泡影。唯一的收穫是：「我們的知識份子變得如此官僚與昏聵。」

巴西開發雖然功敗垂成，但張慕飛的闖勁仍然可嘉，何況這僅是他「闖」而未成的一例。到上世紀七〇年代，張慕飛又闖進教壇與「天馬行空作廣播」而屢屢成功。他的才幹被黃埔首期的鄧文儀將軍所看中，推薦給張其昀主持的陽明山中國文化學院。張其昀當場表示：「張慕飛好極了，來幫我教書。」第二天就收到了教授聘書，開西班牙文課並商定日後開拉丁美洲研究。過了五天又收到中華學術院拉丁美洲研究所所長聘書。用張慕飛自己的話說，到文化學院就像進了爺爺廟，不是長官便是老師輩的同事，但他闖過來了，教了五六年的書並且口碑甚佳。在陽明山執教同時，台北中國廣播公司總經理黎世芬禮聘他擔任西班牙語導播。這又是一個新的工作，這要字正腔圓、口齒清晰，還要頭腦反應敏捷。結果同樣成功。他地道的西班牙語琅琅上口，為三億聽眾所歡喜。有了「韓國之聲」、「美國之音」和西班牙廣播界的朋友。直到一九八〇年他到阿根廷去任新聞局代表才放棄這份天馬行空的工作。

去阿根廷任台方新聞局的代表，又是難度極大的一項工作。雖說是新聞方面的代表，其實辦的是實質外交，就是外交官。然而阿根廷已與大陸建立外交關係，駐在國當然會有許多限制。張慕飛憑藉他的軍人與天主教關係，居然應付自如。阿國的將軍布達芒德（Bustamande），西班牙陸軍高級學堂畢業，該是張慕飛的學長。另一位曾任陸軍總司令的翁干尼亞將軍曾訪台，張慕飛是他訪台計畫的製作人，訪台時又是隨行軍官。張慕飛是天主教友，他就得到阿國教友的支持。在阿國任滿，張慕飛又被派往巴拿馬，這一回是名實相副的外交官，任新聞參事。如魚得水，本職工作做得很好，還和巴拿馬的強人諾瑞加（後為該國首領）交了朋友。

更值得稱道張慕飛的闖勁是，他在退休後本可安逸享樂的晚年，又投入到一項「助人自助」的營銷事業（安利）。當過教授、記者、新聞導播、外交官、將軍的他，居然接受（安利）美國貝瑞德集團亞太地區和中國代表的任命。他和夫人潘秀江篳路藍縷，幾年中居然闖了出來，在中國上海安了家，並雙雙躋身「鑽石」（特級經理）。筆者曾親睹張慕飛主持一個「營業代表會」，並無經商經驗的他，居然口若懸河說得頭頭是道。

跳出「這個大醬缸」

人生不如意事常八九，張慕飛半生引以為憾的是曾跌入蔣家兄弟經國與緯國之間矛盾的漩渦，慨歎曰：這是個大醬缸！

張慕飛從西班牙回到台北，剛進裝甲兵學校就應國防部之召，參加一個友好訪問團到中南半島各國（泰國、越南、東埔寨）去訪問，他作為團長葉公超的隨從軍官。這是一項外交活動，他的儀表和應對都很出色。不過他認為只是客串。不久後他就到了金門擔任戰車營的副營長。隨著部隊的輪調，他到清泉崗接長裝二師裝步二營營長。再調戰車二營，走馬燈似地輾轉各處。當升為陸軍裝甲騎兵二〇八團團長前，蔣介石曾召見，蔣看了他的有關資料後說：「你可以到外國去作武官。」旁邊的參謀總長接話說：「我們已簽請總統讓張中校下部隊。」蔣說：「好，歷練歷練團長再去也不錯。」這是第一次可任他為武官之議受阻。

張慕飛在裝騎二〇八團團長任內，晉升為上校時，又有新任命。三位西班牙的高級軍官（軍種海陸空），在一項軍事深造教育交換計畫推動下到台北深造。張慕飛又調為陸軍指揮參謀大學（校長蔣緯國）兼任戰術教官外加聯絡官，任務輔導西班牙的軍官學習。兼顧著兩頭奔波著，裝騎部隊的司令張國英找不著張團長，陸參大校長蔣緯國找不著張輔導官都會生氣，他這位張上校就像鑽進風箱的老鼠。他預感到這個團長幹不長了。

不過當時的張慕飛還受著「榮寵」。指揮參謀大學的三個西班牙學生畢業了，在和三軍大學聯合舉行的畢業典禮上，蔣介石也親自參加。張慕飛帶著三位洋學生坐在蔣介石同一排桌子的對面。突然蔣介石用紅鉛筆在紙上寫著，寫完後把紙和筆都推給張慕飛。他接過一看，紙上寫著：西班牙內戰中古堡守將的名字，何年何月何地？全場所有的眼光都看著他。蔣經國指著他問左旁的參謀總長彭孟緝，大致是問這是何許人？張慕飛就在原紙上作了詳細解答。蔣介石就在講話中說了一九三六年西班牙內戰中多乃都城守將莫斯加多（Moscardo）大義滅親的故事，以及對整個戰爭的影響。張慕飛本想留下這張紙作紀念，一位武官捷手先得收走了。

當張慕飛看來一帆風順時，事實上已經潛伏著隱憂！捲入了蔣氏兄弟的矛盾。在和蔣緯國的接觸中，他感到蔣緯國的有些談話和做法不盡吻合他老哥蔣經國的要求，但凡能進言提醒他時就盡了一個老弟和部屬的責任。有這樣一次談話，張慕飛：「外面傳說你兄弟之間有意見。」蔣緯國：「你以為呢？你又如何回答呢？」張慕飛：「我的答覆很簡單，我說人家『兄友弟恭』！」蔣緯國無言以對，只是苦笑。蔣緯國在中將任上一耽多年（自嘲「中將湯」，一種中藥名），這該是兄弟矛盾的具體表現。

「城門失火，殃及池魚。」有一天，指參大學校部政四科通知張慕飛：「張上校，學校簽報你出任駐西班牙軍事武官的公文給批駁了。」張慕飛拿著這公文進校長室，把公文放到校長蔣緯國面前，蔣忽抬頭說：「慕飛，你是不是得罪了人？」張慕飛默然。蔣緯國接著說：「慕飛，誰都不怪，只怪我姓了蔣，怪你認識了我這個姓蔣的！」然後他又說：「去看看王昇。」稍停張慕飛用英語說「Yes，sir！」第二天，張慕飛在教官辦公室裡當著眾人的面，寫了請求退役的報告。後勤組長勸他說：「慕飛，別傻，你馬上就要升少將了，何必呢！」他毅然送上退役報告。就這樣，他離開了陸軍，離開了台灣。他並不抱怨，只有一點痛惜，痛惜這個軍隊，仍舊泡在醬缸裡。事後，一位為他感到不平的朋友，遺憾地告訴他，認識你的兩位老鄉：劉疏堂和楊澤涵，曾向安全單位告密，說令妹一九四八年曾在北平天安門前參加過反饑餓反內戰的遊行示威，蔣將軍說你是否得罪過人就是指被人告密的事。其實這兩人都是他的朋友而且是世交，居然出此，這就匪夷所思了。還有當時校本部的安全處長說，這都不算什麼，只要蔣將軍保一下就過關了。他仍婉謝這個建議。他想哪有一個歷盡艱辛、為國效命、忠誠愛國的軍官還需要人保，這個軍隊就不值得留戀，只有請退！

宛如水晶的性格

張慕飛的性格宛如一塊透明的水晶，坦率直爽，該愛就愛，該憎就憎，做錯了事得罪了人準去登門謝過。回憶錄《永不放棄》

裡，有他一段自省與祝願，這在別人的回憶錄就沒有，可稱為一大特色。

先舉一例：蔣緯國以中將銜在原地踏步十五年後，直到屆齡依退的一九七五年任三軍大學校長時方升上將。這當然是件可慶可賀的事。雖在一九六九年就退役的張慕飛，也被邀請參加蔣上將的酒會。

這天到會的有四、五十人，相互敬酒碰杯。張慕飛走到蔣緯國面前，蔣先舉杯一飲而盡，張跟進。照例應該低階級先舉杯，他從旁拿了兩杯酒，先靠腿後舉杯，一兩人又乾了一次杯。那年蔣緯國六十整，張慕飛剛過五十，雙方談笑自若。

接著不愉快的事來了。在熙熙攘攘的人群中，張慕飛見到蔣緯國的空軍隨從參謀袁世銑中校。這人是空軍英雄，對人有點老三老四，向不得人緣。慕飛和他舉杯，一飲而盡，袁卻未飲，環顧左右而言他，慕飛再舉一杯酒表示，他仍無動於衷。慕飛來火了，把一杯酒澆了他一頭。慕飛的獨白是：「人總是人嘛，一個五十歲的人不被尊重的時候，會有反應的。」人群騷動了，但很快恢復平靜。張慕飛看見蔣緯國從側門先走，他向他舉杯。

第二天，張慕飛賠償在騷動中砸壞的杯盤，又派人送一束鮮花到袁世銑府上。這就是張慕飛的性格。

張慕飛的性格可愛處就在於自己的省察，雖不能說做到；「吾日三省吾身「（論語‧學而篇），但常在省察中，八十歲那年，個人自省不足，請夫人潘秀江作一番客觀評定。

這裡插說一下，潘秀江也是個女強人。她畢業於台灣大學經濟系。在校時就很優秀，連任兩屆學生代表聯合會主席，又是青年救國團的優秀成員，何應欽領導的「道德重整運動」中的重要人物。她也是台北第一位得到中山獎學金的女性。憑這獎學金去美國留學，得碩士學位。回台後，任女青年會總幹事七年，幫助辜振甫夫人嚴倬雲（女青年會會長）建立一座十一層的女青年會大廈，像一座銅像一樣，紀念她對YWCA的貢獻。張慕飛在一九四九年前原有的妻子楊瓊，是他在河南國立一中時的同學。以後海峽兩岸長期隔絕，楊瓊已另嫁，張慕飛也考慮另娶。一個偶然的機會，張慕飛邂逅潘秀江，雙方相戀三年，又經蔣緯國夫婦、于斌等人「考察」認可這位日後的女強人，兩人結婚。她既不愧是賢內助，相夫教子，自己的事業也卓然有成。

千禧年之際，張慕飛請潘秀江對他評定，她沒有像「城北徐公」的妻子「美徐公」（見《戰國策・齊策》「鄒忌說齊王」），而是毫不偏私直率指出丈夫已具有的和尚缺乏的。在已具有的方面，如「平易近人的個性和為人，服務的熱忱，以天下為己任的抱負」，「基督徒的價值觀念，自由平等的思想，強烈的是非觀念，見義勇為，有作為，肯負責任，直言能諫，願背十字架」，「強烈的愛國意識」，「熾熱的感情，容易表露的喜怒哀樂，易受環境和他人影響的心情」，「特立獨行的性格」。對他的不足之處，她毫不諱言。如「哲學倫理的修養，謙虛含蓄的性格和忍辱負重的耐力和毅力，真正基督徒的情操」，「剛強有餘，柔順不足」，「完全不自私的愛人，不求報償的犧牲」，「以他人為中心的服務，行善不為人知的德行」，「複雜的人際關係的適應力」，「接受和坦承人性弱點的勇氣，研究和把握人的心理」，「忍小謀大的眼光和膽識」，這張慕飛倒也能從善如流，進行自省提出改進之道，有些頗幽默風趣。如「不再偶爾偷喝烈酒，不再貪食，不再偷窺美色」、「不再無禮對待那些在公共車上，不讓座位給老弱婦孺的男子漢，特別是那些年輕人，或者把人家拉起來讓座，不再怒目相視或者斥責那些隨地吐痰的人們」（這兩點，筆者親見他曾這樣，雖出自好心，但不符國情，比如在大陸就難做到）。他的改進之道也有涉及政治的。如「不再蔑視那些從事政治工作的幹部」、「不再蔑視那些無能的外交官員」。他還寫下他的良好祝願。如「祝願二十一世紀的中國，很快成為一個自由、民主、富強、安樂的國家」、「祝願海峽兩岸早日和平統一」、「祝願中國所有的黨派，包括共產黨與國民黨能記取中山先生和平、奮鬥、救中國的遺訓，讓二十一世紀真正成為中國人的世紀」、「祝願在台灣的黃埔校友們能記取校訓『親愛、精誠、明恥、教戰』」、「祝願在大陸的黃埔校友們能聽見黃埔校歌的曲子，不唱歌詞」……這就是透明的張慕飛。「老驥伏櫪，志在千里。烈士暮年，壯心不已。」不服老的張慕飛，仍然進取，永不放棄。因風寄意，筆者祝願他善自珍攝，勞逸有度，永享遐齡。

上海灘的神秘老人

上海灘的神秘老人，蔣介石的「駙馬爺」。
他的傳奇故事，人們口中流傳。

二〇〇八年二月中旬末，偶翻《文匯報》見「訃告」一則，文曰：

> 上海市文史研究館館員、一九二七年參加革命工作的正局級（享受副市級醫療待遇）離休幹部陸久之先生因年邁體衰，不幸於二〇〇八年二月十二日二十一時十二分在家逝世，享年一〇六歲。陸久之先生遺體告別儀式定於二〇〇八年二月二十二日上午十一時在龍華殯儀館銀河大廳舉行。
> 特此訃告
>
> 陸久之先生治喪小組
> 二〇〇八年二月十八日

讀完訃文疑信參半。猶記前年（二〇〇六年）秋，我去上海邂逅陸老的令弟陸立之先生，偕同去淡水路看望久之先生。那年陸老已是一百零五歲屆人瑞之年，仍思路清晰，神清目爽，他親口說：

「我要活到一百二十歲。」在座者無一不點頭認可。然而畢竟自然規律難違，如今跨鶴仙去，使我悵然良久。

我是上世紀九〇年代初才初識久之先生尊顏。當時我在一家報社責編文史專刊。記不清從何管道聽到上海灘有位神秘老人，即陸久之先生。他是蔣介石的女婿。皇權時代就是「駙馬爺」。據我所知蔣介石僅有經國、緯國二子，何況緯國也非親生，哪來女兒？為一探究竟，終於知道久之先生的寓所。一封信到上海投石問路，竟是陸老親筆賜覆，歡迎前去訪談。

上海淡水路一幢古樸清幽的住宅裡，我見到當時已九旬高齡的陸老。他腰板挺直，著薄羊皮的夾克衫，氣宇軒昂，神情瀟灑，哪像耄耋老人。尤為稱奇的是，我們暢談終日，他毫無倦態……我們由此訂忘年交。我曾完成記述陸老身世的篇什並發表，得陸老認可。此後魚雁時通，每去上海必拜謁。更值得一記的是每逢新歲，最早收到的賀年卡定是陸老親筆書贈，長者眷顧，終生難忘。

是耶，非耶？老蔣之婿

回答這個問題必須探討蔣介石的婚姻史。

這先聽蔣介石自己說。

一九二七年九月二十八、二十九、三十日接連三天上海《申報》在最醒目的地方即報名之旁，刊出一則《蔣中正啟事》其文云：

> 各同志對中正家事多有來書質疑者，因未及遍覆，特奉告如下：民國十年原配毛氏與中正正式離婚，其他二氏本無婚約，現已與中正脫離關係，現在除家有二子外，並無妻女，唯傳聞失實，易滋淆惑，特此奉覆。

「家有二子，並無妻女」，蔣介石說得清清楚。既無女兒，哪來女婿？

不過啟事中有一處伏筆，即是「本無婚約」的「其他二氏」。蔣介石的原配夫人毛福梅，後來在上海灘「混世界」時納過一妾，姓姚名冶誠，再後來又與陳潔如正式結婚。「本無婚約」只能指姚冶誠。陳潔如籍貫蘇州，出生於上海。在上海愛國女中讀書。國民黨元老張靜江夫人朱逸凡，與陳潔如是好友。陳潔如出入張府時，蔣介石看中並苦苦追求。蔣與陳潔如於一九二一年十一月在上海結婚，證婚人就是張靜江。美國《費城問詢報》有兩張珍貴的史料照片。一張是蔣、陳結婚時的請柬；另一張是伉儷情深的結婚照。事實說明陳潔如是蔣的合法夫人。蔣在廣州任黃埔軍官學校校長和北伐軍總司令，陳潔如都以夫人身份活躍於社交界。蔣介石之子經國與緯國都稱陳為「上海姆媽」。蔣介石為了和宋美齡結婚才回避事實亂編「西廂」。此後陳潔如被調虎離山，送往美國留學。航海途中，陳從無線電廣播裡聽到蔣、宋結婚消息，痛不欲生，幾次要跳海自殺，被護送人勸阻。羈留美國七年才回國。而陸久之正是陳潔如女婿。

事情的原委是這樣：陳潔如與蔣介石結婚七年並未生養。有一次陳潔如（當時在廣州）與廖仲凱夫人何香凝參觀廣州平民醫院。有個僑眷已生八個女兒，剛生的第九個又是千金，想把這個新生的女嬰送走。陳潔如非常喜愛這個女嬰，何香凝勸她收養，於是帶了回來，陳潔如給她取名「陪陪」。這名字帶有兩重意思。一是與英文嬰兒同音（baby）；二是由她陪一個弟弟來。蔣介石也同樣喜歡這女孩，給她取了個學名叫瑤光。瑤光為北斗七星之名。《淮南子》有云：「取焉而不損，酌焉而不竭，莫知其所出，是謂瑤光」。這名字頗有一番講究。蔣遺棄陳後，瑤光改從母姓為陳瑤光。陳潔如去美國時把女兒寄養在外婆家。一九三三年回國，住上海法租界巴黎

陸之久。

新村（今重慶南路一六九弄），把女兒接了回來。母女倆相依為命。

春花秋月，斗轉星移。陳瑤光已長得婷婷玉立，有良好的教育，才貌雙全，出入社交界，人們均稱女兒勝過母親。過了三年多平安的日子，一九三七年抗日戰爭爆發，不久上海淪陷，租界成為孤島。這時成長了的女兒，不顧母親反對，嫁給一個安姓的朝鮮人，生了兩個兒子。姓安的原是日本特務。抗戰勝利，他怕中國追究，棄家別妻悄悄溜了。陳瑤光生話陷入絕境，不時靠母親接濟

這是一九四六年。陸久之出現了，月下老人給他（她）們牽紅線。陳瑤光有個女友周安琪是國民黨第三方面軍司令部主任秘書胡靜如的如夫人，為幫助瑤光擺脫窘境，把瑤光介紹給陸久之。當時陸久之地位榮顯，官居第三方面軍少將參議，又是第三方面軍司令手下的紅人，身為接收大員，擁有最新型的汽車和豪華的府第。陸那時雖已過不惑之年，但依然風度翩翩，神態瀟灑。而陳瑤光年僅二十左右，容貌秀麗，又才藝俱全。雙方都極滿意，結為夫婦。此後育有一女。

由此看來，以陳潔如和蔣介石這段婚姻言，説陸久之是蔣介石的女婿也無不可。不過陸老自己和我這樣説：「我不是蔣皇朝的皇親國戚。我和陳瑤光的結合，是抗戰勝利後一九四六年的事。她的母親早在一九二七年就被蔣介石遺棄了。」

陸久之何許人？

陸久之自己的身世和經歷也不尋常。

一九〇二年陸久之出生於湖南長沙的一個官宦縉紳世家。父親陸翰先後兩次應科舉考而落榜，乃轉而任低級的税務官（厘金局長）。當時湖南社會不靖，兵匪作亂，舉家遷江蘇常州。南遷後陸翰先在浙江軍閥盧永祥手下充幕僚，後任孫傳芳的五省聯軍軍法處處長，雖官位顯赫卻由於不會逢迎上司又不願同流合污，終因患病在上海被人害死。家道頓時中落。陸久之等幾個兄弟進工廠謀生。

在中學讀書時，陸久之就非常愛讀進步書刊，一本《新青年》常置案頭。輟學後，不顧家庭反對，進寶成紗廠當練習生。又結交友人蔡叔厚，蔡的思想非常激進，不斷向他推薦共產主義學説，由此深受影響，嚮往革命。蔡叔厚曾就讀浙江甲種工業學校（杭州）並曾東渡日本留學。歸國後在上海新閘路開辦紹敦電機公司，以他高超的技術及不斷創造新產品，業務蒸蒸日上。這時陸久之進了紹敦公司成為蔡的得力助手。

事實上紹敦電機公司是中共的地下聯絡站，惲代英、瞿秋白等又常在附近的上海大學講課，陸久之常去聽課深受影響，從此更加堅定參加革命的信心。

一九二六年九月，陸久之由中共黨員徐梅坤介紹，進入由周恩來領導上海地下總工會秘書處，與周恩來、趙世炎共事，擔任聯絡員。一九二七年，蔣介石策動了「四一二」反革命政變。當血洗上海總工會時，陸久之奇蹟般地跳牆逃走。根據中共地下黨的指示，他又打進陳群、楊虎領導的黃色工會，在特務組織中賣力，外界不明真相認為他背叛，他忍辱負重暗裡幹著營救革命者的工作。如陳賡、向忠發就由於他的通知，得以平安轉移。

敵人終於對他產生懷疑，一九二八年春節他被突然解雇。一九三〇年一月，他倉促中逃亡日本。先後就讀於日本鐵道學院與日本早稻田大學政治經濟系，在讀書的同時又兼任上海《申報》駐日本特派記者，同時中共又給他新任務，參加在日本的共產國際情報局工作。和他共同戰鬥瞭解他這一段時期工作的老黨員陳修良（曾任地下黨南京市委書記）說：陸久之是個為黨立過許多特殊功勳的好同志！

在日本期間，他巧妙地和各方周旋，一九三六年居然和駐日大使許世英攀上了關係，在大使館有一個高級專員的職銜，負責情報及新聞接待工作，直到抗戰爆發，他才跟隨許世英回國到達武漢。許回國後，任全國賑濟委員會主任，陸久之為委員。他不願擔當這閒職。從可靠的渠道得到消息：由軍統控制王芃生領導的「國際問題研究所上海站」需人甚殷，他積極活動被選中，聘為專員，到了上海，冒險生涯由此開始。

陸久之負責收集敵偽情報，有幹才之譽，取得國民黨的信任，一面把情報送給共產黨。當時如魚得水，頗有名聲。

一九四一年十二月，太平洋戰爭爆發，上海全部淪陷，陸久之仍留上海。新機遇又來了。偶然的機會，他碰到了留日時的好友沖野一郎。沖野和日本海軍有關係。他看到陸久之沒有職業，介紹他進了海軍所辦的海安公司任總經理，還要他辦了張《華美晨報》為日本海軍的「聖戰」而鼓吹。

鬥爭尖銳複雜的上海能夠存身，並要開展工作顯然不易。陸久之有「狡兔三窟」，他又開了個「璇宮」舞廳。這裡吸引了不少發國難財的奸商、汪偽政府的官員、日本軍官、妖豔的舞女……每日紙醉金迷，翩翩起舞。陸老闆自已每天都來應景，與這些人跳上幾曲。實際是搜集各種情報。

他利用海安公司作掩護，運送許多緊要物資到抗日根據地去，用舞廳搜集情報，送給中共的部隊……兩者所起作用不可言喻。

也許是「智者千慮，必有一失」，或者說「百密難免一疏」。一九四四年秋的一天，一小隊日本憲兵闖進陸公館。在日本憲兵的槍口押送下，陸久之關進日本憲兵司令部監獄。

他極為鎮靜，仔細檢查了他的抗日活動的每一個細節，覺得沒有任何佐證在日本人手裡。審訊時，他侃侃而談，流利的日語，鎮定自若的態度，把審他的日本人鎮住了。加上日本海軍與憲兵之間存在利益的矛盾。通過一位同情他的日本看守，給日本海軍武官府的朋友佐賀大佐（另一說是古川時太郎）送去一張求救便條。佐賀出來疏通、保釋，終於得到釋放。

憑著他的機智與巧妙手段，他戰鬥在日寇統治的心臟地帶，一次次逢凶化吉，化險為夷。

成了湯恩伯的座上客

一九四五年八月，陸久之在上海迎接抗戰勝利。

我曾以懷疑的口吻，問陸先生：「抗戰勝利後，國民黨政府還都，隨之是大捕漢奸。您這一段為日本人做事的經歷，一定帶來不少麻煩吧？」

他笑著說：「怎麼會呢？不僅沒有麻煩，而且我搖身一變，成了上海灘的接收大員，而且是當時上海的大紅人，第三方面軍總司令湯恩伯身邊的座上客。」

看著我疑信參半的神情，他解釋道：「我當時是暗地憑藉軍統國際問題研究所專員的身份而活動的，抗戰勝利後軍統自然要給我證明。至於我被湯恩伯的看重，是因私交有一段來歷。」

原來湯恩伯與他陸氏是世交。當年湯恩伯在日本明治大學學法律，他想改進陸軍士官學校學軍事卻苦無門路。後來找到陸久之的父親陸翰（孫傳芳手下的軍法處長）託人保薦，終於如願以償。後來湯恩伯學成歸國又經陸翰推薦，結識時任軍政部要職的陳儀，再由陳儀逐步提拔，任南京陸軍軍官學校（原黃埔軍校）第六期的學生大隊長、教導第一旅旅長，從而逐步得到蔣介石的信任和重用。因此飲水思源湯恩伯一直想對陸家有所報效。而陸久之在青年時代就與湯恩伯相識。湯對陸久之視同親兄弟。隨時間推移。湯對陸久之更進一步賞識他的才能（出口成章談吐又風趣），湯既在上海獨當一面，也需要培植自己的親信，順理成章就延攬陸久之成為他身邊的智囊人物。任陸為第三方面軍少將高級參議。

而這正是陸久之的心願。原來中共方面看到湯恩伯身掌軍中大權，控制東南半壁，想爭取湯恩伯起義。中共地下黨沙文漢轉達黨的命令，要陸久之完成這一使命。於是陸久之日益接近湯恩伯。陸與湯食同桌，出同車；湯微服出遊由陸同伴；湯視察戰地工事，由陸充當隨員。陸又用盡心機，在湯身邊廣植羽翼，佈置耳目。湯府的廚師、女傭、汽車司機、機要秘書都是陸久之介紹的，他又不時對這些人另加賞賜，使這些對他感恩。

抗戰勝利後，上海等沿海城市聚集為數多達百萬等待遣返的日俘與日僑，一時間因無運輸工具不能遣返。需要對這些人的安撫與教育。湯恩伯知道陸久之精通日語，把這工作交給他。陸按中共地下黨的意見，向湯建議辦一張日文的《改造日報》。得湯同意並任陸為《改造日報》社社長。

一九四五年十月，《改造日報》創刊。陸久之所用採編人員都是接近中共的左派人士，一度報紙的色彩很紅，幸而是日文報，尚未引起國民黨當局注意。後來《改造日報》又出增刊《改造畫報》，不僅未加收斂，而更露骨。登了許多中共要人與郭沫若、茅盾等左派作家的大幅照片與介紹文字，引起國民黨政府的不滿。湯恩伯不免責備陸一番後，宣佈停刊。當時報紙已發行10萬份。這對陸久之也起了警示作用。

家庭危機與結合陳瑤光

為著給自已加上保護色，也為著使地下黨有個秘密活動場所，陸久之原已在浦東大廈開了個璇宮舞廳，這時又開了第二個舞廳叫雲裳。這時陸久之給人的印象完全是個聲色犬馬紈絝子弟，在舞廳左擁右抱，過著糜爛的生活。

這樣做對開展地下工作是有利的，但因沒有把實情告訴夫人陳宗蕙，這就引發了家庭危機。

陳宗蕙是陸久之的原配夫人，早年，陸久之住在上海愛文義路（現北京西路）與孫中山先生的好友陳國權（陳重民）是鄰居。陳國權欣賞陸久之的才華，就把女兒陳宗蕙嫁給他。兩人感情很好，惜未生子女。這時（一九四七年）陸久之的生活浪漫起來，陳宗蕙性格內向，對丈夫不滿放在心裡，陸久之又沒有發現，及時加以解釋，於是兩人感靖有了裂痕，終於導致陳宗蕙患了精神分裂症，最後抑鬱而終。

不久，陳瑤光——這位陳潔如的養女走進陸久之的生活。前已述及，陳瑤光原曾嫁朝鮮人安某為婦，育兩子，抗戰勝利安某怕中國人追究他曾是日本特務棄家而逃，如果不是養母陳潔如的接濟，陳瑤光的生活要陷於絕境。這時由於女友周安琪的介紹，陳瑤光與陸久之相識了，感情逐漸增進。不久後陳潔如知道此事，她看到陸久之彬彬有禮，談吐溫文爾雅，又是日本早稻田大學的留學生，現在是湯恩伯身邊的紅人，在上海灘很有聲望，於是一心撮合女兒與陸久之結合。一九四六年耶誕節兩人結婚。陳潔如喜愛這女婿，把她珍藏多年的當年俄國顧問鮑羅廷送給蔣介石蔣又轉贈她的一隻金錶，作為見面禮送給了陸久之。

陸與陳結婚後，伉儷甚相得，不久後即生一女。女嬰頗受陳潔如的寵愛。陳潔如一直與女兒瑤光女婿陸久之一起生活。一九四九年後，陳潔如仍在大陸。陳潔如一度任上海盧灣區政協委員，每月領二百元生活補助費。直到上世紀六〇年代初，大陸饑荒時期，陳潔如向有關方面提出移居香港的請求。經周恩來特批，陳潔如隻身一人於一九六二年移居香港。

陳潔如到香港，改名陳璐，住銅鑼灣百德新街閉門隱居。台灣方面，蔣經國為這位「上海姆媽」用十萬美金在九龍窩打老道購買一套房屋。陳並未去住，用來出租。後蔣家父子又通過戴安國（戴季陶之子），每月接濟她五百美元。

一九七一年二月十一日，陳潔如悄然病逝於寓所，無人知曉。女友去看望她，無人應答。後經破門而入，發現她橫臥於地，終年六十五歲。

陳潔如逝去後，香港方面多次來電，要她唯一的女兒陳瑤光去料理喪事與繼承遺產。當時上海是紅衛兵當道不予理睬。香港方面的報刊為此大做文章。事被周恩來得悉，又特批陳瑤光赴港奔喪。從此她一去而不回。後來瑤光的子女也陸續去了香港與美國。

這都是後話。

危險而緊迫的任務

話題再回到陸久之身上。

當時陸久之有了與陳瑤光這重姻緣，他並沒有憑藉這一條件去追求高官厚祿，依然默默地幹著秘密的革命工作，完成中共地下黨交給他的一件件任務。

他曾親口和我說了這樣一件事：一九四七年春節前的一天傍晚，陸久之家裡來了兩位不速客。其中一位就是引導他走上革命道路的蔡叔厚。蔡是共產黨員，曾和陸久之合夥開設「紹敦電機公司」，作為中共地下黨的秘密聯絡點。這時蔡已是上海灘上赫赫有名的蔡老闆。他擁有華豐鋼鐵廠、太湖煤礦、同慶錢莊、利華保險公司等企業。

另一位是從未謀面的陌生人。

「久之，這位同志是蘇北來的，要我們完成重要任務。」蔡叔厚說。

三人進入內室。蘇北來人把來意說明。原來蘇北新四軍要在春節給戰士發津貼，手頭只有黃金，需要換成銀元和紙幣。帶來一麻袋黃金。時間匆促，三天內就要兑換成並且運出。

「這任務確實不容易。這數目不小，萬一失事，不僅人頭落地，而且戰士與家屬沒有錢過春節，更給黨在信譽上造成重大損失。」蔡叔厚喃喃地說。

「蔡兄，既然黨把任務交下來了。我們一定要完成。我協助你。」陸久之滿懷信心地說。

陸久之說到做到，他與蔡叔厚和另一位地下黨同志黃定慧妥善商量了每一個細節，做到萬無一失後就放手去做。他在上海金融界揚言這些黃金都是國民黨中樞要人交下來的，不能洩密。把主要的兑換任務交給蔡叔厚開辦的同慶錢莊、黃定慧經營的通易信託公司，果然三天兑換完畢。然後陸久之又計畫好一條安全的運輸道路，在上海地下黨有關負責人員的具體安排下，這些銀元、鈔票送到了解放區。

類似這種危險而緊迫的任務，陸久之完成的不僅只此一項，他還說到另一件事。

一九四九年，上海易手之前，解放軍急需知道湯恩伯在上海所建的防禦工事的詳細藍圖。中共地下黨又把這任務交給陸久之。難度極大，負責修建防禦工事是戴笠（軍統頭子）手下的一名特務。陸久之故意親近他，摸清他嗜賭如命，常常輸得身無分文，就主動送錢給他。因此這特務感激涕零，常在湯恩伯面前誇獎陸久之是個夠朋友的人。由此陸久之就從這特務手裡得到了所有防禦工事的藍圖，送交中共地下黨張登（沙文漢化名）。這對後來攻取上海起了重大作用。

虎口拔牙　策反湯恩伯

一九四九年四月，中共大軍飲馬長江，南京已成危城。然而上海仍為國民黨軍隊控制。京滬杭警備總司令湯恩伯率三十萬大軍，準備死守上海，支撐半壁河山。很顯然如果能爭取到湯恩伯率部起義，可以減少流血。

爭取湯恩伯起義就擺在中共上海地下黨的議事日程上。

湯是蔣介石嫡系，孟良崮戰役戰敗張靈甫戰死，蔣遷怒他救援不力而撤職，這時又重新起用。因此湯決心死守上海以報效。要在這時動員他起義，無異虎口拔牙。

中共上海局把這任務交給陸久之。

陸久之接受任務並冷靜分析了有利與不利的條件。有利的方面：他和湯的私交不錯，湯對蔣有所不滿，特別是山東戰敗曾被蔣拳打腳踢，這口氣難咽下去。湯曾說過：「上海在我手裡接收，也不會在我手裡破壞。」這說明對湯有進言可能。可是湯這人城府很深，何況前不久又出現過一系列事件：湯恩伯聽了毛森的話，毛說陸久之領導的日文《改造日報》有親共色彩，湯撤了陸的職又停了報紙，這是一；湯的軍師周天僇勸他「擇善而從，進行起義」，結果周被暗殺，此為二；更為嚴重的一件事是浙江省主席陳儀是湯的恩師，陳勸他起義，他竟出賣恩師向蔣介石告密……種種情況表明，要湯起義風險很大。

陸久之並未知難而退，幾天後就出現在三井花園（今瑞金花園），這原是日本人的私人花園，抗戰勝利後，湯恩伯把它作為軍政要員的活動場所，戰事加緊後，成了軍機要地。可是陸久之來了幾次都沒有看到湯恩伯。他只好來到上海蒲石路（今長樂路）的湯公館。去了幾次依然撲空。

「近來恩伯特別忙，他難得回來，有時半夜回來一次，第二天又匆匆走了，你要見他不容易。」湯妻王競白說。

陸久之靈機一動，對女主人說：「我住在您府上等，行嗎？」當然不好拒絕，留了下來。

有一天，半夜時分，湯恩伯終於回來了，聽說陸久之已等了他幾天，立刻把他請進內室。

「久之，你有什麼急事？」湯恩伯劈頭就問。

「我為司令今後的出路而來。」陸久之脫口而出。接著又說：「徐蚌會戰大敗，總統已經下野，共軍飲馬長江，南京危在旦夕……司令，您該為自己著想了。」

面對陸久之懇切的神態，湯恩伯先微微頷首，接著很自信地說：「這，我豈有不知，不過，共軍能破平津，取徐蚌，但要陷南京，奪淞滬，這是妄想。」湯恩伯在室內走了一圈，停住腳把手一揮道：「即使南京失守，我淞滬三十萬大軍仍可背水一戰，上海是不會輕易丟掉的。」

陸久之看出湯色厲內荏，心中也極空虛，他說：「戰爭之道不由個人意志決定，現在大勢已去，您獨木難支危局啊！」

湯恩伯默不作聲。

陸久之再進言：「情況未必如司令所料，況且一旦在上海作戰，豈不有違司令『上海不會在我手裡破壞』的初衷。」

湯恩伯還是悶聲不響，半晌，說：「依你之見，怎樣？」

「我看可以走傅宜生（傅作義）的道路」。陸久之大膽說。

「要我投降？」湯恩伯嗓門雖高，但並未發怒。

「不是投降，是順應民心起義！」

「聽說共產黨對傅宜生控制很嚴，等於階下之囚。」湯恩伯的話音已鬆動，但心中有疑慮。

「您不要輕信謠言，傅將軍受共方禮遇。」陸久之解釋說。

「雖是道路傳聞，但也不能不聽。總以謹慎為是。」湯恩伯說。

兩人夜談就此為止。翌晨，湯恩伯邀陸久之共進早餐。借這機會，陸久之又勸湯恩伯當機立斷，莫失良機。湯恩伯道：「容我考慮。」

事出意外　功敗垂成

事起倉卒，情況突變。

一九四九年四月二十三日，南京不戰而棄守。

達官貴人，紛紛逃亡，上海街頭築起堡壘，守軍做出決一死戰姿態。

時機已極緊迫，陸久之決定向湯最後攤牌。四月末的一天，他又到湯公館。巧的是湯恩伯正在家中。

「久之，你今後不能來了！」湯恩伯劈頭就說。

「為什麼？」

「委員長親自到上海來了。我剛到復興島去接他們。」湯恩伯神情沮喪地說。

南京陷落後，原在溪口潛隱的蔣介石沉不住氣了，帶著經國與緯國及所有隨行人員計五、六十人，匆匆從象山港登上汽艇，出海三里許，再換乘泰康號軍艦來到上海，住復興島原張君勱公館。蔣介石父子來上海是要親自指揮淞滬作戰。命湯恩伯必須死守上海六個月，等待第三次世界大戰爆發與爭取美國援助，同時把上海所有庫存黃金、白銀與外匯全部搶運去台灣。

「這好啊，乘這時機正好把蔣家父子一網打盡……將軍不正是可立稀世大功了嘛！」陸久之神情興奮地説。

「久之，你亂説什麼？」湯恩伯的臉都嚇白了，一邊揮著手。

「立正，敬禮！」門外的警衛大聲喊著。顯然是有軍政要員來了。

湯恩伯恢復矜持莊重的神態。兩人的眼睛都望著門外。

進來的不速之客是蔣緯國。湯恩伯為陸久之作了介紹後，陸告退。

蔣緯國此來是監視湯恩伯，住在湯公館日夜監視著。蔣的嫡系紛紛起義、投誠，對湯也放心不下。除緯國外，中統、軍統的特工人員也密佈在湯公館周圍。

陸久之的策反工作中斷了，他再也接近不了湯恩伯。

情況更急轉直下，蔣介石以保護家屬為名，其實是當作人質，要湯恩伯把妻子與家屬全部送到台灣。湯恩伯從此更死心塌地為蔣賣命。

陸久之策反湯恩伯終於功敗垂成。

湯在上海撤退前夕，把陸久之請去，要他跟隨去台灣。陸斷然拒絕。當時陸久之的處境已非常危險，上海警察局長、軍統頭子毛森已派人監視他。國民黨中將視察員張權和李延年兵團暫編一縱隊少將司令李錫佑兩人就因準備起義被叛徒出賣。五月二十一日下午被當作「銀元販子」槍殺於南京路和西藏路的交叉路口。

陸久之既為毛森察覺而能平安無事，是由於湯恩伯的保護。湯連恩師陳儀都能出賣，為什麼會保護陸呢？我曾以此困惑問陸久之，他說：「我在國民黨上層集團只是無名小卒，湯出賣我，得不到好處，反會被認為用人不當，嚴重失職。至於陳儀的資歷、地位、聲望比湯本人都高。出賣陳就可能得蔣的寵幸。還有他保護我，也許是想留條後路，必要時把我作通向共產黨的橋樑……」

潛往日本　再次策反

一九五〇年四月，上海解放一周年前夕。

在敵人心臟裡，捨生忘死戰鬥數十個春秋的陸久之，本以為可以稍事休息，那知新任務又放在他肩上。

陸久之被請到華東軍政委員會書記辦公室。

書記劉曉、秘書長吳克堅早在那裡等候。

「現在有一項新的任務要你去完成。」劉曉說。「我們想你去日本，策反國民黨駐日代表團團長朱世明及全體部屬起義。」

「這任務是艱巨的，眼下中日沒有外交關係，難以辦到簽證，你只能設法偷渡去日本。你看有沒有辦法？」吳克堅以商量的口氣說。

陸久之沒有立即回答，思索片刻說：「如果沒有比我更適當的人選，還是由我去。自忖有兩個有利條件。一是我精通日語，另一是我的叔父在朱世明手下工作。我一定想辦法去日本見到朱世明。」

陸久之是急性子，三天後就到了香港。

香港是國民黨特務麇集之地，毛森早已下令要殺陸久之。他去香港非常危險。一番喬裝打扮，他扮成一個日本商人，住進一家日本人開的旅館。他嫻熟的日語把日本老闆蒙住了。也就在這旅館裡，他結識了日本運煤船上的水手，他用幾條黃金買通水手，請他們把他藏在船上帶到日本去。

事情非常順利，他上了煤船，混在水手堆裡，船長和大副都沒有看出。幾天後，神不知鬼不覺在日本川崎偷偷上岸。偷渡成功了！下一步是去東京策反。

陸久之先到橫濱，悄悄看了幾位朋友，請一位友人帶他去東京。

橫濱去東京的火車正在行駛，陸久之和日本友人在話舊。那位友人是他早稻田大學同窗。

車廂裡有個中國人走過來，這人忽然停下，凝視著陸久之，大聲喊道：「你不是陸高參嗎？我們撤出上海，你是留下來的，怎麼也到日本來了?!」

陸久之先一驚，立即轉為鎮靜，用日本話回答這人：「你說的什麼，我聽不懂。」

日本友人站起來，向這人揮手：「去！去！不要擾亂我們講話：」

這人揉了揉眼睛，再看看陸久之，明明是陸高參，怎麼又不是呢？此人是湯恩伯司令部的人，多次和陸久之見面。他嘟囔著走了。

一場虛驚。陸久之終於到了東京。他找到了朱世明的機要秘書陸矩吾，他是陸久之的叔父，說明來意。

結局有兩個版本。

一是陸久之到東京時，台灣已對朱世明懷疑，召朱回台「述職」。朱到台後險遭扣留。他利用國民黨內部矛盾逃出台灣，回到東京時，台灣來令撤了他的職，起義流產。

一是陸久之見到朱世明，終於被陸說動，正等待商訂起義的具體計畫，內部有人去台灣告密，台灣準備下殺手鐧。朱世明聽到這消息，深怕被暗殺，立即逃往美國潛藏。

朱世明雖未起義，但他手下的主要成員吳半農、吳文藻與冰心夫婦、謝南光等人，都先後返回大陸。

陸久之在回程中，出了一次「意外」，幾乎喪命。他沒有護照，回程還是找了一條貨船，偷渡回來。離日本時平安無事。船行大海中，突然一陣狂風，陸久之從床鋪上跌下，頭撞在鐵器上，立刻昏迷過去，幸好幾天後船就到了香港，經過醫治生命被救。然而因腦震盪，平衡神經失常，雙手痙攣，留下的後遺症是寫字和握筷都發抖。這是因公致殘，回到上海，華東軍政委員會秘書長吳克堅代表黨慰問他說：「你是因公遭殘的，黨是不會忘記你的功績的！」

晚歲不幸遭磨難

吳克堅的話言猶在耳，並不以功自居的陸久之，僅過了五年多安寧的日子，一九五五年共和國第一冤案——潘漢年、楊帆反革命集團案發生了，受牽連的陸久之被捕陷入囹圄。判有期徒刑十五年。

陳潔如於一九六一年親到北京，向周恩來請求寬恕陸久之。周恩來出面干預了，他提前假釋出獄。服刑六年多。一九六五年被聘為上海文史館館員。

豈料又是風波平地起。獲釋未滿五年，他又碰上文化大革命。

陸久之對我說：「他們給我安了種種罪名，說什麼『蔣幫特務』、『日本特務』，紅衛兵來抄家抄了三十七次，連屋瓦都翻過來了。」

他一次次被批鬥，隨後又掃地出門。在街道窯場掃垃圾、燒磚瓦、做苦工。

「文革」進行激烈時，陸久之成了無家可歸的孤身老人（住宅被封，陳瑤光去香港繼承陳潔如遺產），白天在上海市區的公共場所流浪，形同乞丐。晚上躲到澡堂浴室裡去睡覺，天濛濛亮立刻起身離去，免得被人識破。最後還是中共中央統戰部協助下，他改名易姓躲藏起來，才等到「文革」浩劫的結束。

陸久之擺脫磨難是一九八三年。中共十一屆三中全會扭轉極左路線，「潘楊反革命案」得到平反，陸久之宣告無罪，各項基本政策得到落實。但因他的關係複雜，特別是他和日本海軍武官府的關係一時還不能理清，全部歷史不能做出結論。幸好老天眷顧，給他長壽，在他九十四歲那年，一九六六年中共上海市委終於給他作出結論，肯定陸久之的全部革命歷史，參加革命時間從追隨周恩來的一九二六年算起，並由中央組織部批准，給予享受單項副市級離休幹部的待遇。

一九八三年，陸久之的妻子陳瑤光六十歲誕辰，當時她在香港華麗大酒店工作（繼承陳潔如遺產後定居），陸久之被批准去香港探親。香港的生活很優裕，所住九龍窩打老道的房子是豪華公寓（蔣經國贈陳潔如），有自備的豪華轎車，陳瑤光又要他在香港定居。當時上海許多人都認為他不會回來。可他兩個月後又風塵僕僕回來了，有些人不能理解。

他在香港期間，台灣有說客登門，勸他去台灣，並許以高官厚祿，他婉言謝絕，自己行將就木，不想改變初衷。

我訪談陸老時，曾問他所以能百歲高齡，有什麼養生秘訣。他笑著說：「那有什麼秘訣，只是生活恬淡，隨遇而安，再加上起居有規律，勞逸適度而已。」

一百又零六終成老人大限，老人跨鶴西去，願他在天國安息。

新聞奇人成舍我

轟動一時的《立報》

上世紀三〇年代，上海有一張四開日報，名曰：《立報》。當時在上海轟動一時，銷售數竟在《申報》、《新聞報》之上，日銷二十萬份。

為什麼取名《立報》呢？這「立」的涵義很多，可作獨立的立，也可作立志的立。在上海占《立報》讀者量最大的工人、店員們說：「我們每天上班都是乘三等電車，沒有座位，一手攀著藤圈，一手拿著《立報》看，到目的地報也看完了。所以稱它《立報》。」這解釋非常幽默。

《立報》雖是一份四開小報，從版面到具體內容都有特色。

有道是「麻雀雖小，五臟俱全。」它精選與精編。新聞與副刊樣樣具備。新聞除該報記者採訪外，並不直接採用通訊社稿，而將各通訊社稿彙編與改寫。筆者最初看到《立報》，正是一九三七年盧溝橋抗戰開始，抗戰烽火遍南北，戰地新聞特多，《立報》每天一篇綜合戰訊就可瞭解戰爭全貌。《立報》有三個副刊占全版面的八分之三，可算空前。三個副刊的命名與內容都有深意。《言林》專為文化教育界而設，刊名有多種言論之意。由復旦大學教授、文學家謝六逸主持。《花菓山》是給自由職業者與商界人士看的。由小說家張恨水主持。《小茶館》是為工農而設，由總編薩空了兼編。

《立報》絕不登廣告，旨在內容上爭取讀者，擴大發行。更難能可貴的敢觸犯權貴甚或當局。當時杜月笙在上海炙手可熱。自史量才（《申報》總經理）被軍統暗殺後，杜任《申報》總經理。《立報》有次發了一則新聞，涉及杜的一個徒弟，稱之為流氓。此人向杜哭訴。杜派人來責問，《立報》不予理睬，後不了了之。當時民主愛國運動和民族救亡鬥爭正蓬勃發展，反動當局為了控制輿論，常抽掉或刪節一些文章。立報就用「開天窗」的形式以示抗議。有位在該報當通訊員的復旦大學新聞系的同學為此寫了一份對聯：「前□□，後□□，前後□□，□□滿紙，活像整張盲人報；大××，小××，大小××，××通篇，真似一筆閻王帳。」

當年老報人曹聚仁說：「《立報》的成功，在中國新聞史上，可以說了最富有青春氣息的一頁。」可見當年《立報》的地位。

敢捋虎鬚的報人

《立報》的創辦人就是成舍我。

當年《大公報》總編張季鸞說過這樣一句話：「沒有坐過牢的記者不是好記者。」這自然是在新聞沒有自由的特定年代的憤激之言。

一九二六年四月二十六日，《京報》社長邵飄萍被奉系軍閥槍殺於北京天橋。同年八月六日，又一位報人林白水，也被張宗昌殺害。林白水在北京創辦《社會日報》。報上刊出《官僚之運氣》一文，諷刺潘復（時為國務總理）是張宗昌的「腎囊」。張即以通敵罪把他殺害。

在一片殺聲，鮮血染紅北京報壇時，多家報紙對林白水之死，或隻字不提，或只發寥寥數字的簡訊，唯獨一家《世界日報》，發了這紙不幸的消息，用頭號大字標題，還加上黑邊，以志哀悼和抗議。

這位冒殺身之禍敢捋虎鬚的報人，就是《世界日報》與《世界晚報》的創辦人成舍我。上面所說的《立報》也是成舍我所辦。

不平凡的生平

一九一七年。北京大學經校長蔡元培特許，收過兩位旁聽生。一位是孫伏園，另一位就是成舍我。後因成績優秀，成舍我轉為北大中文系正式生。

成舍我，原名希箕，又名漢勳、平。湖南湘鄉人。一八九八年七月生於南京下關。

成舍我的祖父成策達，為湘軍曾國荃的幕僚。父成璧（心白）先為安徽候補道，後為舒城典史。宣統元年任鳳台縣警察局長。

成舍我自幼聰慧，十一歲即能提筆為文，下筆千言，向報紙投稿。

成舍我。

一九一六年，在安慶辦報聲討袁世凱而被捕，幾遭槍決。得到釋放後，去上海，結識陳獨秀與葉楚傖（《民國日報》社長兼總編），進《民國日報》當編輯。在上海大約兩年後，成舍我決定去北京深造，辭去《民國日報》編務。到京後，他想進北大。但沒有中學畢業文憑，向蔡元培先生進萬言書。蔡先生看信，感到他文筆流暢、言之有理，特許作旁聽生。又經北大圖書館館長李大釗介紹，任北京《益世報》副總編。這樣，他一邊讀書，一邊辦報。

在《益世報》期間，成舍我因寫社論〈安福與強盜〉與轉載的一則消息，報紙被查封，總編潘雲超判刑一年。後因美國向北京政府抗議，《益世報》啟封。社長杜竹玄不僅對成舍我未加責難，還讓他代行總編職務。

一九二一年夏，成舍我以正式生資格畢業於北大，並在《新青年》發表譯文〈無產階級政治〉（列寧著），又出版專著《中國小說史大綱》，引起各方矚目。

後來。成舍我在一九二四年獨力創辦《世界晚報》，不久又辦《世界日報》、《世界畫報》，成為北京新聞界的一支生力軍。

軍閥屠刀下倖存

且說，《世界日報》發了林白水被害新聞的當天深夜，成舍我看完大樣，正準備回家。忽見幾個荷槍實彈的憲兵，突然闖了進來，不由他分說，就把他五花大綁送上一輛汽車。

成舍我心想，這一下完了。前天林白水也是這樣被逮捕後即送天橋殺害的。自己將是第三個被害的報人。

正想著，忽然看到汽車並不是去天橋，而是開進一座朱紅色的大門，這是憲兵司令部。他被關在一間房裡，也沒有審問，氣氛不那麼緊張。他心中狐疑不定，不知葫蘆裡究竟賣什麼藥。

成舍我真是大幸，在張宗昌的刀下倖存。

原來前一天，張宗昌要憲兵司令王琦逮捕林白水時，特別關照他，人抓到後即送刑場槍決。而捕成舍我時，張宗昌並未當面關照，是由別人轉告。王琦辦事老練，他想人命關天，不能馬虎。當下決定先把人關起來，第二天去請示。

無巧不成書。翌日，正是張宗昌納第十幾房的小妾，陶醉在洞房歡樂中。王琦去請示，當然被副官擋駕，討了個大大的沒趣。

這就為成舍我家屬的營救爭取到時間。成妻楊璠找到盟兄弟孫用時（日本住友洋行買辦），同去見他父親孫寶琦（前清駐法、德大臣，北洋政府時兩度擔任國務總理）。孫寶琦既因兒子的求情，又對成舍我的為人有好感，一口答應下來。於是他親到石老娘胡同張宗昌私宅去說情。張宗昌說成舍我有三罪：1.惡毒反奉；2.與馮玉祥勾結；3.接受國民黨十萬元津貼。有此三罪，死有餘辜。孫寶琦作了針對性的解釋。所謂反奉，是在奉軍進京之前，當時馮玉祥軍在京，誰敢不登反奉消息；成與馮根本不相識，從何勾結；所謂受國民黨津貼，如此鉅款由哪家銀行匯的，一查就明。這樣一說，張宗昌的氣就消了許多，表示可以暫時不殺。說要再看一下近十天的報紙。《世界日報》自然更加檢點。孫寶琦再訪時，張宗昌說既情有可原，可以開釋。到成被關的第四天，憲兵司令王琦就把他放了出來，還向他表示歉意，親自送他到孫寶琦府上。

成舍我終於死裡逃生。

與張宗昌戲劇性會見

一九二七年四月十八日，國民政府在南京成立。成舍我到南京辦了張《民生報》，依然銳氣十足。

北平—南京，成舍我風塵僕僕，管理著兩地的報紙，為國內新聞界矚目的人物。

一九三二年，成舍我在上北平經歷了一樁戲劇性的故事。

按慣例，成舍我每天下午在《世界晚報》出刊後，就徒步來到中山公園。在園內走一圈，即到來今雨軒泡上一杯茶，既鬆弛一下神經，又可從茶客們的議論中得到一點新聞線索。

那時張宗昌早已垮台。一九二八年，張宗昌軍被白崇禧打垮後，逃到日本。一九三一年，「九一八」事變後回國。住在北平作寓公。張宗昌也是來今雨軒茶社的常客。成舍我的座位往往和他非常鄰近，也知道這人就是張宗昌，不去理睬他。大約有人把成舍我也在這裡喝茶，告訴了張宗昌。因此。張宗昌總是目不轉睛地看著他，似想和他講話。

一天。張宗昌的茶桌上，有一個人與成舍我非常熟識。把成舍我拉到他的茶桌上講話。剛講了幾句，張宗昌插上來：「成先生，你認識我嗎？我就是曾經下令抓過你，還幾乎把你槍斃了的張督辦！」成舍我不由得笑起來：「張督辦嘛，倒也是幸會。那年你沒有槍斃我。是不是今天還想再補我一槍呢。」張宗昌頗為尷尬，連忙說：「這怎麼會呢。你是好人，那次真是對不起，以後還要多多仰仗先生。」說畢，雙方都笑起來。就在笑聲中，成舍我走出了來今雨軒。

幾個月後，張宗昌被韓復榘（山東軍閥）邀請去濟南。韓復榘隆重招待，張宗昌樂得忘乎所以。九月三日，張宗昌從濟南回天津。在站台上向送行的人告別時，突然有人從人群中走出，對張宗昌連開幾槍當場擊斃。這暗殺者是馮玉祥部軍長鄭金聲嗣子鄭繼成，他為父報仇，幕後策劃者就是韓復榘。

消息傳到北平，成舍我連呼遺憾。「張宗昌應該明正典刑，死在國法之下，這便宜了他。」成舍我說。

鄙視汪精衛

一九三四年五月，成舍我在南京創辦的《民生報》，因揭露一件貪污案，引發一場軒然大波。

《民生報》的記者採訪到一條消息。汪精衛的部下彭學沛（時任行政院政務處長），經手一項建築工程，原預算六萬元，完工時實際付出十三萬元。而工程偷工減料，質量極差。同時彭學沛在南京鼓樓附近新建洋房一座，彭是窮措大出身，哪有錢造洋房，這蛛絲馬跡不難猜尋。記者就把此事寫成彭學沛有貪污之嫌的新聞。

這條新聞在送審時，遭到新聞檢查機構的刪扣。成舍我認為這樣的刪扣是無理的，他堅持按原文發。

新聞登出，輿論大嘩。而汪精衛也大為震怒，以不服從檢查的罪名，通知南京警（察）廳，罰令《民生報》停刊三天。復刊後，成舍我親寫一篇社論，說明停刊經過，指責當局非法摧殘輿論，表示要依法抗爭。

這時彭學沛也以侵害名譽罪，向江寧地方法院控告成舍我。成舍我一聽，反感高興。過去《世界日報》曾因打官司使業務發展，現在和彭學沛打這場官司也不無好處。於是全力應付。

六月十八日，江寧地方法院開庭。旁聽者人頭濟濟，成舍我答辯達兩小時，形勢有利於成，而對彭極為不利。彭原估計可用官威壓倒成，一看情況不妙，即自己要求撤回訴訟。成舍我大獲全勝。《民生報》聲譽也蒸蒸日上。

當然彭學沛並不甘心，向汪精衛哭訴，要求處置《民生報》。汪精衛對自己的親信本曲意衛護，這次如此丟臉，他惱羞成怒，但一時間也不好下手，只好等待機會。終於在七月二十日，《民生報》刊登了一條海通社所發的軍事消息，汪精衛就以洩漏軍事機密為藉口，命南京憲兵司令部逮捕成舍我。二十三日成舍我被捕，《民生報》同時被封。後來國民黨元老李石曾出面營救，到九月一日成恢復自由。成舍我出獄時講了這樣一句話：「我成舍我可以一輩子當記者，你汪精衛卻不能一輩子當行政院長。」果然就在翌年（一九三五年）十一月一日，國民黨召開六中全會之際，汪精衛被刺受傷，旋即下台出國療養。不過，《民生報》也沒有再復刊（成的出獄就是以不再辦《民生報》為條件）。自然，成舍我的記者還是當下去。

《立報》異軍突起

《民生報》停刊，成舍我被逐出南京後，他並不因此氣餒。雖然北方有他的《世界日報》系統，但仍想在南方發展自己的報業。

一九三五年三月，成舍我到上海。上海的一些報業同人去看望他。他說到自己的一點設想，能否在上海辦一張與《民生報》相似的小型報。他說得有聲有色。

成舍我的一席談，引起一些人的興趣。當下即表示支持。蕭同茲（中央社）、胡樸安、嚴諤聲（新聞報）、田丹佛、錢滄碩（中央日報）、管際安、章先梅、吳中一等紛紛表示出資，連成舍我自己在內，集股款十萬元。成舍我一人的股占十分之三。還有吳中一，本是《民生報》的小夥計，對辦報很積極，不僅提了許多寶貴的意見，還當場認股五千元。他是裁縫的兒子，《民生報》的普通記者，五千股金對他來說並非小數，足證他的辦報信心。因此成舍我推他為總經理。

一九三五年九月二十日，一張新型的小型報在上海創刊，名為《立報》。

《立報》的特色已見本文開端。

猶記筆者當年十二歲。剛進初中，抗戰爆發，關心著戰事的進展，身在江南一個小城，每天下午期待著《立報》的到來。它的精編雖版面小僅四開，但瞭解戰爭全貌。後來上海淪陷，《立報》從孤島撤出，遂與《立報》告別。

此後《立報》在香港復刊。不久總編薩空了和成舍我分手，成當了國民參政員，風塵僕僕於港渝道上，對報紙關心不多，《立報》的聲光逐漸暗淡。日寇侵入香港後，香港《立報》停刊。這是後話。

唯才是舉　相容並包

成舍我辦報的一大特色，是善於使用人才和培養人才。

一向自視甚高，大有「老子天下第一」氣概的龔德柏（曾辦《救國日報》），在《世界晚報》初創時，就是該報記者。成舍我知道龔狂妄但能力不弱，就聘用他。同時成自己也作式垂範。因此龔德柏對他稱讚道：「成舍我的外勤活動能力非常大。」

一九四八年，成舍我聘請一位老報人，擔任《世界日報》駐南京特派員。此人提出採訪必須有輛車。成即把自己剛進口的一輛美制Hudson牌轎車歸他使用。翌日，這位特派員去外交部採訪，出來時看到成舍我正在公共汽車站上排隊，使他大為感動。

對各種人才的相容並包，教育界當推蔡元培，新聞界就推成舍我。他能團結與任用左、中、右各種人才。如龔德柏、黃少谷都與他合作過。鼎鼎大名的張恨水，當過他的副刊編輯。如薩空了、張友漁、宦鄉這些有名的進步人士，就分別做過他的總編、主筆。

成舍我非常重視培養人才。一九三三年，他創辦北平新聞專科學校，任校長。學制分初級班、高級班、本科，以「手腦並用，德智兼修」為校訓，培養出不少人才。如台灣的著名女作家林海音，就是北平新專的學生。

抗戰期間，一九四二年春，成舍我又在桂林創辦世界新聞專科學校（簡稱桂林世新），任校長。學制沿用北平新專舊制，分初、高、本科三班，學員以流亡學生為主。

一九五六年，成舍我已年近花甲（五十九歲），又在台灣台北溝子口雜草叢生的一片荒地上，辦起世界新聞職業學校。三年後改為專科學校。一般私人辦學都向銀行貸款，他獨力支撐。取之於學生，用之於學生。晚年僅有一目能視物，每到學期終了，他都要親自看已批改的作文本，有時還親自聽課。到八〇年代，畢業學生已達一·二萬餘人，遍佈台北各大報社、電台、電視台、圖書館等機構。每年的畢業典禮，他都要對學生講這樣的話：「你們畢業以後，如果進入報館，你們手中的一枝筆，正和戰士的一管槍相同。

成舍我（中）、徐天白（左）、卜少夫（右）。

如果新聞記者的筆，不用來維護正義，獎善懲惡，相反卻要求賄賂、受人豢養，顛倒黑白、混淆是非，則這一類記者，其罪惡性與戰士不用槍保衛國家，殲滅敵人，而只是威嚇善良，搶劫強暴，或報仇洩憤，同樣該受人民唾棄，受最高刑罰。」他還說：「新聞記者要紅包，爭特權，其為害社會，戕賊人心，影響之大，實百倍於貪官、惡霸、土豪」。這番語重心長的話，學生們都深以為戒。

成舍我在講課中，強調新聞自由的重要。他認為過去的新聞自由，是要向政府爭取，未來的新聞自由威脅來自商業廣告。報紙為了利益爭取廣告喪失報格。他任台灣立法委員期間，多次提出新聞自由的議案與質詢。他曾有這樣的名言：「報禁不開，絕不辦報。」

奇癖與儉樸

成舍我一生以辦報為樂。他有這樣的奇癖，聽不到印報機的聲音便睡不著覺。成舍我在政治大學新聞研究所授教時的研究生陳諤說：「成師的家就在報社的隔壁，每天印報機巨大的聲音，他躺在床上會聽得見。每天編輯工作結束，他是最後一個下班，接著上機印報。印報機轟轟隆隆響個不停，他不感到是吵人，反覺得是在聽音樂，有如催眠曲，他在催眠曲中安然入睡。如果聽不到印刷機聲，他反睡不著。甚至會去看看是否出了問題。」

新聞界有人批評成舍我小器，其實他是節省，他儉樸成性。他不僅對人嚴，對己也一樣嚴。他創辦的台北世界新聞專科學校在初創時期，曾供應教授們午餐。講師于衡不慎打碎一隻湯匙，成下令扣薪賠償。此事曾盛傳台北新聞圈。又傳說，學校的總務人員申請購買開會用的香煙、茶葉，他在申購單上批：「上次開會未用完的香煙、茶葉在那裡？」一般單位不供應上廁時的衛生紙，成的報社供應無缺。如果廁所沒有衛生紙，編輯人員會用稿紙代替，稿紙成本高於衛生紙。工廠人員如找不到衛生紙，就會在印報的捲筒紙上扯下一塊，這一圈白報紙就不能印報，損失就大了。所以供應衛生紙是為了節省。各通訊社發來的稿件，反面都是空白的，他要總務人員收集起來印成稿紙。他自己寫稿，如果不是這種再利用的稿紙，他會寫不下去。拿著一張已用過的稿紙，他就文思汩汩，下筆如行雲流水。諸如此類的事，新聞界傳為美談。

有奇父也有奇女

成舍我不僅自己是一位新聞界的奇才，他的子女都極優秀、出色。中國人民代表大會副委員長成思危就是成舍我的兒子。台北的名刊《傳記文學》主持人成露茜就是他的女兒。長女成之凡更是一位奇人。

華人在海外競選總統，過去聞所未聞。然而成之凡在法國三度競選總統，不愧為華裔巾幗。

成之凡一九二八年生於北平。母親從小培養她彈鋼琴、跳芭蕾、學作曲，在音樂藝術的浸潤中成長。三〇年代在上海國立音專畢業後，執教於上海音樂學院。一九四九年初隨父母到香港，在香港聖學院教音樂，並舉辦個人作品演奏會。一九五一年到巴黎定居，很快成為頗有名氣的畫家、音樂家和服裝設計師。一位法國青年工程師貝爾覃，深慕她的才華，相戀後兩人於一九五二年結婚。成之凡加人法國籍。

一九八一年，五十三歲的成之凡，爆出了一件轟動法蘭西政壇的新聞：她宣佈參加七年一度的法國總統競選。與密特朗、德斯坦、希拉克、馬歇等四十多位法國政界顯要角逐。她的競選口號是：「選我就是選和平！」她把中國的「中庸之道」運用到法國現代政治。她主張實行「一元兩位」的總統制，即左右兩派兩個總統或正副總統聯合執政。在法國影響最大的通訊社——法新社支持她的競選。但這次她未能如願。

一九八八年，剛進花甲之年的成之凡，又一次角逐法國總統的寶座。她向密特朗、希拉克、巴爾發出公開信，提出她三位一體的政治主張。這次雖仍然得到法國新聞界的支持，但並未成功。原因是，法國對總統候選人有一項苛刻的規定，必須徵得法國五百位議員或地方民選代表的連署簽名的認可，這對既是華裔又是無黨派人士的她，無疑是極大的障礙。

成之凡和她父親成舍我一樣，從不畏難，一旦確定目標的事就要幹下去。一九五五年，她已步人老年，又鄭重宣佈要第三次競選法國總統！事前她很有信心。她說：「有那麼多的人支持我，又有了兩次預演，我應該有信心，我要為華人樹立一個自信的榜樣！」雖然後來仍然事與願違，但她這種精神值得海外華人自豪！

成之凡雖然做了法國人，卻處處仍以「中國人」自居。她常年穿自己設計的古式中國民族服裝；在法國餐桌上。她使用的是一雙筷子；她的住房是自己籌建的一幢八角寶塔型的古色古香的中式建築「挽雲樓」；她用老子的《道德經》改編古樂曲《道之樂》，在巴黎演出；她教法國人學漢字、太極拳和中國文化；在電視螢幕、個人畫展和音樂會上，她亮出的「成之凡」的中文名字……總之，她謹慎白己的一言一行，深怕損害中國人的形象。

一九八三年，成之凡首次應邀返回北京。參加「歐美同學會」成立七十周年紀念活動，並在中央音樂學院舉行獨奏音樂會。她對記者說：「我雖然因為嫁了個法國丈夫，加入了法籍，但我一直把自己當中國人，而且我一天二十四時都在愛中國！」

「新聞工作是我永遠的興趣！」

「新聞工作是我永遠的興趣所在！」這是成舍我經常説的一句話。

成舍我把他的一生奉獻給新聞事業。

一九八八年，成舍我已九十一歲高齡。這年台灣解除了「報禁」。他決定辦《台灣立報》，辦妥了發行登記手續，創下中國最高齡的辦報記錄。

這在世界報人中也是少見的。他九十三歲的高齡，還上班看報紙大樣。他右眼已經失明，左眼配特製眼鏡，仍細看報紙，事必躬親。

一九九一年，成舍我已踏上了人生台階的第九十四級，在新聞戰線上已奮鬥了七十八年。他自己感到離大去之期已不遠。辭去了所有職務。

就在這年四月一日上午六時，成舍我心臟病猝發，造成心力衰竭，搶救無效，病逝於台北。享年九十四歲。

一代報人，從此音容永隔！

走進歷史的卜少夫

先聞其名後見其人

一九四六年抗戰勝利不久，滬寧線上各大城市出現一本刊物，刊名《新聞天地》，封面上標著「天地間皆有新聞，新聞中另有天地」這樣一行字，內容都是當前重大新聞的背景、內幕，來龍去脈分析詳盡，特別是揭露內幕更是獨家所有，一刊獨秀，銷路特好。刊物的主持人就卜少夫。其後又陸續知道這卜少夫是資深的一位報人，當時在《申報》任副總編輯。新聞界盛傳他許多畸行異事，別人給他許多雅號：民國怪傑、大眾情人、江湖豪客等等。這就使少不更事的我產生「一識韓荊州」的心願。

機會終於來了，中學時的一位同學在民治新聞專科學校（上海）就讀，卜少夫是兼任教授，教新聞採訪學。我充當旁聽生去聽課。這位日本明治大學新聞科的高材生，果然名不虛傳。講課時，旁徵博引，口若懸河，不時又有妙語驚人，引發滿堂笑聲。這給我留下極深的印象，頓生仰慕之心。不過並無面受教益的機會。

既仰慕卜少夫，也更關切他的刊物。《新聞天地》不僅常讀，並試著投稿，蒙發表還接到卜先生的親筆信，給我熱情鼓勵。

一九四九年大陸政權更易，卜少夫去了香港，《新聞天地》的編輯人員也隨之去港，設備器材留在上海。據聞上海解放後，上海軍事管制委員會發佈的第一號令就是接管《新聞天地》，這大致由於卜少夫長期供職於國民黨的文宣機構。

此後數十年，國門緊鎖，港台與大陸隔絕，卜少夫與《新聞天地》均在人們記憶中消失。上世紀八〇年代，給無名氏（原名卜乃夫為卜少夫的四弟）作傳，列入我的寫作計畫。這就自然要研究卜氏家世，也就涉及卜少夫。兩本《無名氏傳》問世後，卜少夫也從重重霧障中走了出來。一九九七年十二月十二日，卜少夫有大陸之行，我和卜老相晤於上海銀河賓館，大快平生，雖初聆謦咳，卜老卻袒露不少內心之秘，為筆者所獨得。

下面言歸正傳。

報人生涯七十年

卜少夫原名寶源，因姓與名筆劃不相稱改為少夫，另有筆名邵芙、龐舞陽等。一九〇九年出生於江蘇江都縣，祖籍為山東滕縣。父親名善夫，字世良，鄉村醫生出身，初行醫於鎮江，後遷南京下關。「父親一件夏布長衫，從農村走到都市來奮鬥的，他的醫術全部自修得來。他為人重情義，溫厚而忍耐、刻苦，具有冒險犯難精神，而這些多少在血液中遺留給我們弟兄。」（《憶父》）卜少夫曾這樣寫道。卜善夫一九二四年病故，行年五十。父過世後靠兩百多畝田地收租過日子。

卜少夫兄弟六人。卜少夫行二。長兄寶珊，進天津北洋大學，攻讀機械科，和讀礦冶科的陳立夫同期。天妒英才，未畢業就因肺病而去世。三弟寶鼎，卜少夫改名後以下胞弟均改名，寶鼎改為力夫，同樣英年早逝。四弟寶南，即卜乃夫，著名作家，以無名氏為筆名，上世紀四〇年代因所寫小說《塔裡的女人》與《北極風情畫》，而蜚聲西南大後方文壇，此後佳作疊出。筆者和他訂交，並曾為他寫了兩本傳記。五弟寶戊，早夭。六弟，原名寶椿，後改名幼夫，曾從軍（黃埔十八期），後為《申報》記者，在台北主持《展望》雜誌。

距魯迅當年在南京讀書的水師學堂不遠處，有所儀鳳門小學，是卜少夫的第一個母校。他的四弟卜乃夫（即無名氏），一九七九年在杭州給遠在香港過七十華誕的卜少夫寫了一封賀信，其中說到：「你讀青年會中學時，贏得了全南京中學生演說比賽冠軍。才十多歲，你創辦了《雪花報》；以後又發刊《活躍週報》，成為當時金陵最活躍的刊物」。寥寥數語概括了卜少夫在中學時期讀書的情況，從中可以看出少年時期他就有從事新聞工作的天賦。

胡適隨「五四」新文化運動而登場，卜少夫讀《新青年》而仰幕胡適。一九二九年二十歲的卜少夫聽到胡適在上海創辦中國公學，他應考被錄取，在吳淞炮台灣該校讀了一學期。在同學陳時章影響下，又轉到中共創辦的中華藝術大學（設於上海虹口），校長陳望道，教授都是知名的左傾人士，有：陳抱一、夏衍、鄭伯奇、馮乃超、陽翰笙、李初黎、錢杏邨、沈西苓、戴望舒等。魯迅也不時來講課。曾任國務委員兼國防部長的張愛萍將軍是他的同學。邊受名師薰陶，自己又力求上進，當時頗有成就。先後寫成並在邵洵美主持的《現代文學》月刊發表新詩、散文、小說多篇。不過他當時最感興趣還是新聞事業。藝大讀了兩年後，他聽到日本明治大學新聞科招中國留學生，毅然決定去日本。

一九三〇年下半年，卜少夫去日本後，中華藝大被查封，師生有三十六人被捕。卜少夫說：「假使我不去日本，恐也在三十六人之列，雖然我並未加入共產黨。」可見他當時的色彩也是紅的。

日本明治大學採用學分制，卜少夫要籌措學費，不時回國，工作一段後再去，讀讀停停直到一九三七年才完成學業，拿到文憑回國時已經「八一三」上海抗戰開始。所以從他的履歷表上看，一九三〇年就在嘉興《民國日報》任編輯主任了。

我所接觸的前輩報人中，卜少夫的報人生涯可算是最長的，有七十年之久。他所服務的報刊有一長列：從嘉興《民國日報》始，繼而是南昌《真實報》編輯主任，《青年與戰爭》社編輯，南京《新民報》編輯兼副刊主編，南京《扶輪日報》任採訪主任，南京《新京日報》採訪主任。以上是抗戰前他所服務的一些報刊。

抗戰烽火燃起，他走上抗戰前線。除一九三八年，任香港《立報》編輯，印尼《吧城新報》香港特派員外，從一九三九年起至一九四〇年兩年中先後擔任廣州《民國日報》、香港《立報》、香港《大公報》的戰地特派員與戰地記者，輾轉於湘、粵、黔、滇、桂戰場，參加武漢保衛戰、昆侖關戰役、滇緬大血戰，從事艱辛而又危險的戰地報導。廖承志説他「活躍於戰場上」並不為過。

一九四一年起，卜少夫從香港回內地到西南大後方，進了《中央日報》系統，歷任貴陽《中央日報》資料室主任、重慶《中央日報》採訪部主任、《中央週刊》編輯、重慶《中央日報》編輯部主任、副總編輯。重慶時期，他還和友人陸鏗、丁中江等一起創辦了一本新聞性的雜誌《新聞天地》，前已述及。

抗戰勝利，還都南京，春風得意的卜少夫躋登《中央日報》的高層。擔任南京《中央日報》總編輯，旋又進了歷史悠久的《申報》當副總編輯。其時鋒芒畢露，觸犯權貴。

一九四九年大陸內戰正殷，當戰火逼近上海時，夏衍（卜少夫讀中華藝大時的老師）勸卜少夫留在上海迎接「解放」，而他選擇了攜家帶眷去香港。在香港他繼續主持《新聞天地》，還創辦了《旅行》雜誌。直到去世前一個月（二〇〇〇年十月），才將《新聞天地》停刊。耄耋高齡期間，還一直負責香港《明報》的一個專欄，逐日一篇，不論何時何地，從不中斷。

卜少夫除了從事新聞工作七十年外，還有從教從政的歷史。一九四六至一九四七年，他先後任中國新聞專科學校教授、上海復旦大學副教授。去香港後，一九五四年任香港聯合書院新聞系教授。上世紀八〇年代，卜少夫當過兩屆（一九八一至一九八六年）台灣的僑選「立法委員」。

以上簡單為卜少夫勾勒生平，足見其人生的豐富多采。書畫家黃苗子（卜少夫友人）幽默地説過，很難把他歸入任何一類，這説明他的不平常。

為《新聞天地》盡瘁一生

一本雜誌——《新聞天地》，融入卜少夫的生命。卜少夫自己說：「我為《新聞天地》盡瘁一生。」此言不虛。他獨力支撐這個刊物達五十六年又十

一九五一年在台北卜少夫（左）與蔣經國（中）袁守謙。

個月，直到去世前一個月才停刊。半個世紀的長程競跑，始終沒有淘汰出局。無怪有人說：「《新聞天地》生他生，《新聞天地》死他死，死生一命休戚相關。」也有人說：「這是卜少夫的又一異行。」

一九四五年元旦過後的第三天，重慶飛來寺附近，一座無梯樓（樓依山而建，樓側開門，登山出入），室內油煙水氣彌漫，是一家燒餅油條店。樓上，窄窄的房間裡，擠著一群人，笑語聲、樓板吱啞聲響成一片。

他們都是重慶各報的年輕記者和編輯。列名是：卜少夫、陸鏗、樂恕人、丁中江、劉竹舟、羅保吾、邱楠、劉問渠、李荊蓀、毛樹清、黃綿齡，共計十一人。在商討創辦一個刊物。還有一位列席的客人。

卜少夫提議創辦一份新聞性的雜誌，這是一種非官方的同人刊物，以刊發內幕新聞為主兼帶批評性。列席的路透社中國分社經理趙敏恒建議，定刊名為《新聞天地》，並在刊頭宣示「天地間皆是新聞，新聞中另有天地」。他們還有一番雄圖，由一個週刊發展為七個週刊。計畫實現後，再以七個週刊為基礎，出版一個綜合性的雜誌。

眾人公推卜少夫為總編輯掌管編務。各人拿出法幣五千元作為創刊基金。相約各人主動以筆名供稿，不支稿酬，稿酬記錄在帳作為增資。

一九四五年元月下旬《新聞天地》創刊，在重慶引起巨大反響。

創刊號發表了馮玉祥的文章，陳誠的文章刊於第三期。各報的知名記者，如陳博生、錢納水、趙敬恒、徐鍾珮、沈宗琳、葉明勳等都有文章送來。當矛頭直指孔祥熙斂財自肥、誤國誤民的文章發表後，震動了山城。前來訂刊的讀者戶限為穿。

正當《新聞天地》蓬勃發展時，一九四五年八月，日本投降，抗戰勝利。卜老回憶當年情況對我說：「抗戰勝利來得突然，陣腳大亂，十一個發起人各有工作崗位的調派，以致《新聞天地》落在我一個人身上。」

勝利復員回到上海，卜少夫先在《中央日報》任總編輯，後到《申報》去當副總編輯兼副刊《自由談》主編，專管國內外新聞採訪與報導。新任伊始，編務極忙，他獨力支撐著《新聞天地》，刊物從沒有脱期。還利用職務的便利，網羅部分年輕記者為《新聞天地》撰稿，不僅使刊物內容豐富多彩，還多次發表挑戰性的文章。卜老笑著給我舉一例。一九四八年，南京各報採訪外交部新聞的記者，不滿意外交部長王世杰對美國奴顏婢膝的外交形象，對記者的倨傲態度。有人寫文章投寄《新聞天地》，卜老擬了個〈首都外交記者炮轟王世杰〉的標題全文發表。王世杰稍改態度後，又發〈王外長又低了一次頭〉。針鋒相對毫不讓步。後來還是因陳布雷出來打圓場，這才中止。

據卜幼夫（卜老的六弟）説：「《新聞天地》一九四六至一九四九這四年為全盛時期，發行九個航空版，銷路直線上升至十五萬餘份左右，號稱發行二十萬，直追上海《新聞報》及《申報》，排名第三，但在雜誌界則是獨佔鰲頭，位居全國第一。」後來由於通貨膨脹、物價飛漲，才自動降低發行量每期出十萬份。

一九四九年五月十五日，上海解放前夕，卜少夫攜眷屬飛香港。四天後，新天經理黃綿齡結束整個業務，乘最後的班輪《中興號》去台灣。從此《新聞天地》在大陸告終。

卜少夫初去香港，帶了三十萬港幣，有人説他氣勢如虹，那時這筆錢可以買下一整條橫街的房產。六月十八日，《新聞天地》就在香港復刊。不久又同時發行英文版Newsdom Weekly。六〇年代，還創辦兄弟刊物《旅行》雜誌。這是《新聞天地》的又一全盛時期。

卜少夫（左）與陳誠（右）。

不過畢竟香港報刊市場有限且競爭劇烈，加上不久後香港與內地隔絕，原為刊物寫國內航訊的作者擱筆，內地稿源中斷。此後報導與評論重點雖轉向台灣，「落花流水春去也」，也只是勉強撐持。

獨力支撐《新聞天地》的卜少夫，一路行程艱苦。到二〇〇〇年，已沒有中斷地出版了五十六年。當初十一個發起人，只剩下卜少夫、丁中江、樂恕人、陸鏗四人，七人已先後去世。雖然《新聞天地》有那麼悠久的歷史紀錄，但沒有建立鞏固的經濟基礎。兩次因經費無以為繼時，卜少夫賣掉台北的兩幢房子，繼續支撐。至新舊世紀交替之際，卜少夫已九十二高齡，體衰力竭，又多次住進醫院，刊物無法支撐，他想有人接替使刊物能支撐下去。

他屬意於李敖，無條件讓李敖接辦。

李敖的回應是：「《傳記文學》三十八年來，本是劉紹唐個人特色的雜誌，他走了，『不見替人』的情況是明顯的，人亡政舉人亡政息的情況也是明顯的……日前陸鏗電話中向我商量，說卜少夫想把一手創辦半個世紀的《新聞天地》送給李敖，由李敖接手辦下去，卜少夫說全世界只有李敖最信得過。我說《新聞天地》是卜少夫個人特色的雜誌，理應與卜少夫『及身而絕』，但他活得太久了，結果該絕而不絕，弄得屍居餘氣。他的厚愛：我謝了。」《新聞天地》於二〇〇〇年十月停刊。卜少夫說：「《新聞天地》過去的一切，讓它留在大家回憶中罷，俱往矣。」

一個月後，卜少夫去世。

一生最重友情

卜少夫在離世前，寫過一篇〈向朋友們揮手（也是我的遺言）〉的文章，開頭有一首打油詩：「聚散一杯酒，江山萬里心，好友情永在，風雨任飄零。」接著說：「朋友們對我的愛護、支持、幫助，一生受用無窮。」

卜少夫一生最重友情。士農工商各界，上至達官貴人，下至販夫走卒都有他的朋友。他一旦和人結交就傾心相交，不沾任何利害關係。著名專欄作家梁厚甫（即梁寬）說：「如果問：卜少夫是怎樣的一個人？我的答案只有三個字，曰：真朋友。」

有人說，卜少夫這人，有些地方很像張大千，所謂貧無立錐，富可敵國，可以說是朋友滿天下。他自己也說：「我一生無錢，從未起過賺錢的念頭，但我有朋友。我的朋友使得我體會到真正人間有情有愛。」（《告別讀者》）

上世紀七〇年代，卜少夫有個創舉。他給朋友們遍發一封徵文信。信說：「通常朋友之間倘有一方死亡，另一方會寫文悼念追思，少夫要求朋友們與其等他死後來寫，不如在他生前來寫，不論是罵他捧他，好讓他在以後的歲月中有自知之明。」「陶淵明在世未飲夠酒，袁子才希望活著能讀別人輓他之詩，頗為瀟灑，深獲我心，希望識我知我未曾寫我的朋友們，勿使我失望。」一呼百應，果然生前悼文從各處寄到。不久就由他的好友劉紹唐（台北《傳記文學》社長）編就，於一九八〇年出版《卜少夫這個人》第一集，一九八二年出續集，一九八八年出第三集，一九九六年出第四集。

這四集都在他生前出版，四百多人寫了文章。他並未向大陸友人徵文，仍有徐鑄成、黃苗子、冒舒湮、馮亦代、蕭乾等寫了文章。卜少夫死後，由他六弟卜幼夫編集出版《卜少夫這個人》第五集。皇皇五大本，五百多人寫了文章，足見他友人之多，友情溫暖他一生。

卜少夫愛友如命。《新民報》老報人李嘉說：「千金散盡，他連眉頭都不皺一毫；失掉一個朋友他會傷心落淚。」朋友有急難，他赴湯蹈火在所不辭。這樣的事例可隨手摭拾。

《新聞天地》發起人之一李荊蓀，是台北中國廣播公司副總經理，一九七〇年突然被捕。背著「叛國罪」的罪名，無人敢援救。卜少夫要求面見蔣經國，不能如願。回香港後寫了封長信給蔣經國，依然沒有結果。李荊蓀判十五年徒刑。卜少夫開始第二輪營救活動，在「立法院」提出質詢，並寫了封信，由成舍我、程滄波、胡秋原、胡健中四位新聞界名流連署，請「總統府秘書長」馬紀壯轉呈蔣經國，要求讓李荊蓀保外就醫或易地服刑，遭馬紀壯婉拒。卜少夫繼又展開第三輪營救。他致函台北「國防部部長」宋長志，要求提前釋放李荊蓀，仍然不成。三番營救全無效後，他兩次去獄中探望。柏楊說得好：「世界上沒有比囚犯更需要友情，一點一滴都好，而在卜少夫身上情如泉湧。」（《赤心和酒》）十五年刑滿李荊蓀出獄當天，卜少夫晨七時就鵠立獄外接他，見面後擁抱而泣，設盛宴為他歡慶。宴中說到動情時，卜少夫再次潸然淚下。李荊蓀自己說：「在我的十五年鐵窗生活中，少夫三番營救兩次探監，而以一個盛開友情之花的宴會結束。十五年間他鍥而不捨，一以貫之。這樣的事，在這個軟弱的社會裡，打起探照燈來也不容易找得到。他這樣做，固是為我好，可也是他的本色，不過這次發揮得更為盡致而已。」兩年後李荊蓀猝然病逝。

原《中央日報》副總編兼採訪部主任陸鏗，也為《新聞天地》發起人之一。一九四九年後在昆明被囚（罪狀之一是與卜少夫等辦反動刊物《新聞天地》），兩次入獄，長達二十餘年。一九七八年釋放，他自己提出要經香港去美國。當局要他在香港找到生活保證人，否則不能出境。他首先想到卜少夫，立即去電。卜少夫立即覆電，「願意保證在港食宿。」卜少夫挺身而出，陸鏗「感到莫大安慰。」

上世紀五〇年代初，港台間有《侍衛官雜記》一書問世，作者署名宋喬，內容寫蔣介石的種種隱私。作者托言自身是蔣的侍衛官，所寫都為目睹。此書極暢銷，在大陸（福建）一次就印三十萬冊。究其實，所謂侍衛官是偽託，作者真名周榆瑞，是位大學教授，曾在西南聯大教英文。一九五七年出境到香港，一時無棲身之所。有人介紹給卜少夫，他惜才，原擬安排周去台北定居。因蔣氏記恨他的《侍衛官雜記》，拒不接納。無奈只好遠走英國，窮愁客死於倫敦。卜少夫從香港趕去哀悼祭奠，返港時帶回周生前所寫全部文字，片紙隻字也不放過，經整理在香港出版《周榆瑞在人間》。以後又請周的英籍未亡人訪遊港台。由此足見卜對友人生死不忘。

黃苗子說卜少夫「有血性，喜歡路見不平拔刀相助」。他的夫人徐天白批評他「幫助別人，有教無類，不管對方值不值得幫忙，只要對方開口求助，一概助之」。這都體現出卜少夫的個性。徐天白所說確有實例。這就是他對胡蘭成的援手。

胡蘭成是女作家張愛玲的首任丈夫，此人雖有才，但落水當了汪偽的中宣部次長。抗戰勝利後漏網，匿居溫州三年。一九四九年後再逃香港，又偷渡日本。這種「過了氣」的漢奸本無人重視，靠他鑽營有術，居然有日本商人出資供養。但他仍不甘寂寞，向台灣獻媚討好，把《蔣介石秘錄》介紹給日本《產經新聞》連載，於是台灣撤銷了對他的通緝令。有道是「君子可以欺其方」，胡蘭成遂以「晚境淒涼，走投無路」為由，向卜少夫求助，表示想到台灣謀職。卜少夫雖知他的漢奸過往，仍從愛才出發，一九七三年推薦胡蘭成到台北中國文化大學任客座教授，在博士班上課。在台期間，憑藉張愛玲的名聲，以他的《今生今世》和《山河歲月》兩書招搖賣弄。這引起台灣文化界的憤慨。作家白先勇首先發難作文抨擊，胡秋原繼其後回應聲討。一時間，胡蘭成成過街老鼠、人人喊打。台北無法存身，於一九七六年回日本。一九八二年死於日本。

余生也晚，自然不能以卜少夫的友人自僭，但一九九七年十二月相見於上海後（是年卜老兩度到內地，有北京與上海之行），也領略到他待人的溫煦。見面之初，他那雙溫暖有力的手，足足握了三分鐘，可說生平第一握。交談中有問必答，款若平生故友舊交。隨後他反客為主宴請我於大風車餐館，席上他的豪飲證實他的壯語「沒有不敢喊的酒」，餐後留影。一九九八年1月號《新聞天地》卜老的專欄《我心皎如明月》，記有我和他晤面的經過。早就聽人說，卜老是有信必覆。他回港後，兩個月中，連續給我四封信。如一九九八年二月十六日給我的信云：「李偉先生：大札稽覆，祈諒！『這個人』一、二冊已先後分別寄出，想已收到。希函告。足下熱誠關注，其實我等三兄弟乃平凡之人，不值得誇張於世，本人至今尚無法亦無暇寫回憶錄，雖然各方友好盛情催請，迄未有以報命。匆覆，此祝新春如意！卜少夫敬上二月十六日於香港」從信可以看到，先生以望九高齡，親自給我寄書。遺憾的是他贈我的書竟有兩本未收到。他那板橋體手跡，我一直珍藏著。

他走進了歷史

前國民黨將領、友人張慕飛與卜少夫交往多年，他曾介紹卜老的日常生活：「他一天要接一百個電話，看二十份報紙，翻閱包括細讀無數本雜誌與贈書。一天八個聚會，五個飯局，一整瓶XO，半打啤酒，加上五糧液、茅台、二鍋頭，不一而足。興之所至，高歌一曲，跳半支舞。有時候，他正襟危坐，與政治家論政暢談天下事……」當然他還要編雜誌寫文章（逐日一篇的專欄）。為此，他自己說：「我這個頑強的身體，常被朋友們稱為稀有動物、怪人、異種。」

二〇〇〇年五月，他因咳嗽和呼吸短促，進台北宏恩醫院檢查，X光與CT顯示，發現其左肺下葉似有癌的症候，接著從痰液中發現癌細胞。友人只能婉轉相告，請他進行手術或放療與化療，他斷然回答：「我已九十三高齡（虛歲），活得夠本了，不要再折騰自己了。」以後又連續在台北的榮總、宏恩和香港的律敦治、聖保羅四家醫院出出進進，而沒有做根本治療。他非常達觀：「從出生到死亡，千奇百怪，誰也逃不了開始與終結。」

他自知不起，力竭中寫了兩篇文章：一篇是〈告別讀者〉，另一篇〈向朋友們揮手〉。後者算作遺言。他說：「一九九六年十月五日晚間十時，我的老伴徐天白斷氣的地方與時候，我在這同一天，同一個地方，寫我的遺言，冥冥中是否徐天白願與我有這個巧合？」他又說：「……倒下來遺體交解剖，不辦任何喪禮，不發訃聞，不舉行任何儀式，不花費分文，因為朋友們在我生前，已經寫過紀念我的文字了。」

《新聞天地》二〇〇〇年十月號，用整頁刊登卜少夫一幅照片。畫面上卜凡（他的兒子）推著輪椅，正中坐著垂垂老兮的卜少夫，他直舉乾癟的右手，雙眼炯炯逼視遠方，依稀欲再看透人世間的未盡處，瘦削的下顎，緊閉的雙唇，似乎欲語還休……一疊終身與他相伴的紙和一支筆，依舊展開在他胸前的扶手架上。

二〇〇〇年十一月四日是卜少夫大去的日子。在此以前他已三次拔去維持生命的輸液系統，他早把生死看淡了。這天他本來神智清醒，自己又拔了維生的導管儀器，沉睡在昏迷中，停止了呼吸。

十一月十九日在香港殯儀館舉行告別式。北京中央人民政府駐港辦公室台灣事務部周南同志送了輓聯。生前好友分別從台灣和大陸趕到。情重的友人在致祭時行大禮跪拜磕頭，有的更失聲痛哭，感人的畫面出現在人們眼前。接著三十多位好友隨同靈車去柴灣哥連臣火葬場，送別老人最後一程。

十二月二十二日在台北也舉行卜少夫追思會，哀悼這位民國新聞界的奇人。

卜少夫已經走進歷史，記住他也就記住了歷史。

勇敢無畏，外柔內剛

——記子岡

霧重慶的一點亮色

新聞同業常說，女記者採訪最便利、最有成效。個中原因自不必細說。然而女記者不多，而真正靠出色的睿智、優美的文筆，採訪做出特殊成績的更少。在這更少中，能犯權貴、闖禁區，一身正氣，勇敢無畏的女記者則少而又少。

當年《大公報》的著名女記者彭子岡就是一個。

上世紀四〇年代，抗戰首都重慶。日機狂轟濫炸，國民黨特務動輒捕人。真是霧壓山城，陰霾重重。人們談虎色變。在許多政治敏感的地方，如曾家岩五十號（中共代表團所在地）、化龍橋（中共《新華日報》社址），人們常會繞道而行，免惹是非。然而就在這樣的「心理禁區」，人們也常會看到一位穿著敞胸大紅毛衣的女記者，或獨自一人，或和另一位女記者結伴，她談笑自若無視環伺在陰暗角落裡的特務，這樣顯眼地活躍地在這些地方進行採訪。

她不僅在山城重慶奔走採訪是勇敢的，她還是一個女中學生時，就受人之託，甘冒受學校當局處分，到蘇州看守所探望涉嫌共

彭子崗。

黨的囚犯，這也是勇敢的；江西瑞金這紅色革命根據地外人鮮知這裡的真相，她以女記者身份探了禁區並寫報導同樣是勇敢的；一九三六年，「救國會」七君子沈鈞儒、鄒韜奮、史良等囚禁在蘇州監獄，她隻身前去採訪，發出「救國無罪」的正義呼聲，這何尚不是勇敢；一九四一年十二月，太平洋戰爭爆發，香港飛重慶的最後一架班機，停在重慶珊瑚壩機場，飛機上下來的是洋狗、老媽子、孔二小姐，她和浦熙修各自寫飛機洋狗的特寫也是勇敢的；抗戰勝利後，國共重開和談，毛澤東到重慶，她寫了轟動大後方的著名特寫《毛澤東先生到重慶》，相片上她就站在毛的身旁，這何尚不是勇敢：一九四六年在北平，她已被人注意，國民黨的一位將軍突然發問：「彭子岡，妳究竟是不是共產黨？」她還毅然獨闖張家口（新解放區）寫了長篇通訊《張家口漫步》，這更是非凡勇氣，還有，還有……

江南才女　自幼不凡

人們想像中，這位勇敢的女性，該是出生在燕、趙的北方巾幗，其實她是江南秀女，一九一四年她出生在有「天堂」之稱的蘇州。她本名彭雪珍，後來感到珍字俗氣，在投稿時用了筆名「子岡」。以後原名退出，以子岡而聞名於世。

上世紀三〇年代，筆者當時是中學生，喜讀由上海開明書店出版，葉聖陶、章錫琛主編的《中學生》雜誌。這本刊物最吸引我的是曹聚仁的《粉筆屑》（有關語文知識講話），還有就是子岡的散文、特寫。不過當時並不知道子岡是何許人。

子岡不僅是江南秀女也是江南才女。她出生在一個書香人家。父親是一位留學日本的植物學家。母親也曾進過幾年學校，母親很小的時候便由祖父教《論語》、《孟子》之類，能寫信能看《紅樓夢》、《儒林外史》之類的書和雜誌報章。這樣的家庭對子岡自然有影響。她在小學讀書時，一篇作文在全縣比賽中得到第一名。為此小學校長贈她一把團扇，上面寫了「為校爭光」四個字。中學時代她開始投稿，投得最多最集中的地方就是上海出版的《中學生》雜誌。那清新的文筆、細膩的敘事，引起編輯葉聖陶的注意。《中學生》把她作為重點作者來培養，發表了研究、分析她習作的專論。在現存的為數不多的子岡作品中，我們看到一篇發於一九三二年十月《中學生》雜誌的散文《雪珍的姆媽》。這是中學生常寫的題目《我的母親》，總是千篇一律少有新意，可是看子岡的文章幾乎使人難以相信這是出自一個幼稚的中學生之手。試看她剝繭抽絲、剔透入裡的寫母親：「她有坦白的心地和真摯的心情。近年來更受了新的潮流薰染——她被感化了；她很瞭解除了看護撫養之外，還有絕大的義務給她的孩子們——那聖潔永恆的母愛。」「她脾氣剛直得稀有，這因為她的媽媽是徽州籍，總還帶著剛毅的根性兒，現在甚至又傳給了雪珍他們。」「她是個智慧的婦人，但是敏慧中卻微微有一些神經過敏，她原是個歇斯底里症的患者。」「她的思想不是落伍，或者在太太們中還是思想的先驅者。她曉得怎樣教育她的兒女，她曉得虛榮是人們心中的毒蛇……」這樣老辣的文筆，細緻入微的剖析，誰會相信那年她是十八歲。

一九三三年，她在蘇州振華女中讀高中。因為向《中學生》雜誌投稿的關係，連帶結識了一位也常在《中學生》發表文章的作者，他是徐盈。當時他在南京金陵大學農業系讀書，兩人常常通信也就熟了，彼此無話不談。一天，她忽接徐盈來信，說有位朋友關在蘇州看守所，請她代為探監並給以照顧。這位友人是汪金丁，是左翼作家聯盟的成員。曾和蘆焚（即師陀）辦過一個刊物《尖銳》常在上面發表文章。（一九四九年後，汪金丁是中國人民大學中文系教授）。這時因受不白之冤而入獄。她立即回信問明汪金丁關在看守所的房號，帶了些書籍、食品就去探監。看守所在盤門附近的司前街，一方歹土，人常繞道而行，那天她穿著振華女校的校服，坦然自若地走進去。沒有經過多少盤詰（校服說明身份），只是說了表兄妹關係，簡單登記後，在獄卒監視下見到了，彷彿像老朋友聊了一會。以後一個月裡，又去了幾次。終於引發軒然大波——校長和教務長把她召去，著實訓飭一番，還說：「要是再去就不能畢業。」家裡也得到了消息，一向溫和的父母也動了肝火。過了很久很久，這事才告平息。

負笈北平　採訪蘇區

二十歲時，她在振華女中高中畢業。她千里迢迢單身一人去北平投考大學，考進中國大學學英語。為著解決經濟困難，同時也是興趣，仍向各報刊投稿，其中投得最多的是《大公報》文藝副刊，這就引起編輯沈從文的注意，多次來信獎掖並給幫助。

大學讀了二年，也是因為投稿的關係，上海《婦女生活》聘請她任採編工作，不等大學畢業，她就應聘回上海。《婦女生活》雜誌的主編沈茲九，恰是子岡在松江讀中學時教手工與圖畫的老師，看到這位學生幾年中進步如此之快極為高興。《婦女生活》是個進步刊物，沈茲九早有心願在刊物上反映蘇維埃區的情況。蘇區江西瑞金雖距上海不遠，但當時白色恐怖嚴重，國民黨軍隊圍剿蘇區，進行重重封鎖，要想闖關自非有驚人的勇氣和毅力才能勝任。子岡來了，沈茲九知道她有一股凜然無畏的勇氣，把這重任交給她。她果然完成了任務，連續發了幾篇通訊，引起人們注意。[註1]

這樣驚人的舉動，並非一次。去蘇州獄中探望「堂姐」史良也同樣驚人！

史良即著名的「七君子」事件中的一員。一九三六年五月三十一日，沈鈞儒、鄒韜奮、史良等七人回應中共「停止內戰，一致抗日」的主張，在上海成立全國各界救國聯合會，並發表聲明要求國民黨政府停止內戰、釋放政治犯，與紅軍談判建立抗日統一政權。這觸犯國民黨當局，於同年十一月二十二日深夜將沈、鄒、史、章乃器、王造時、沙千里、李公樸七人秘密逮捕，囚於蘇州不准任何人探監。翌年六月「七君子」公審前，子岡終於想出以探望「堂姐」史良為名入獄採訪。也許因她是女性，又也許為她的親情所打動，她被獲准探望。所謂「堂姐」其實是託詞，史是常州人，子岡蘇州，一姓史一姓彭，何來「堂」的親緣。她直接進了史良的獄中住所，還和史良共進午餐，瞭解了她們的政治主張，也看到了女犯的生活情況。她寫了《「堂姐」史良會見記》她在篇末寫道：「……默禱我們的當局能引用賢能共同抗敵。人民是願意有一個有力的護衛者，如同一個嬰兒需要一個好母親。睜眼看看兇險的外敵和淪亡的土地上人民所受的荼毒，我們怎麼能分散同胞的力量！」

結婚　入黨　名噪大後方

一九三六年年底，徐盈在上海參加《大公報》工作。

徐盈本是學農，他曾利用實習機會，給上海《國聞週報》撰寫系列性的農村考察通訊，《國聞週報》編輯發現他有記者才能，推薦他進《大公報》。

子岡和徐盈這時兩人同在上海，經過幾年交往，相知益深，雙方決定婚嫁。「八・一三」全民抗戰開始，三個月後上海失守，大撤退前兩人結婚，旋即隨《大公報》去漢口。

到漢口不久，一九三八年，子岡也進了《大公報》。夫妻倆都在《大公報》本就有高集、高汾，蕭離、蕭鳳，趙明潔、張遵修三對，這時又多了一對，以徐盈、子岡為最有名。他倆發揮各自的才能，各具人格魅力，頗受總編輯張季鸞賞識。徐盈敦厚溫和，勤勤懇懇，平易近人，文章翔實而細緻；子岡剛勁灑脫，豪爽卻又親切，犀利的筆鋒帶有感情。

也就在一九三八年，子岡和徐盈在武漢經胡繩等人的介紹，一同加入共產黨，直接受南方局領導。多年的信仰成了現實。

子岡雖然初登報壇，但憑藉她的新聞敏感，以如椽之筆寫了許多好的通訊特寫。如揭露敵機轟炸的兇殘，有《煙火中的漢陽》、《武昌被炸區域之慘像》。「南正街的狹道上來往交織著人流，像一陣殯列似的時常透出哭聲，在中彈附近的矮房居民落了一頭一臉的瓦屑……窺新巷從二十三號到三十六號的中間人家在炸彈下毀滅了，這是敵人所擅長的技能，頃刻間把一排屋舍的人命化為烏有。許多人家是全家同歸於盡，所以聽不到親屬哭泣……武漢三鎮又添了八百多新鬼，他們死得不能瞑目，讓他們活在我們心裡吧，讓我們全中國的同胞向他們宣誓，我們將用最大的力量來與敵人死拚，用不斷的抵抗來作死難同胞的祭品！」讀著這樣的內容，讀者自然受到鼓舞。

在揭露敵人兇殘的同時，子岡也謳歌抗日英雄，這當然對鼓舞士氣起了有益的作用。一九三九年鄂北隨棗之戰，加上魯南會戰台兒莊之役，武漢週邊南潯之戰，是抗戰以來的三大捷。張自忠將軍參加前兩戰，而且他的英明果斷造成兩次大勝。隨棗之戰勝利前，敵軍以二十個師包圍張將軍的部隊，在千鈞一髮之際，張將軍立下遺囑，身先士卒帶領人馬打起來，準備不成功便成仁，結果大獲全勝。就在一個北方式的小胡同、在充滿了北方鄉音的小院子裡，子岡訪問了「身材偉岸、足踏布鞋」的張將軍。張將軍說了許多克敵致勝的法寶。如友軍的聯合作戰與相互合作，他還說：「我的帶兵方法沒有和別人兩樣的地方。」「兵未做，官先做，兵未行，官先行——不只是我們舊西北軍中的口號，也實在是我們祖先留下的古訓。」張將軍又忽然放大聲音：「我們更缺少的是報紙，而此地卻有這麼多報紙，我們每連每天能有一張報紙就好了。」

東北抗日英雄馬占山，一個家喻戶曉的愛國忠臣，他首先打破不抵抗主義，在嫩江率部抗日。抗戰爆發後，五十二歲的他，變賣私產充作軍費招募舊部，馳驅在華北前線殺敵抗日。他出現在子岡面前，不是想像中的彪形大漢，而是一位瘦削的老者，一襲灰色長衫，寬寬大大，正像是一個鄉村塾師。馬將軍有信心打回老家去，他說：「東北人心都是活著的，而且都早有準備，只要有一天我們不忘了甘願犧牲，軍隊一到平津，東北馬上會點起火來。」

《大公報》，子岡，她的名字已深入到讀者心中。只是讀者起初不知道她是女記者。

「《大公報》敢登，子岡就敢寫」

一九三八年中秋後，日軍漸漸逼近武漢，武漢會戰已經開始。形勢危急，支撐幾個月終於撤守。同年十月十七日《大公報》漢口版休刊，遷往重慶。十二月一日在重慶出版。子岡與徐盈隨報館到重慶。整個八年抗戰，子岡都活躍在重慶新聞戰線上。

當時重慶的新聞界，魚龍混雜，而涇渭分明。在記者招待會上，口齒犀利，敢於提出質詢，每使達官貴人面紅結舌的是子岡。新聞同業中還流傳著這樣一句話：「只要《大公報》敢登，子岡就敢寫。」

她確實是勇敢無畏，不畏權貴，敢於揭露。戰時重慶，一邊莊嚴地工作，一邊荒淫無恥。官商勾結，囤積居奇，哄抬物價。她寫《重慶的米和煤》為人民呼籲：兩個月來（一九四〇年六月）米價漲了百分之百，煤價漲了百分之三百。她問：「一個五口之家每月的米煤兩項即需百元以上。你說能吃飽飯麼？」「米和煤真是供不應求嗎？」她的回答是「奸商搗亂市面，貴價時拋出，賤價時購入。」她還寫了篇有強烈諷刺性的特寫題為《貓與鼠》：「有一群老鼠受著貓的危害，當老鼠們分頭出去找糧食或玩耍的時候，它們隨時做了大貓的糧食，慘死在它的利爪下」「一個聰明的老鼠想出給貓繫鈴的妙計。」她說：「我要引出這個平凡的故事，就是為了在重慶——也許是在物價騰貴的一切地方，人們的心頭出現了這樣的貓。貓也許不是一隻，可能是氣勢凌人的狸貓，也可能是菩薩面孔賊心腸的家貓。」「貓不只一隻，許多小貓正在學大貓，也正在慢慢長大，不過『擒賊先擒王』是人人明白的。大貓被捉，小貓們才會就範……」

子岡終於找出這隻大貓，它就是四大家族之一，聚斂財富的能手孔祥熙，在國民政府召開的節約儲金運動集會上，她對孔祥熙提出質詢並進行當面對質。

雖然子岡敢寫，標榜獨立的民間報紙的《大公報》，特別是重慶版的主持人畏首畏尾並不敢全登。幸而她另闢蹊徑。廣西桂林是桂系控制的地方與蔣記中央有矛盾，對文化控制比較寬鬆。《大公報》桂林版總編徐鑄成，他力主言論自由與重慶版迥然不同，保持獨立思考。子岡寫了近百篇揭露重慶種種陰暗面的「重慶航訊」，後被新聞界同人譽為「重慶百箋」，都在桂版《大公報》發出。徐鑄成的社論與子岡的通訊成為桂版的兩大特色，大受讀者歡迎。

在重慶，子岡有了一位同業伴侶，她們就像一雙姐妹，並肩採訪，分別寫稿。被稱為一時瑜亮，活躍於大後方。雖然各自服務的報紙都是商業性的，但她們合作得很融洽，似乎不存在新聞競爭。這因為她們有共同目標追求民主進步，還有一層內情是各有親人在延安。這位同業就是浦熙修。

浦熙修是《新民報》採訪部主任，她的弟弟浦通修、妹妹浦安修都在延安，後來安修成為彭德懷的夫人。子岡的弟弟彭華也在延安。不過這位浦二姐當時並不知道子岡是中共地下黨員。那時外勤記者的採訪叫「跑新聞」。那真是「跑」，山城上下有多少階梯，她們不乘任何交通工具，都是徒步，且說且走，頗不氣悶。有時警報來了就躲進就近的防空洞。有時天色已晚，兩人家中不見人回，便互相尋找。浦熙修和子岡都住在觀音岩下的學田灣。浦和史良住在猶莊院內，子岡和沈鈞儒、王炳南住在良莊院內，坡上坡下跑幾步彼此喊得應。警報來了，山下就有一個防空洞，兩人常會合在洞裡，有時警報解除，她們的討論還沒有完。

浦二姐和子岡當時到曾家岩五十號（中共所在地）的時候較多，看到周恩來，子岡就有回家的感覺，但只能心照不宣。因交通不便去化龍橋《新華日報》的機會較少。好在在許多場合與《新華日報》的記者常不期而遇。一九四〇年四月她們曾一起採訪宋氏三姐妹（孫、蔣、孔夫人），首次沒有見到，第二天在孔公館，在孫夫人（宋慶齡）出來送客時見到了。子岡的印象：相隔三年多，孫夫人瘦了那麼多，只是那件素花衣裳依然和在滬時相仿，眼睛也依然熠熠有光。匆匆談了幾句。她認為婦女的權利地位必須自已爭取，而不是等候別人給予。坐車回館，著筆為難，遐想中得到靈感，加些回憶聯想，揉成《孫夫人印象記》。翌日報紙發了，刪去不多，只是硬不許稱魯迅先生為革命鬥士，她不知編輯是怎樣想的。

還有一次她們共同採訪飛機洋狗事件。一九四一年十二月十日，由香港飛重慶的最後一架班機停珊瑚壩。飛機上下來的是洋狗、老媽子、孔二小姐。子岡寫了一篇很好的特寫被扣。浦熙修寫的也同樣被扣。後來浦採用寫花絮方式，先寫孫、孔夫人來渝，又寫王雲五接眷未成，再寫重慶忽然多了幾條吃牛奶的洋狗。十二月十一日《新民報》刊出的題目是《佇候天外機來——喝牛奶的洋狗又增多七八頭》。

當年子岡採寫的《毛澤東先生到重慶》，被稱為新聞特寫的佳作，與方紀的《揮手之間》相比美。三十餘年後（一九八一年），她回憶寫作經過：「我作為一個白區的地下黨員，在長期熱烈的嚮往之後，終於平生第一次、卻又是在敵窟中見到了自已的領袖——這種複雜的激動之情是難於抑制的，然而又是必須抑制的，因為我的身份是國共之外的『民營』報紙記者，新聞第二天就得見報，何況還得通過國民黨的檢查！所以我只能借助於敵後廣大民眾渴望和平的心情在字裡行間的輕輕躍動，來吐露自已深藏心底的興奮和擔憂了。」[註2]她寫了機場上「沒有口號，沒有鮮花，沒有儀仗隊，幾百個愛好和平的人士都知道這是維繫中國目前及未來歷史和人民幸福的一個喜訊」。她寫毛的平常裝束：「灰色通草帽，灰藍色的中山裝，蓄髮……身材中上，衣服寬大得很……當他大踏步走下扶梯的時候，我看到他的鞋底還是新的。無疑這是他的新裝。」她在特寫中特別寫到毛在張治中公館中廣漆地板客廳裡的拘謹行動，甚至打碎了一隻蓋碗茶杯。「他完全像一位來自鄉野的書生。」她說這是讓大家看看，這位革命者是來自民間的一個讀書人。《大公報》把這篇特寫與頭條新聞「毛澤東昨到渝」同列，放在第一版。

「鐵腕將軍」盯上她

一九四五年「八一五」日本投降，狂歡的爆竹響徹山城。勝利後徐盈調到北平，任《大公報》北平辦事處主任，子岡任記者也調到北平。

抗戰甫勝，內戰又起。北平又在烽火氛圍中，雖是春天看不到一絲春的氣息。美國介入國共內戰的調停。一九四六年一月，軍事調處執行部（簡稱軍調部）在北平成立，以美國馬歇爾將軍為首，國方代表鄭介民、蔡文治（兼參謀長），中共代表葉劍英，一時間北平成了國共兩黨進行政治、軍事鬥爭的重要舞台。子岡專門從事軍調部採訪。

一九四六年一月十日停戰令下，子岡立即寫《和平頌》（發於一月十八日《大公報》），她用深情之筆，寫北平人對和平的渴望，同時指出「停戰令」是　齣戲，「和平」是一場夢。這篇通訊延安《解放日報》迅即轉載。她還相繼寫了《北平的春天》、《烽火北平》，指明和平並不易得的真相。這就引起國民黨方面一位鐵腕將軍的注意。他是國方代表蔡文治。一次軍調部的新聞發佈會上，蔡文治當眾嚴厲地盯視著子岡，片刻後才轉了神色說：「彭子岡，妳究竟是不是共產黨!?」她不免吃驚，難道自己的秘密身份真暴露了，轉而細想蔡激怒的原因可能是因她連續發了軍事三人小組的報導。她立即鎮靜下來，面帶笑容說：「請蔡將軍拿出證據來。」新聞界的同仁又急忙打了一番哈哈，這才把事情岔了過去。

這裡有必要對這位蔡將軍作一點插敘。蔡文冶出身黃埔，又畢業於美國西點軍校。忠於國民黨的鐵腕將軍，佩戴著不少勳章。筆者曾聽過他一件軼事。解放軍渡江前，蔡是國防部作戰廳廳長，討論長江防守時，他揆情度理認定共軍將在安徽荻港渡江，故應設防禦於蕪湖、宣城、郎溪一線，爾後隨戰況退守浙贛鐵路沿線逐步抵抗，不讓共軍一舉深入。後來解放軍果然從荻港渡江，他的意見並未採納，他有一肚子冤氣。南京失守後，參謀總長顧祝同，在上海主持作戰會議，蔡文治憤而指責主軍者不採納正確意見，「濫竽作戰廳長真愧對自己，對不起總理、總裁」說罷他扯開軍衣，大聲哭著說：「我不幹了，我不當軍人！」一旁的湯恩伯（京滬杭警備總司令）依仗他曾是黃埔軍校的區隊長，以老師身份指責蔡不懂什麼，他回應：「你還有臉擺出你的老師臭架子來嗎？軍校同學沒有一個再認你這無能的老師」蔡文治就是這樣一個剛毅有個性的軍人，只是他有西方作風，手中沒有證據，也就沒有深究子岡是否共產黨。

子岡這邊卻又一不做二不休，她單槍匹馬闖到軍調部的美方人員那裡，用不熟練的英語表示想搭美方飛機去張家口，訪問中共晉察冀邊區。那知當即獲准。次日便同兩名美籍記者和一位法國記者，飛往張家口。在五六天的採訪中，她受到羅瑞卿、聶榮臻等的招待，看到當地人民歡慶春節的盛況，介紹正在開展的大生產和坦白、清算運動，還在一次聚餐會上見到丁玲、艾青、蕭三、蕭軍、成仿吾等文化人……採訪歸來，她寫了長篇通訊《張家口漫步》，刊載於北平、上海和香港的《大公報》上。這又捅了馬蜂窩。在國民黨筆下，張家口一向是共黨控制下的牢獄。如今經《大公報》一宣傳，竟然是一派陽春氣象，況且她去之前又未得政府許可，她有了思想準備——欣賞蔡文治大動肝火，不料這一回他只是無可奈何說：「彭子岡，妳的文章真有煽動力啊！」

一九四六年四月三日凌晨，國民黨軍警突然搜捕中共北平辦事處，逮捕了二十多人，子岡與另一記者張高峰直奔梁家園，要求會見警察分局長，見到被押人員並將他們的密信交給葉劍英，新聞專電次日就見報，當局不得不無條件釋放全體人員。子岡充分發揮了地下共產黨員的作用。

子岡採訪軍調部還有一個意外收穫。那是「姐弟重逢」。子岡之弟彭華，在延安工作，八年分離從未見面。軍調部成立，周恩來得知這情況，親自指令調彭華到北平軍調部中共代表團工作。姐弟重逢自然高興萬分。彭華並不知道姐姐是黨員，子岡盡可能給弟弟提供情況。後來軍事調處失敗，軍調部於一九四六年八月撤銷。彭華怕姐姐難受生離之痛，悄悄走了。子岡在一九四六年冬，發表紀實小說《惆悵》（一九四六年十二月十五日、二十二日《大公報》）：「八年了，這是一股地下水，在方靜（子岡化名）心上緩緩地流，暗暗地流，深怕它汩汩出了聲音或走漏了消息。戰爭把這書香門第的唯一寵兒帶走了。」子岡在小說裡充分抒發人間的愛和親情。

加冕「右派」　臥床八年

一九四九年終於迎來革命的勝利，國家看到了前途，民族有了希望，在振奮人心的歲月裡，子岡意氣風發地工作。從解放到一九五七年，她先後在《進步日報》、《人民日報》和《旅行家》雜誌工作。她曾深入到新疆等邊遠地區，曾訪問過許多勞動人民，寫了《官廳少年》、《老郵工》和《雪亮的眼睛》等富於文學氣息的作品。她也先後隨各種代表團出訪歐亞等七、八個國家，出版《蘇匈短簡》。

無奈噩運天外飛來。一九五七年，子岡只是說了「我最不喜歡解放後一系列運動，太麻煩太耽誤時間，有時間不如多搞點業務。」（見周雨《大公報史》第二九〇頁）這一下，一九三八年的老黨員就成了大右派。她不服批判，又不斷升級定為「極右分子」。徐盈並沒有說什麼，也沒有「頂撞」，莫名其妙地定為「右派分子」。一九五八年夫妻倆到農村改造。後因她有腿疾調回北京，在中國青年出版社的印刷廠勞動。丈夫徐盈發配到山西、湖北勞動。關山萬重，勞燕分飛。她把一切發生的事用牙齒咬碎，咽在心裡，默默忍受。「文革」十年更是雪上加霜，傷口撒鹽。

終於烏雲散盡、陽光再現。經重新審定，一九七九年她和丈夫雙雙改正。她——子岡的名字又和無私無畏、剛直不阿連在一起。子岡重新擔任《旅行家》雜誌編委。正當她提起手中筆，想追回失去的歲月，繼續奉獻好作品時，病魔襲來，突然中風，臥病床榻整整八年（一九八〇年到一九八八年）。儘管如此困頓，但她頭腦清醒，由她口述，兒子徐城北（很有成就的散文家、梅蘭芳研究家）執筆，寫出《探監》、《紫金城遐想》、《汽笛》、《鄉愁》等無數好作品。

《鄉愁》深情地寫了當年那位「鐵腕將軍」蔡文治的續聞。客居美國三十五個春秋，這位老邁的他鄉遊子，終因時間湮沒心理鴻溝，在一九八一年來到北京。歸來後，第一件事，他就想一見子岡。也許因為子岡半身不遂；或許因數岡住處簡陋，上面沒有安排他們會見，只是把蔡將軍的問候帶到子岡床前。當她看到葉劍英會見蔡將軍和夫人的照片時（刊於人民日報），真是思緒滾滾、感慨萬千。她說：「我堅信歷史從無數風風雨雨中，所凝聚、呈現給我們的信念……」

距離，稀釋著成見。

時間，澄清了是非。

大雪紛飛中，她走了

從一九八〇年到一九八八年，漫長的八年把她的生命年輪推到盡頭。

一九八八年一月九日，女兒徐東看到她的眼神最後亮閃一下，以後沒有重新亮起。在大雪紛飛中，她走了！

「你在冬天裡走了，為的是迎接春天。」一位詩人這樣說。

>>> **注釋**

註1：事見子岡小傳，通訊發於《婦女生活》雜誌，文選未收。

註2：子岡：《毛主席在重慶》，子岡作品選，第360頁。

新聞人惹新聞風波

——卜少夫軼事

租界是祖國遭列強凌辱留下的印記與傷痕。

一八四〇年鴉片戰爭後，英、美、法、日、俄等帝國主義國家，迭次入侵，強迫清政府簽訂一系列不平等條約。租界（割讓部分土地由外國人管轄）與治外法權（租界內外國人犯法不需受中國政府審判）就是這類不平等條約的具體內容。

一九四九年祖國解放前，上海、天津、武漢等通都大邑就都有各國的租界，甚至如重慶這樣的腹地也存在外國租界。租界內帝國主義者的種種橫行霸道的景象，上了年紀的人至今仍記憶猶新。

凡具有愛國心的中國人，多年來都以收回租界廢除不平等條約時時為念。這一願望直到抗日戰爭發生後的第五個年頭（一九四二年）才得以實現。

一九三七年七月七日，蘆溝橋事變發生，中國人民奮起抗日。抗日戰爭進行的最初三年，作為世界強國之一的美國，不僅採取「門羅主義」，甚至對日本侵略者姑息慫恿，把戰爭必需的物資賣給日本。直到一九四一年十二月八日，日軍偷襲美國的重要軍港珍珠港，太平洋戰爭爆發，美國蒙受重大損失後，才改變國策，與正在進行抗日戰爭的中國結盟共同抗日。

美總統羅斯福看到亞洲戰場上，中國是抗日的主要力量，牽制著百萬日軍，因而採取種種結好國民政府的政策。如大量的軍事援助，還商議戰後問題。

中美雙方在商討戰後問題時，中國政府提出了廢除中美間存在的不平等條約的問題，其中如收回租界。國民政府首腦蔣介石，責成外交部長王世杰（雪艇），必須力爭達到目的。談判進行得還算順利，因為美方有求於中國，也正因為這些條約的不平等性質，美方不能過為己甚，終於接受中方所提的要求，同意放棄在中國的租界，廢除中美間的一切不平等條約，並商妥雙方在適當的時間公佈。這時英國在戰爭中已受重創，全賴美國的援助在支撐著。外交上唯美國馬首是瞻。英國看到美國這樣對待中國，也追隨其後，同意廢除中英之間的一切不平等條約。

當時中美、中英之間的外交談判都在秘密狀態中進行，外界全然不知。

德國、義大利、日本這三個法西斯國家與中國本也有不平等條約的存在，但隨著中國對德、意、日的宣戰，這些不平等條約已自動終止。所以中美談判的成功是外交上的一大勝利。蔣介石不免為此高興。

一九四二年秋，有一天蔣介石親臨重慶的一個民眾運動大會，他登台講話。講到五年來抗日戰爭的勝利成績，一時興奮起來，脱離了講稿，從軍事的勝利，談到外交的勝利。他把那一時期與美國就廢除不平等條約的外交談判經過講了出來，他説美國已同意廢除中美間的一切不平等條約，所有的美國租界都可以由中方收回。外交談判勝利成功。

蔣介石的話剛説完，立刻引起滿場的掌聲與歡呼聲。他也因此沾沾自喜，認為這時宣佈這一外交勝利，是鼓舞民心與士氣的最好時機。

蔣介石親臨運動大會講話，這當然是一個重要新聞。西南大後方的各大報都派了記者採訪。國民黨黨報的《中央日報》由編輯部主任兼採訪部主任趙效沂親自參加這個會。

趙效沂自知任務重大，蔣介石講話時，他聚精會神地聽，小心筆記，頗下了一番功夫。晚上，趙效沂回到《中央日報》編輯部。這時中央社的通訊稿，也已到了。報社領導把趙效沂寫的稿件和中央社發來的稿詳細比較，感到還是趙寫得詳盡，自然採用自己採訪的，不用中央通訊社稿。

半夜時分，《中央日報》電訊部，又收到中央社發來的有關蔣介石講話的稿件，並稱這是正式稿件。當時《中央日報》的幾個領導，認為趙效沂的稿件已經發排，中央社第二次發來的也就沒有再看。殊知這一疏忽就造成了重大差錯！

翌日，蔣介石看了《中央日報》勃然大怒，傳令《中央日報》社長陳博生，外交部長王世杰一起到官邸聽訓。

蔣介石見到陳博生大聲訓斥道：「各家報紙登載我的演說詞都很詳盡沒有遺漏，只有你們《中央日報》胡來，遺漏了重要內容。這是為什麼？」

陳博生糊塗了，心想這是趙效沂親自採訪並撰寫的，而且趙效沂的文字功底歷來不錯，工作也很負責，偏偏這篇新聞會遺漏了重要內容。他戰戰兢兢地說：「遺漏了什麼內容，請總裁明示！」

蔣介石把 張《大公報》擲在陳博生面前：「你自己去看！」

陳博生看了一遍，看到《大公報》也是採用中央社發的稿，其中內容大體上和趙效沂寫的相同，不同的是，多了幾句，說英國也和美國一樣，已有廢除中英間一切不平等條約的約定。他忙說：「這是我們失職，待我回去查明原因再向總裁彙報。」

事後，陳博生一查，方知有關英國也廢除不平等條約的幾句話，蔣介石並沒有在會上說，是在中央社呈送審查的稿件中，他親自加上去的。所以中央社第二次發出的正式稿有這內容，首次發的稿也同樣沒有。偏偏陳博生、趙效沂沒有看中央社的正式稿，趙又自恃自己寫得詳盡。出了這樣的差錯，真是啞巴吃黃連，有苦說不出。

這當然不能去責備領袖，陳博生一面自己引咎辭職，另一面又請陳布雷出來向蔣討情，並說明事情的原委，這才得到蔣介石的寬恕。同意陳博生辭職，不再另外追究。

陳博生為部下受過免了職，報社的幾個重要領導都和他同進退。闖禍的趙效沂與詹辱生、劉尊棋、孫伏園一起辭，上面也照准。

一場風波才告平息。

《中央日報》進行大改組。

國民黨中央派陶百川接任《中央日報》社長，錢滄碩擔任總編輯。採訪部主任由卜少夫擔任。原班人馬裡，只有錢仲易一人留下來，擔任副總編輯兼編輯部主任。社裡有兩個姓錢的，被人戲稱為「雙錢牌」（四〇年代一種暢銷的膠鞋的牌子）。

新組成的這套領導班子，想以新姿態出現在人們面前。他們刷新版面，勤奮採訪，一時間果然有新的面貌，受到了讚揚。誰知這樣的新局面出現不久，又闖了大禍。

禍就出在新上任的採訪部主任卜少夫身上。

卜少夫，江蘇揚州人，一九〇九年出生，曾畢業於日本明治大學新聞系。一九三〇年起進入報界，成為名記者。一九三八年到香港，任香港《立報》編輯。他在報上痛罵漢奸汪精衛，險遭汪偽特務的暗殺。一九四一年回大陸，赴重慶，進《中央日報》，先任資料室主任。這一回調到採訪部，當時三十餘歲，年富力強，新官上任，力圖做出一點成績。

卜少夫每天自己出馬，千方百計想找到一些既有轟動效應又是獨家的新聞。功夫不負苦心人，就在一九四二年十二月的一天（與

《中央日報》的首次風波相距不久），卜少夫從外交部一位朋友那裡獲取了一項獨得之秘——「中美中英之間的不平等條約，將在次年（一九四三年）元旦廢除」，「條約廢除後租界即告收回」。

喜不自禁的卜少夫，心想這條新聞發出來，一定大大鼓舞人心。別家所沒有，《中央日報》可以拔頭籌。他興沖沖地立即寫成新聞，交給副總編輯錢仲易，強調這新聞的重要，要他親自處理。

錢仲易是位資深的老編輯，何況前不久又因湮沒了卜少夫的一篇好稿，心裡一直抱歉著。那是卜少夫採訪到一條「陳納德的飛虎隊轟炸了中緬邊境臘戍」的消息。卜少夫交給編輯部後，第二天沒有見報。可是《新民晚報》卻在一版頭條地位刊出。卜少夫質問編輯部主任：「你們平日要採訪部盡力採訪，這樣重要的消息又為什麼不登？這難道歹徒能鼓舞民心士氣嗎？」編輯部主任無從答覆……這回收到卜少夫這條未加考證的消息，幾乎毫不考慮，就加上花邊力框，在一版社論欄的旁邊刊登出來。

消息刊出這天，正是禮拜天。豈料這又出了大紕漏，惹了大禍！

在重慶汪山別墅的蔣介石，用罷早餐後，翻看報紙。看到《中央日報》忽然拍案大怒，連聲喊侍從：「快把張道藩叫來！」住在南溫泉別墅的中宣部長張道藩，還高臥未醒，聽到召見，一骨碌爬起來，匆忙來到汪山。張道藩滿以為星期天召見，必有什麼好事。不料蔣介石見到他，一手指著桌上的報紙，劈頭問道：「《中央日報》這條新聞是哪裡來的？」張道藩湊過頭去看，「中美中英不平等條約將於元旦廢除」幾個赫然大字，他自然無從回答，只能連連說待查清後再來彙報。蔣介石餘怒未息，又著實數落張道藩的領導無方。

張道藩遭蔣的一番痛斥後，立即回中宣部，派人把《中央日報》社長陶百川、總編輯錢滄碩喊來，一小時後兩人奉令來到。張道藩忙問這條消息來源，方知是卜少夫採訪的。於是再把卜少夫傳到中宣部。

這時已是中午，卜少夫正在中一路胡秋原家裡吃飯。接到通知，方知闖了大禍。飯沒有吃完，起身就走。胡秋原送他一條香煙，說：「老兄，你此去恐怕就要送到『裡面』（指監獄）去了，沒有香煙抽不行，我先送你一條，祝你好運。」

卜少夫來到中宣部，見到張道藩表情沉重，扳著臉，一旁的陶（百川）、錢（滄碩）兩人也不發一聲，辦公室像冰凍凝結著。張道藩一見他就說：「卜少夫你闖了大禍。是誰提供你這條消息的？現在總裁查問，你必須承擔責任。」

卜少夫疑惑不解，難道這消息不真實？他嘴裡說：「張部長，提供消息的人，我不能說。假如這條消息有假要受處分，我願意一個人承擔。」

「你是不是黨員？」張道藩問。

「是的。」卜少夫回答。

「黨員要服從總裁的命令。今天總裁追究這條新聞來源。」張道藩又道。

「是的。黨員要服從黨紀。如果總裁要我交出來，我一定遵辦。不過，我有一個要求，如要受處分，我來承擔。答應我這個要求，我就說出來，否則任憑處分。」卜少夫侃侃而淡，毫無懼色。

卜少夫原估計此話一出，張道藩一定會發怒，哪知他並沒有作聲。沉默兩三分鐘後，張說：「你把事情經過詳詳細細寫個報告，待我呈送總裁。要不要處分，看你的造化。」

卜少夫當即寫好報告，交給張道藩。張看完後又給陶百川、錢滄碩兩人看了，又接連打了幾個電話，緊張忙碌了一陣，這才讓卜少夫走。要他待在家裡聽候傳訊。

卜少夫一回去就多方打聽陳布雷是否在重慶，結果聽說陳布雷去成都治牙病。他一想，這可糟了。蔣公一生氣，可能把自己送去土橋監獄，然後軍法從事，小命難保。陳布雷在，蔣要聽聽他的意見，也許陳布雷可以斡旋。陳常曲意衛護記者。陳既不在，只能聽天由命，卜實在一籌莫展。

為什麼蔣介石對這條新聞會大怒呢？

這並非卜少夫無中生有，確有此事。只是因為國民政府已和華盛頓、倫敦方面約定，廢除不平等條約的消息，要中、美、英三方面同一天公佈。現在中方預先披露，這就違了約，也說明中國外交部不能保密。同時蔣又記著上次《中央日報》的失誤，前後兩事兩起，於是他不免發怒。蔣先追究外交部洩密。後來各方面的報告都送了上去，蔣明白了事情真相。經外交部向美英兩國致歉也得到諒解。蔣的怒氣消除了，沒有進一步深究。只是撤了《中央日報》社長陶百川和總編錢滄碩二人的職務。對卜少夫的處分是罰薪兩月。處分如此輕，實出乎他的意外，其中內情後來他才知道。不過，事由他而起，連累別人，心中未免有愧。於是他遞了辭呈，也離開了《中央日報》。經陶百川介紹到《中央週刊》去任編輯。

一九四三年初，《中央日報》又一次改組。胡健中任社長，陳訓悆（陳布雷胞弟）任總編輯。翌年（一九四四年），卜少夫又回到《中央日報》，先任編輯部主任，後提升為副總編輯。卜少夫的新機遇全是陳布雷的關係。陳布雷關照陳訓悆，讓他回來並重用。前番他得到從輕處分，也因陳布雷的緩頰和說情。

事實上，此前陳與卜之間並未直接發生關係，也僅偶爾晤過一二次面。陳布雷所以能照護卜少夫，這裡又有一段隱情。

原來有一次，蔣介石讓他的重要幕僚陳方（字芷町）召開一次物價會議，請許多專家來討論。要《中央日報》發消息，還要一份詳細的記錄。卜少夫以記者身份參加。戰時物價問題人人關心，又千頭萬緒，專家們發言非常踴躍，各人都有主張，會開了兩個小時。會後，卜少夫用一個小時整理了一份記錄交給陳方。第二天又在報上發了個兩千字的專欄，比記錄更為簡潔。陳方看報後，認為抓住了要點，對卜少夫大為賞識，並且對陳布雷提起此事。因此陳布雷記在心裡，在適當的時候救了卜少夫。

陳布雷從愛才出發，此後仍關懷著卜少夫。卜少夫第二次進《中央日報》。報》後，由編輯部主任升到副總編輯。抗戰勝利後，《中央日報》遷回南京。卜少夫更升任總編輯，可說是一帆風順。這自然有陳布雷提攜的因素。

一九四五年在重慶時，卜少夫與幾位好友一起辦了個週刊《新聞天地》。標榜「天地間皆是新聞，新聞中另有天地」，刊發內幕新聞，曾風行一時。抗戰勝利後該刊遷到上海繼續出刊。一九四八年，卜少夫已脫離《中央日報》，在上海《申報》任副總編輯，兼管《新聞天地》。他仍然鋒芒畢露。有一次《新聞天地》發了篇《王外長又低了一次頭》，矛頭直指外交部長王世杰。

王世杰知道陳布雷與卜少夫的關係，派了一位姓張的秘書來見陳布雷，請陳布雷出面緩和兩者間的關係。陳布雷不負王世杰，寫了一封信給卜少夫，措詞非常懇切，信說：「……及張君來，弟與之晤談，始知為《新聞天地》最近期刊載《王外長又低了一次頭》之特載。我當時未看內容，即告以『此一刊物並非少夫兄一人所辦，更與《申報》無關……』但『我必能告少夫兄於編輯時特予注意，凡涉及外交及足以損我政府人員之尊嚴者，務必儘量避免之』……弟答以當轉達足下，此後慎重並告以現時新聞界一般風氣，年輕人總是喜歡搶消息——搶訪及至於搶登——即如我為《中央日報》常董，照我知道馬社長亦不能對登出之新聞條條都負責，因青年記者群實在各有個性，故此等側面報導容有措詞過火，內容渲染之處，在大部應當包容時俗。張君唯唯稱謝而去……」信中既諄諄告誡卜少夫要謹慎處理文稿，又同時說明陳布雷對搶新聞的時俗予以寬容的態度。

卜少夫對陳布雷這原函墨蹟，非常珍視。一九四九年後從大陸去香港都隨身攜帶著。到港後把陳布雷的信裝裱起來，用鏡框懸掛在書房的牆上，抬首就可看到，以資惕勵。

卜少夫——這位著名老報人，現已過九旬高齡，依然精神矍鑠，健筆縱橫。他在一九四五年創辦的《新聞天地》，歷經半個多世紀（五十四年），出了兩千四百多期，他獨力支撐，直至他去世前堪稱文化奇蹟。

近年《新聞天地》依然保持敢言的特色。在港台兩地首先反對「台獨」的是《新聞天地》。一篇《斥台奸》就是卜少夫命筆。一九九五年十二月，《新聞天地》就發了痛斥李登輝的文章，

說李登輝「個人毫無誠信的原則，獨立專制，樹立一言堂，又有何德何能再尋求擔任國家元首之職」。依舊是當年的鋒芒畢露。「我從一九九〇年到現在，就在為推動中國和平統一而默默地工作。」一九九七年十二月，筆者於上海親見卜少夫先生，卜老對我這樣說。他還說：「希望有生之年看到中國和平統一，這是我的畢生願望。」

五十多年前卜少夫搶先報導中國收回租界消息，五十年後又拳拳眷念祖國和平統一，愛國精神一貫始終。

近年卜少夫多次到北京，曾得到中央領導的接見，「情敘江都鄉誼」，中央領導的肖像見於《新聞天地》封面。這位中央領導關切地問他，去過家鄉揚州沒有，還用鄉音背誦幾首揚州的詩詞。另一位中央領導也曾會見過他。接見詳情，他本準備在他的回憶錄裡披露。

一九九七年卜老兩次回大陸。十月間，他去北京主持中國現代文學館「卜少夫文庫」落成典禮的剪綵。他把他的著作與三千多

冊藏書以及五十三年來的《新聞天地》合訂本（全套一百七十七部，整整放了一書櫃）捐贈該館。這些書刊資料是研究海峽兩岸當代關係史的絕好材料。卜老的老朋友馮亦代、丁聰、吳祖光、冒舒湮等都出席。現代文學館館長舒乙說：「『卜少夫文庫』的出現，或許是『卜少夫這個人』最好的寫照了。他的愛國，他的執著，他的豪放，他的奉獻，全在其中了。」上海《新民晚報》用「著名老報人一片丹心」為標題報導這一消息。

一九九七年十二月間，卜老又有上海之行。他這次到上海，拜訪了當年中華藝術大學的同學張愛萍將軍，張將軍贈送他一冊《神劍之歌》的著作，親筆題詞：「少夫老同學教正」。他還和汪道涵先生會晤，達四十分鐘之久。這是七年（一九九〇至一九九七年）中，卜汪會談的第三次。在滬期間，他尋訪當年《申報》的舊蹤，並與老同事晤聚。《解放日報》、《文匯報》的老總們都設宴招待這位愛國老報人。帶著愉快興奮的心情，八天後卜老回香港。

愛國一片丹心，日常生活恬然瀟灑，這就是卜少夫。

卜少夫先生已於2000年11月4日去世

本文寫於上世紀九〇年代

臨風懷想謝蔚老

歲月無情，這些年時光捲走了我所心儀與欽敬的一個個故人與前輩。前不久離世的謝蔚明先生就是其中一個。

蔚老是今年一月仙逝的，滬寧之間雖僅兩小時車程，我得知這消息已是三月下旬了。聽說《文匯報》曾發過消息，可偏偏沒有看到。更使我遺憾與悵惘的是去年年末我曾在上海，來去匆匆沒有時間看望他，原以為他身體硬朗，本待再次去滬時拜謁，誰知這一疏忽竟生死殊途了呢。這也使我由此悟到：耄耋老人的時光真是一刻千金，不應稍有耽誤，不然就徒呼遺憾。

人事本有代謝，自然規律難以抗拒。蔚老是享遐齡（九十一歲）仙逝的，該為他得到永久休息而慶，不過驟失師友，畢竟使人傷悼。傷悼中我沉浸於往事的回憶。

最早對蔚老的聞名與識面，那是抗戰勝利後的翌年。我初登報壇不久，奉報社命到京城（南京）採訪。人地兩疏，自然要拜謁京中各大報的前輩。經《和平日報》曹兄之介，曾與蔚老有一面之雅。當年蔚老風華正茂，著一身美軍戎裝，一口皖籍口音，僅稍事寒暄。當時他似是駐外地記者到京述職，自然極忙無法和我多談。《和平日報》是軍方報（原為《掃蕩報》），而我也不免有戒心不願多談。其實是自己的幼稚，當年蔚老卻是「白皮紅心」，借軍方報之便，為進步的民間報《文匯報》提供有價值的甚至是獨家的軍事要聞。

這匆匆邂逅自然很快淡出記憶。一九四九年後，人際關係愈簡愈好，何況求生不遑，不管舊友新交都少往來。只是在《文匯報》上常見蔚老的名字，知道他在該報北京辦事處任記者。迨至一九五七「大限」一到，該報「北京辦」成為重災區，定為「右派」七人，其中有重判兩人，徒刑十五年與十年。謝蔚老就屬十年徒刑者，發配在北大荒，染上肺病終於不死，生還待到改正。有人戲稱他是生還的吳季子（吳兆騫，顧貞觀名詞《金縷曲・季子平安否？》即寫兆騫）。這些都是我事後聽聞的。

我真正面聆蔚老謦欬那是上世紀的九〇年代。

一九九三年，拙著《曹聚仁傳》在南京大學出版社出版後，得到社會好評。為此出版社計畫出一套文化名人叢書，我提了徐鑄成、趙超構、浦熙修三位名報人，叢書顧問擬請柯靈先生擔綱。出版社把組稿和聘請顧問的任務交給我。上海之行，首途柯府。見到柯老説明來意。蒙柯老俞允。説起徐鑄成、趙超構、浦熙修三傳作者人選。柯老推薦了謝蔚明先生並説：「謝先生古道熱腸，一定能為您解難。」

國定路謝府看到謝老，距初識已半個世紀。真是滄桑巨變，當年英俊挺拔的謝老，如今已入衰邁之年，但仍精神煥發，思路清晰，竟能想起那次短暫相見。話入正題。他極其爽快地一口應承我的請托。除他自己撰寫《徐鑄成傳》外，《趙超構傳》請張林嵐，浦傳由浦熙修女兒袁冬林執筆。那天蔚老又殷勤留飯。原來蔚老非常健談，飯後在那小會客室裡，談起他當年（一九三七年）南京城陷後一段九死一生的驚險經歷。他本在桂永清的教導縱隊當兵，桂部防守南京太平門一帶。城破後，他和一戰友縋城而下，本想從下關過江，日寇封鎖江面，被殺軍民血染長江，他靠一塊木板，漂到八卦洲，日艦槍炮不時射擊，他躲在江邊的船底下，江水浸泡三晝夜，終於借大霧泅渡到北岸幸得生還。那天他還給我看了他的好友畫家黃永玉給他的一封幽默又情趣盎然的信。臨別時他還親送我到公交車站，堅持著要看到我上車後才回。

此後多年中，我和謝老時有書信往返，他的大著《雜七雜八集》等出版，必以遒勁的書法寫上「存正」而贈我。他讀過我的文章，有不盡善處，也常寫信和我商榷。我曾著文寫蔣氏父子與曹聚仁會見，他說「上海有些朋友認為絕不可能」，「如將來輯集成書，以略去為好」（二〇〇〇年七月二十日函）。雖然我認為這意見仍可商榷，但他的善意可感。

我每次去滬都去看他。在那四壁皆書又兼臥室的房裡，一談數小時，他神色不倦。在一次交談中，方知他和上海「孤島」時期崛起的與張愛玲齊名的女作家蘇青有親屬關係。他和蘇青的三女李崇美有婚史。在國內是他第一個著文介紹蘇青的淒涼晚景與身後蕭條，此後國內文壇才重新提起她。謝老和李崇美年齡相距甚大，當崇美要去美國投奔親叔時，已懷有謝老的身孕，提出要把孩子打掉，為崇美前途計，謝老不僅同意，還代她撫養與前夫所生孩子達數年。他這種為人著想，為人解難的精神使人崇敬。當我撰《蘇青傳》時他又給我幫助，並把李崇美的照片給我，可惜出書時未用上。

後來終因他年邁《徐鑄成傳》未能完成，另兩本也因故流產，他　再表示歉意。其實致歉的該是我，因那家出版社已改變主意，經我再三解釋他才釋然。他對事的認真於此可見。

還有，這些年我和蔚老的過從，每當談起「五七」的受難，他都說事已過去再提也無益，只是在有生之年能為國家多作貢獻，心願足矣。

這不正是蔚老自己所說「是真正的中國牌知識份子」嗎？

曹聚仁艱難走出歷史帷幕

一

一九九五年，我二度來到曹聚仁的故鄉蔣畈，參加曹聚仁誕生九十五周年紀念活動。從高聳的土阜「掛鐘尖」下來，站在廊橋（通州橋）上，俯視橋下，奔騰不息的梅溪水呼嘯而下，在不遠處瀦為一個深潭，即竹葉潭。目之所及，潭水清洌，游魚歷歷可數……

這裡曾經被曹聚仁稱為「人間勝景」，是他多年「魂牽夢縈」、苦苦思戀的地方。猶記一九五六年秋末，曹聚仁從香港歸來，首途北京後南行，夜半過金華車站感賦一詩：

夢回夜半是金華，默對北山苦憶家；
竹葉潭深留舊夢，掛鐘尖外送飛霞。
橋頭一覺黃粱熟，叱石非羊世事麻；
只有梅溪流不盡，古樟叢柳亂歸鴉。

曹聚仁思鄉情濃，詩情悲愴，正當我默誦此詩時，耳畔有人輕輕問：「您在寫《曹聚仁傳》嗎？我想知道怎樣評價他。簡單說，他是好人，還是壞人？」他以等待解答的神情看著我。

知人論世、月旦臧否談何容易，何況曹聚仁這樣集作家、記者、學者、教授於一身如此複雜的人，我本想以非三言兩語可以道盡而推辭，看他垂問之殷，想了一下回答道：「曹先生當年很看重西方歷史家房龍那本《人類的故事》，他說這本書的最大成就，就是把歷史上的人物，當做有血有肉的活人看待，每一個活人，有他的光明面，也有他的黑暗面，不僅如此，每個活人身上總是聖人和魔鬼合住在一起的。他說自己是一個不好不壞，可好可壞，有時好有時壞的人。」[註1]「可以用曹先生自己的話來認識他。」我又說。

「啊……」他似乎並不滿足。

二

這一位問者說我在寫《曹聚仁傳》，其實他不知道曹傳在一九九二年本已問世，五千本印成，卻因意外原因人為夭折了。然而一年後稍加改動敏感話題，由北國移到江南以更美的裝幀問世了。這是一九九三年，出生地從長春移到南京。一九九五年還得了金陵文學獎。此中況味，至今思來仍難言宣。

還是說說這番奇特的遭遇吧。

先從寫曹傳的起因說起。

我最早知道曹聚仁，是上世紀三〇年代（一九三八年），那是燃起抗戰烽火的第二年。那時我還是個初中學生。一位世伯送我一套上海開明書店出版的期刊《中學生》。其中有曹聚仁談中學語文教學法的連載《粉筆屑》。那富贍宏麗的知識，汪洋咨肆、引人入勝的文筆，使我驚歎。

三年後，在皖南屯溪的一家書鋪裡，我買到一本《大江南線》，這是曹先生的戰事報告集，當時抗戰正處於低潮，國內各階層彌漫著失敗主義的空氣，曹先生飽蘸感情的筆歌頌前方軍民浴血抗戰，鼓舞人們抗戰勝利的信心。更增加我對他的敬仰。

後來我有面謁曹先生的機會卻又失之交臂。一九四七年我已進了新聞界，承友人之邀，去蘇州《新蘇州報》客串。得知曹先生在蘇州國立社教學院執教，轉託友人打聽曹先生來蘇州的日期，並向先生表達面謁之願。本已定了日期，那知事有意外，那天我必需去無錫，竟未如願。

後續幾年，國事蜩螗，大局動盪，求生不遑，曹先生自然在我記憶中淡化了。

直到上世紀五〇年代初，其時大陸已是新體制。偶然聽到曹先生的消息，說是從上海去了香港。這是巨大的反差。新中國建立，許多進步文人從海外回歸，而曹卻去香港定居。當時香港又等同異國。真感不可思議。

以後又聽說自稱「從光明中來」的曹聚仁在香港遭到左右兩方面的夾擊。

左的方面，聶紺弩、胡希明、馮英子以《週末報》為陣地，連番向曹進攻。聶紺弩設《今日隨筆》專欄逐日批曹。稱曹為「幫閒」，有詩云：「自比烏鴉曹氏子，騙人階級傳斯年。」胡希明設「三流周話」批曹，說曹「舞文弄墨，殺人不必用刀。」馮英子有《贈烏鴉》七律一首（改魯迅《無題》）：「慣投顯貴過春時，頌主心勞鬢有絲。夢裡模糊奴相淚，文壇高插　龍旗。笑看志士成新鬼，跪向刀叢獻頌詩。吟罷請封多賞賜，骨頭有血染綢衣。」「左」的聯株箭向這「南來的烏鴉」（曹自稱報憂不報喜的烏鴉文人）集中射來，他成了箭靶子。

右的方面也並不放過他，指責他「對於中共大力而深心地似幫閒而幫忙，實際上幫兇，做中共文特文工所不能做的工作。」有馬

曹聚仁。

兒（李焰生）其人在《自然日報》連發三篇文章（《給曹聚仁》、《再給曹聚仁》、《三給並覆曹聚仁》）攻擊他。

「我本有心向明月，誰知明月照溝渠」。他雖歌頌大陸，大陸也並不容他。

在香港出版的著作海關扣押一律不給進口。

我陷於困惑，曹聚仁究是怎樣的人？

三

一九八八年，我從崗位上退休，一家省級的專業報，聘我去編文史專刊，同時又應南京市政協文史資料委員會特約編輯之聘。

就在政協我邂逅一位年過八旬的長者，他是文史委的委員曹藝。交往頻繁，我才知道他是曹聚仁的胞弟（曹聚仁行二，曹藝行四），二哥與四弟不僅手足情深，而且兩人間無秘不共。曹藝本身也經歷奇特。他是黃埔六期生，任過少將輜汽六團團長，上過印緬戰場，與史迪威有交往。他是中共秘密黨員，奉朱德之命，留在國民黨軍隊中。

我和曹藝先生交往日久後，蒙他青睞成為忘年交。

其間，我以曹聚仁為什麼去香港為題，請他解答。

曹藝先生說：「他的香港之行，是我親自陪同的。我自已是奉命為著策動兩位原聯勤總部的將軍起義回國，以及找門路幫助一位策反同志進入台灣而有香港之行的。不過我的企圖不能告訴哥哥，自然也不能盤問哥哥南行的動機。」

曹老接著說：「這是一九五〇年，江南解放已整整一年。我因參加解放大西南並認為積有勞績而受到給假東歸的待遇。到上海後就去看哥哥。」當時曹聚仁的情況是：解放前夕，就不在任何機關、學校任職。原《前線日報》社長馬樹禮曾給他一張船票，要他去台灣，他毅然拒絕留在上海。曹老說：「他已成一隻孤雁，一塊擱置在新建築的牆邊的孤零零的磚頭：他失業了，既無積蓄又無經濟來源……我到上海時，看見他正組織一家人在緊張地貼資料、編新詞典，當時私營圖書出版業搖搖欲墜，他多年來相扶相助的群眾圖書出版公司，已經交給文化當局，經理方東亮把剩餘的書，在南京路上擺地攤。為衣食謀，他應人之邀，南行去找立足點。」曹老認為「曹聚仁的香港之行既不存在對共產黨的不滿，也未受什麼迫害，他的行動，卑之無甚高論就是為稻粱謀。」

曹聚仁去香港後，應《星島日報》之聘任主筆。任職的第四天，即搞了《南來篇》的專欄，首篇文章的第一句就是那一度受人非議的「我從光明中來！」經曹老這樣一說，曹聚仁的定居香港我才恍然大悟。

自此後，曹聚仁就是我和曹老的經常話題。

四

前些日子，整理我那雜亂無章的所謂書房。在一堆舊籍中，找出一封曹藝先生給我的信。錄之如下：

李老師：

週二，我到政協，盧秉剛同志說您剛走，遲了一步，歉然！

找出了三段關於曹聚仁的舊文章，亟奉檢核。另外，致馬蹄疾先生一信，中有幾點關於家兄的掌故，其中似有幾節，可以改頭換面，改寫成章，公之讀者。如果這個題目可以應用，今後當可邊整理他的書和文稿，繼續寫一些。

承示寫寫曹聚仁在南京，勉強寫了一段，題目既沒有搞好，文章也怕長了不好，遣辭造句，每不達意，敬奉一笑，此等醜媳婦實難見婆婆也。

那份資料，我開始謄寫，陰雨綿綿，懶於走動，即在三條巷試抄之，時遭打擾，進度甚慢。

恐週四閣下不來政協，函託小陸轉奉。

敬頌

撰祺！

曹藝　頓首

一九八九，元，十九

這封信看似平常，說及一些寫稿的事，然其中「那份資料，我開始謄寫」一句卻是關係重大，涉及一件秘聞，至今仍為人們津津樂道，並為許多寫家陳陳相因地傳播著。

且說我過從曹老已有相當時日，曹聚仁生平的種種切切，雖不能說我已盡知，然曹老說「差不多了」。可我意猶未足，仍不時請他再「搜索枯腸」。

一天（一九八九年元月），我又到曹府造訪，曹老在南京細柳巷，他的小藏書室（自稱「窄而霉齋」，那房子離他住所較遠，陰暗又潮濕）接待我。室內靠牆一側都是木箱存放著書。近門有一木床，供午休用。談已近午，曹老說：「給你看一份材料，也許你有興趣。」

這是曹聚仁的手跡，一封信，用藍色複寫紙寫的複份，開端無收件人稱呼，末尾也無落款署名，那開頭是：「聚仁此次以五月五日北行，遵命看了一些地方，本月十四日方回香港，先後兩個半月。這一段時期，有著這麼重大的政治變化，也不知尊處的意向有什麼變動？我的報告是否還有必要？因此，我只寫了一封簡短的信，向鈞座報告，我已經回來就是了。」讀至此，我不免驚奇。曹聚仁人在香港說「北行」，又是「遵命看了一些地方」，又是探問「有著這麼重大的政治變化？」又稱收信人為「鈞座」……從香港北行當是內地，原來曹聚仁回過大陸？幾句問語顯然涉及重大事件？我迫不及待地問曹老。曹老笑道：「他從一九五六年首次到北京，以後頻返內地，你再看下去就知道他回來是幹什麼的了。」讀完信我恍然大悟，原來曹聚仁參與了統一祖國的秘密談判，他是國共和談的搭橋、牽線、傳話的信使！

曹老點頭。他強調「這是機密，你只能知道而不能外洩。」

看我尋根究底之誠，曹老又拿出一份材料，那是與上述信函有關的曹聚仁給台北的報告。他受台方之託去「遊歷東南各地」，廬山、杭州、紹興、寧波、奉化、溪口等處都是老先生當年遊息之地，如廬山，稱曰「夏都」，炎夏時的政治要地：溪口更是大、小蔣的生身血脈地。曹聚仁不僅用文字介紹現時現地境況（美廬依舊，溪口無恙），更隨函附上全份照片。

我大喜望外。因文長當下要求曹老給我帶回細讀，這為曹老所拒，然他允諾由他親抄另份給我參閱。這就是曹老信中所說的「開始謄寫」與「進度甚慢」的「那份資料」。

隔了相當時日，又去曹府。「那份資料」經曹老親抄與他一位公子（已去美國）之助終於抄好了，曹老再叮囑一番後交給了我。

又是意外！

曹老又面露笑容說：「我要再給你一個驚喜！」我謝過後，他從一個藍色硬面的公文夾裡，拿出十六開大小的一頁紙，係從一本刊物上撕下，紙已發黃，說明時日頗久，外用一張透明紙封著。原是香港雜誌《七十年代》發表的一篇文章，題曰：《記一次中國統一的秘密談判》，署名：王方，時間：一九七八年四月二十一日。（此件現為我保存）

在當時這是石破天驚、聞所未聞的秘聞！

王方此文開頭就說：「這是一次實現中國統一的差不多已成功了的談判：不過北京與台北都從未對此發表過一個字。我因為在人事安排方面，曾幫了負責談判的三位主角之一的一些小忙，承他（指曹聚仁——筆者注）告訴我談判經過與雙方同意的條件。現在三位主角中兩人已歸道山，只蔣經國尚存。可是蔣經國在今天的地位與立場，決不會承認此事的。天下政治家的否認，本來與戀愛中女孩子的撒嬌一樣，口中說『不』，心中卻在說『是』！」

開頭已引人入勝，核心部分更使人拍案驚奇。文云：「十四年前，大陸上文化大革命發生前，蔣介石外受美國各種約束，內受台灣籍同胞反對其統治的壓力，使這位剛愎的老人頗有意與中共談判統一。蔣經國奉命，與以前他在贛南任行政督察專員時，曾以師友相視的當時居留香港、而與北京當軸有一定關係的歷史學者與老作家曹聚仁先生接洽。經過了一段時間的醞釀與籌備，蔣經國在極秘密情況下，派了一條小船，專程來港迎接曹聚仁先生去台灣。曹先生登岸的是一個冷落的小港口，登岸以後，立刻坐直升機前往台中日月潭的蔣氏官邸。」

更為重要的是，王方回憶曹聚仁和他談到的雙方同意的統一條件，共為六項：

一、蔣介石偕同舊部回到大陸，可以定居在浙江以外的任何一省區，仍任國民黨總裁。北京建議撥出江西廬山地區為蔣介石居住與辦公的湯沐邑。

二、蔣經國任台灣省長。台灣除交出外交與軍事外，北京只堅持農業方面必須耕者有其田，其他內政完全由台灣省政府全權處理。以二十年為期，期滿再行洽商。

三、台灣不得接受任何軍事與經濟援助；財政上有困難，由北京照美國支援數額照撥補助。

四、台灣海、空軍併入北京控制。陸軍縮編為四個師，其中一個師駐在廈門、金門地區，三個師駐在台灣。

五、廈門與金門合併為一個自由節，作為北京與台北間的緩衝與聯絡地區。該市市長由駐軍師長兼任。此一師長由台北徵求北京同意後任命，其資格應為陸軍中將，政治上為北京所接受。

六、台灣現任文武百官、官階、待遇照舊不變。人民生活保證只可提高，不准降低。

王方的回憶裡還談到：「曹聚仁因第五條規定的那位師長兼市長人選，必須北京與台北雙方都能接受」，曾請他推薦適當人選，他同意了，並和曹面談幾次，進入實質階段。

這樣言之鑿鑿，怎能使人不信。當時我的驚喜，至今猶覺就在眼前。原來如此事成功，祖國大一統早在上世紀六〇年代就完成，無奈終因橫生枝節，而致功虧一簣。

得曹老同意，我當即把這六條抄下，不過曹老叮囑：「萬萬不能發表！」

五

上世紀八〇年代，電腦尚未普及，網際網路更未問世，資訊相當閉塞，何況有關國共間的秘密談判，更為秘之又秘之聞。我既獲知曹聚仁參與國共秘密談判又有有關祖國和平統一的六項條款這樣重要的史料，很想把這些獨得之秘公之於眾。我考慮，按檔案三十年解密的國際慣例，事起始於一九五六年，此時已是一九八九年，已到解密之時。

想到就做，幾乎沒有任何考慮。我前後用了約三個月的時間，主要根據曹藝先生提供的史料又結合有關史料，寫成《穿梭於海峽兩岸的秘密使者》一文，約二萬字，完稿於一九八九年八月。

稿雖已完成，發表卻是難題。一般報刊無疑不願踹入雷區。輾轉得知韓少功先生在海南主持一本紀實月刊《金島》。我抱著「試試看」的心理寄去了。不到兩周就接到編輯部的長途電話：「大作決定發表。」我問：「是否要刪節？」回答竟是：「一字不刪！」既肯定又爽快。

《金島》一九八九年十一期，《穿梭於海峽兩岸的秘蜜使者》全文發表（編排於第二篇）。刊物封二以首篇地位，刊出如下導讀：

> 這是一樁海峽兩岸鮮為人知的歷史陳跡——這是一部炎黃子孫深為歎息的缺憾樂章——這是一次功敗垂成統一祖國的秘密談判——這是一曲中華兒女共同企盼的團圓壯歌——

> 此文中的大部分材料為首次披露，輯錄下來，留於世間，以備觀瞻回味。如果失卻這些應該收藏的社會財富，那麼，再過多少年，我們或許會步入一個窘迫卻又無奈的境地，那就是：你們再也無處可尋找到這些也許有用的東西……

這篇「導讀」是極好的文字，四個「這是」的排比句，充分肯定這篇文章，果然文章一發表，引來極大反響。報刊轉載，街頭巷尾議論紛紛。

刊物到了曹藝先生手中，他的臉色變了，板著臉問我：「你怎麼發表了？」他擔心引出事來。我說：「您老，請放心。有事完全由我承擔。」

結果竟平安無事，無人查問。

初試成功，接著我寫《穿梭於海峽兩岸的秘密使者》（即《曹聚仁傳》），交吉林文史出版社出版。我一反傳記的通常寫法（從家世與故鄉開始）。除由曹藝先生寫《我與哥哥曹聚仁》作代序，「序章」為「謎樣的人生，謎樣的人物」外，開宗明義即昭示曹聚仁參與國共秘談，第一章即「穿梭海峽兩岸之秘」，下列細目十項，一、誰是「第三者」？二、他突然去香港；三、在左右夾擊中；四、新階段的開始；五、順利與不順利之間；六、風波乍起，枝節橫生；七、台北秘密會談；八、為山九仞，功虧一簣；九、「燈檯守」；十、最後的日子。該書於一九九二年三月問世，三十二開，印五千冊。

一石激起千重浪。書剛問世，好消息接踵而至。

上海人民出版社舉辦的暢銷雜誌《中外書摘》一九九二年第二期，以長達九頁的篇幅全文轉載本書第一章，題曰：《穿梭於海峽兩岸的秘密使者》。

更有甚者，為擴大影響，《中外書摘》責任編輯徐慶蓉，又將該章壓縮成千餘字，發表於有三百萬份銷數的《報刊文摘》一版。著重「披露了曹聚仁在五、六〇年代，曾穿梭於海峽兩岸，謀求祖國統一之路」，並全文刊出國共雙方同意的六項條件。

這一下曹聚仁的名字不脛而走，「六項條件」進入人們話題。

一天，一個來自長春的長途電話接到我家裡：「我們是長春電影製片廠，對大作《穿梭於海峽兩岸的秘密使者》很有興趣，準備改編拍攝電影，徵求您的同意。」自然我作了積極的回應。

有道是「泰極否來」，正當「穿梭」此書熱鬧達巔峰之際，又是意外，寒冰潑下來了。

《報刊文摘》的千字文，驚動了北京中央「台辦」的一位高層。他認為此事（指國共密談）屬機密不能外洩。一通電話到吉林文史出版社，此書不能出版，已印成的全收回，交造紙廠化成紙漿。已賣出的必須收回，不留一本。出版社為給我安慰，弄到兩本，撕掉版權頁，在封二寫了如下幾個字：「此書僅給作者留念」然後寄給我。一本我送給給我極大支持、為我寫代序的曹藝先生，一本我保存至今。

這裡還該寫一筆的是，死於繈褓中的本書，當時外界並不知聞。《光明日報》因不知內情，還來湊個熱鬧。一九九二年六月十九日，闢專欄開始轉載。題曰：《穿梭於海峽兩岸的秘密使者》，副題：《曹聚仁傳》選載。李偉著。不幸觸礁。四天後（六月二十二日）中途腰斬，未有任何說明。二十六日起換了別的內容。尤為駭怪的是，按版權法，轉載應發稿酬，即使是僅僅四天，雖經我數次去函，一概置之不理，十七年過去了，《光明日報》還欠著這筆帳！我輩「草根」，又兼老殘，自然無可奈何！

「十月懷胎，一朝分娩，即告夭折。」我心不甘，仍想救活。年近七旬的我，獨闖北京。北京某報的地下室安頓好後，我到了國務院信訪辦。無奈侯門深似海，要我把信交下，回去聽消息。我說，這樣的話我何必千里迢迢從南京趕到北京。自然白費唇舌，吾輩小民莫可奈何。

又經一番曲折，到台辦八處仍吃閉門羹後，朋友轉託國新社的一位先生，打聽到台辦最高層三人小組中的一位的府上地址。那是西直門附近。這高層屬於軍方。門上有衛兵把守。我直闖門禁，也許衛兵憐我年邁，又屬斯文，且遠道而來，雖無介紹信，仍為我通報。更有幸的這位領導親民，准予接見。更令人感動的是，我剛走出三樓的電梯，領導已在等著。

這是一個極大又寬敞的會客室。就只我們兩人，並無他人在座。一般寒暄既畢，我直扣本題。我說到了寫書的不易，出版尤難，曹聚仁參與國共密談，這是事實，我負文責。我對一個電話，即決定一本書的命運也表示困惑。領導長者風範，並無居高臨下之態。聽我講完，他說，曹聚仁回來，我也曾接待。事情經過全都知聞。你所寫的也是事實。不過，老同志更應顧全大局。台灣尚未回歸，此事目前還不宜公開。他還舉例，有人寫了個張學良的電視劇，已拍攝成功。傳到台北，張本人看了很不高興。這連續劇也就不能放映。話說到這份上，意思已極明朗，書的復生已無可能，我告退。領導親送我到電梯口。

乘興而來，敗興而歸。北京之行，我從此斷念，接受這無可奈何的事實。

六

有心栽花花不發，無心插柳柳成蔭，僅只一年的時間，換了個地方，從北方到南方，我那夭折的嬰兒——《曹聚仁傳》竟再生了。而且以更英俊的面貌問世。

時間真顯示出極大的魔力，真所謂「此一時也，彼一時也」。一九九三年，我偶然得知有南京大學出版社，主事者總編任天石教授，既開放又開明。我帶著兩本書稿走訪任教授。一本是人物合集《海內奇人》，另一本就是《曹聚仁傳》。僅僅一周就有答覆。兩本書稿都可以出版。

接受了上次的教訓，改了書名，我不再用「穿梭於海峽兩岸的秘密使者」這樣刺激的字眼，用了《曹聚仁傳》這平常的書名，以模糊手法處理曹聚仁參與國共密談。第十五章「漂泊港澳二十二年」記其事，雖寫了曹的頻頻北行、周恩來頤和園夜宴、毛澤東接見、對台北通報廬山與溪口情況等等，唯獨缺漏了一九六五年雙方已達成初步共識的六項條件，為了書的復生，不再去踹雷區，有背初衷，實為無奈。好在對曹的定位不變，一生行事基本寫就。

「塞翁失馬，焉知非福」。《曹聚仁傳》一九九三年六月出版，四一五頁，二十七萬字，大三十二開（吉林版小三十二開，僅三一五頁），四頁照相插頁，以平裝和精裝兩種裝幀出版。真是今非昔比。

「十年辛苦不尋常」書一問世，即蒙書評家、教授徐雁先生著文在香港《大公報》推介本書。引起海外的反響。曹的生前好友馬來西亞的劉子政先生立即給我來信並函購本書。

台灣授學出版社買去版權。後來是否出版不知其詳。

一九九五年《曹聚仁傳》獲南京市金陵文學獎銀獎第一名（原缺金獎）。

同年十二月八日，曹雷女士來信：「《曹傳》一書花了您很多心血。書中涉及海峽兩岸之事，此中情況我既不瞭解，更無權表示態度。國家大事還是由國家去處理，我不便打聽，也不便談論，以免做出有損於國家利益的事。」曹女士的諱言，實因心有餘悸。

猶記曹聚仁專著曾被海關查扣，而此時陸續在全國各地公開出版。三聯書店先後出版有《書林新話》、《中國學術思想史隨筆》、《曹聚仁雜文集》、《文壇三憶》、《文思》、《北行小語》、《萬里行二記》等。人民文學出版社出版《我與我的世界》。福建人民出版社出《萬里行記》。上海書店出版社出《書林又話》。上海東方出版中心出《文壇五十年》。中國廣電出版社出《曹聚仁文選》（上下兩集）北京出版社出《曹聚仁書話》。這裡所述不免掛一漏萬。然如此林林總總出版，自然擴大了曹聚仁的影響。這時研究曹聚仁在政治上已不會犯天條。

曹聚仁專庫在上海魯迅紀念館成立。上海市政協出版《曹聚仁先生紀念集》。曹聚仁更為人們所關注。

就這樣，曹聚仁終於走出冰山一角，漸漸為人們所熱議。

七

時間真正具有魔力，有些沉澱下去，有些浮泛上來。我曾這樣說。

本已經人熱議成為眾人矚目的曹聚仁，到二〇〇〇年新世紀更有許多謎底陸續解開。

當年我初嚐禁果，發表《穿梭於海峽兩岸的秘密使者》引來意外遭遇，而到新世紀，已出現在官方文獻中。

中央文獻出版社於一九九六年、一九九七年出版的童小鵬的《風雨四十年》、《周恩來年譜》都有這方面的記載。童著：「八月的一天，毛澤東接見了香港來大陸瞭解情況的記者曹聚仁，並談了話。關於炮擊金門行動讓曹轉告台灣，曹在《南洋商報》上透露此事。」（275頁）。《周恩來年譜》在一九五六年、一九五八年、一九五九年記事中，在十一天的條目裡都出現曹聚仁的名字。

如前所述，曹聚仁女公子曹雷本對「海峽兩岸之事」「不便打聽」「不便談論」「以免做出有損於國家利益之事」。在一九九八年三月八日至十日連續三天在台北《聯合報》發表長文〈父親原來是密使〉。《聯合報》的編者按這樣說：「曹雷此文主要是依據曹聚仁夫婦生前留下的信件、筆記、以及大陸新出版的史料如《周恩來年譜》，對照當年見諸中外媒體的傳言，重新描繪出一九五六至一九七二年曹聚仁奔波兩岸港澳間傳話的圖像。過去兩岸所以會有密使出現，互探虛實的意義或許更大於和談；而密使傳聞所以會不脛而走，又和美國在其間扮演的角色似有若干關聯。」至此，曹聚仁充當密使浮出了水面，曹雷從諱言進而「把我所知道的一些情況寫出來」（見該文結尾），這顯然和有關方面對曹的開禁有關。這也印證了我在一九八九、一九九三年所引王方所說的六項和談條件有據。

曹雷的〈父親原來是密使〉長文發表，台北與大陸都有不同迴響。

曹聚仁的好友、原《前線日報》社社長、總統府資政馬樹禮給北京柳哲的信（一九九八年八月十七日）說：「有一件事，我願在此澄清一下：聚仁兄女公子有一篇很長的文章，曾在此間《聯合報》連載三天，內容講述曹聚仁曾以密使身份，為兩岸和談問題出過很多力，還到台灣與蔣經國先生密談，我可以肯定說，絕對沒有這回事。第一，據我瞭解，外間所傳兩岸透過什麼人談和的事都不是事實。第二，經國先生到台灣後，對大陸上他的所有朋友、部屬的來信，他一概拒收，從來不看，來台後經國先生的機要秘書蕭昌樂先生告訴過我，聚仁兄確有幾封信給經國先生，但是經國先生並沒有看到，因他已奉命把所有來信都毀了。」馬否認有密使一事。

還有一位曾在贛南工作、也為報人、與曹聚仁熟識、又隨蔣經國多年，並著有《蔣經國評傳》的漆高儒，也同樣否認此事。他說曹雷之文「是舊紙堆中找出來的文字，當就難以存真存實。」「源於蔣經國根據過去國共和談的經驗，訂了對中共的三原則：『不接觸、不談判、不妥協』。這是『八二三』炮戰前所定的。」針對曹雷文章所說，曹聚仁和蔣經國會面時談到各人的孩子，談話在日月潭，漆高儒說曹絕對沒有到過台灣。「這應是他病中夢囈的話，一個精神受刺激的老人，常常會把生活中未實現的事，幻想成為實景，日有所思，病有所說。」

當然台北也同樣有認同此事、認為曹確是密使的。如張佛千（文史學者、世界新聞大學教授，曾參加軍旅）、陸鏗（曾任《中央日報》採訪部主任）張認為密使可能有其事，台北方面十分注重保密，只有口傳不留文字。陸鏗完全肯定曹是密使。他以台北派宋希濂胞兄宋宜山到北京試探和談可能性為例，「由此觀之，當時台北對大陸未採取完全隔離政策；在這種情況下，曹聚仁被北京方面派來從事兩岸仲介或溝通的角色的機會非常大。」

大陸官方高層肯定曹聚仁為密使，如中共對台工作領導小組辦公室主任羅青長在其回憶中提及。對密使持有不同聲音的是曹藝先生，立論的依據是，一九五六年曹聚仁首次回京時，曾對曹藝說：「我既不受台灣派遣，也不是北京的密使，只受中華民族的指揮，聽從人民牽著鼻子走。」

近年又不斷有新的史料解除塵封走到台前。

美國中情局（ClA）的二〇〇六年解密文件證實這段史實。蔣介石命令長子蔣經國於五〇年代中期兩次找到曹聚仁。其中，一次是蔣經國秘密派一艘小型軍艦到香港把曹聚仁接到台灣，與其密談如何由曹聚仁出面建立國民黨與共產黨的溝通渠道；另一次是蔣經國親自到香港找曹聚仁，與他再次商談如何與共產黨溝通的問題。曹聚仁答應接受蔣介石的委託後，蔣介石就把曹聚仁請去了台北。這言之有據顯係不是空穴來風。

據CIA的情報稱，一九五七年二月，國民黨的叛將張治中寫信給台灣的軍事統帥陳誠，表示希望國共和解之意，但沒有提出具體的建議。過了一個月，曹聚仁寫信給蔣經國，提出六點和談建議。同年九月間，曹聚仁又分別寫信給蔣經國、黃少谷（中央宣傳部長）和俞大維（時任國防部長），重提國共和談建議。蔣經國故作姿態，把曹的信拿給美國官員看，強調不會與中共談判，表示寧為玉碎，不為瓦全。

一九六五年夏，李宗仁回大陸受到熱烈歡迎，蔣氏父子也開展了行動。這就是曹與兩蔣在台中「日月潭」涵碧樓與曹聚仁的會談並有初步成果。

台中日月潭涵碧樓紀念館有《風雲你會涵碧樓——兩岸關係濫觴地》說明詞：「民國五十四年（一九六五年）七月二十日，蔣介石、蔣經國父子在涵碧樓，聽取曹密訪北京報告，形成一個與中共關係和平統一中國的談判條款草案，當時稱為『六項條件』……」白紙黑字與王方所稱六條一字無誤。可惜翌年「文革」驟起，蔣氏有所疑慮而中止再談。試設想當時果真事成，蔣介石回大陸住廬山，落入紅衛兵之手，又是何種結局。歷史常不以人的意志為轉移。使人長長歎息。

二〇〇四年，我的首版《曹聚仁傳》問世十一年後，應河南人民出版社之請，修訂增補（把所有新發現的史料，主要為兩岸密談，以及當年犯禁的六條），再次出版。篇幅由二十六萬字增為三十萬字，又經蔡瑛編輯的努力增加不少照片，真是圖文並茂。

二〇〇五年新版《曹聚仁傳》，獲江蘇作協「紫金山文學獎」，再獲榮譽。

歷史永遠是公正的，深藏在歷史帷幕中的曹聚仁終於走了出來。這真使人喜憂參半。今天「密使」可以連篇累牘暢言無忌，「穿梭海峽兩岸」也成文章的主詞，當年卻是禁區。這是可喜方面。憂的是陳陳相因，陳飯炒來炒去，沒有超出筆者當年所寫範圍。我們需要的是新史料，不以轉抄為榮。少一些陳詞多一點新意，這是我的企盼。

>>> **注釋**

註1：參見《曹聚仁書話》與《採訪二記》。

曹聚仁與金門炮戰

一

這是五十年前震驚世界的往事。

一九五八年八月二十三日正午十二時。兩軍對峙的福建廈門前線，在沉寂中，中共軍隊忽然萬炮齊發，炮轟金門。廈門對岸的大金門島、小金門島所有港口、海面，全在解放軍的遠端大炮射程內。一時間硝煙彌漫，炮聲隆隆。

小小的金門島，短短一小時內，就落下三萬顆炮彈。火力的猛烈和炮彈的密集程度使人咋舌。從空中看，整個金門島都籠罩在炮火硝煙中。金門島上的國民黨官兵嚇得暈頭轉向，豕突狼奔。金門總指揮官胡璉和美國總顧問，剛從地下指揮所走出，炮聲一響立刻縮了回去。如果炮轟推遲五分鐘開始，那胡璉與美國總顧問定必葬身炮火。不過在陣地上活動的兩個美國顧問仍死於炮火。另外，駐守金門的三位副司令趙家驤、章傑（另說為劉明奎）、吉星文一同喪生。吉星文是守衛盧溝橋的抗戰英雄，沒有死於抗日戰爭卻死於這次炮戰。還有「國防部長」俞大維頭部和手臂炸傷。國民黨金門守軍也傷亡重大。這次炮戰金門方面還被擊沉擊傷大型運輸艦各一艘，使台灣—金門的海運一度中斷。

炮戰開始於中午十二時，奇怪的是一家早晨出版的報紙，在炮戰未開始前就發表了一個消息。標題是：「台峽戰火重開，配合杜勒斯訪台，華沙談判可能無限期休會」

內容就是說金門即將炮戰，可惜的是金門方面竟未獲知這消息，或有可能看到了以為未必是真未予重視。不然就是另外一種情況。

這張報紙在新加坡，歷史悠久，早在一九二九年就問世，它是《南洋商報》。

這樣重大的軍事行動，自然是最高機密，怎會在一家海外報紙上率先曝光？是誰向外透露了最高機密？

奇怪的事繼續發生。炮戰延續了六周。一九五八年十月六日，北京突然發表了國防部文告（即《告台、澎、金、馬軍民同胞書》），做出停火七天的決定。這文告是在十月六日發表的，而《南洋商報》的專電卻提早在十月三日就從香港轉到新加坡。十月五日《南洋商報》發表獨家消息：「避免兩敗俱傷，國共醞釀直接談判」、「明日起一周內停止炮擊轟炸與攔截補給金馬船隻」、「香港第三方面分析此舉將奠定未來直接談判基礎」。

是誰能從北京軍方最高層一而再地獲得最高機密，是誰洩漏軍情？多年來民間一直無從得到問題的解答。

上世紀八〇年代，一天，我去看望曹藝先生（曹聚仁胞弟），在南京細柳巷老先生的窄而霉齋（書房）裡，繼續展開曹聚仁的話題。為寫《曹聚仁傳》，我們已經談過多次。這次，他說：「我先問你一個問題：你知道有關金門炮戰的情況嗎？」我就自己所知，講了個大概。他說：「你講的並不錯。可你不知道炮戰還未開始，就有人洩漏這個機密，在新加坡《南洋商報》發表了消息。」這使我驚奇，催他快講。他說：「這洩密者就是我的胞兄曹聚仁，可他又是奉命洩密。」這更使我吃驚。我聳耳細聽，曹老源源本本講了此事始末。由此，我寫成〈是誰洩漏炮轟金門的消息？〉，在上海一家文史刊物發表。也許因為這是首發與獨家之文，報刊紛紛轉載。儘管筆者見聞有限，先後發現有八家報刊轉載。轉載途徑不一，甚至有由出口轉內銷（先由香港《廣角鏡》轉載，後大陸一家內部刊物再從《廣角鏡》轉回）。直至今天所有探討金門炮戰之文也都是陳陳因襲之文沒有新史料，說來遺憾。

二

話分兩頭。先從金門炮戰本身說起。多年來金門炮戰的真相雲遮霧障，有關史實直至今天才為世人知曉。

一九五八年七月十七日，正在基層考察工作的福建省委第一書記、福州軍區政委葉飛上將，突然接到通知，要他立即回福州，接北京來的保密電話。

次日（七月十八日），葉飛到福州屏山——福州軍區司令部作戰室。值班參謀夏辰祖大尉調好了保密電話機的頻率，傳來總參謀部八〇八號（作戰部代號）的呼叫：「你是葉飛政委嗎？（按：王尚榮中將當時是總參作戰部部長）向您傳達彭總（國防部長彭德懷）的命令，遵照毛主席的指示，決定於七月二十五日炮擊大、小金門島，由您到廈門負責指揮，韓先楚司令留在北京參加中央軍委會議，劉培善副政委馬上回去，你明天一定要到達廈門市，組織指揮三十個地面炮兵營，於二十四日夜間展開進入發射陣地，還要加強防空、防炮，空軍聯繫航空兵準備於二十七日轉場入閩參戰，海軍的魚雷艇大隊、鐵道岸炮兵團也立即南下，要準備大幹一場，好好準備吧！時間緊迫，粟總長（粟裕大將）叫我先給你打個電話，特急絕密電令馬上發出，下達作戰預先號令……」

當時福州軍區的新任司令員是韓先楚，這樣一個重大的軍事行動，按理應由軍區司令員指揮。葉飛疑惑不解，問：「到底是不是中央決定要我指揮的？」

「是中央決定的。」王尚榮回答。

「是不是毛主席的決定？」葉飛再問。

王尚榮明確回答：「是的！」

葉飛又說：「王部長，我聽明白了。請您向彭老總、粟總長報告，我堅決執行中央軍委的決定，保證完成炮擊金門的任務。」

作戰科長彭允太少校、作戰參謀夏辰祖大尉，迅速記錄了王尚榮中將的電話指示，把記錄稿交給葉飛政委。

「馬上通知軍區、省軍區、炮兵、後勤部等軍政首長來開會，我先到省委作個交代。」葉飛向彭允太說。

不到半小時，與會者全部到達作戰室就坐。彭允太和夏辰祖分別拉開敵我兵力部署圖。葉飛神色嚴竣地掃了大家一眼，用手指敲了一下桌面說：「要準備打仗了，要在七月二十五日炮擊金門島。第一，明天上午軍區司令部組織廈門前方指揮所，由張翼翔副司令兼參謀長，代理生病住院的黎有章參謀長，炮兵、工程兵、後勤部主要負責將官參加，到廈門紫雲岩開設軍區前指，於十九日二十四時前實施作戰指揮；第二，命令第23軍、第31軍、炮兵第3師、海軍廈門水警區海岸炮兵部隊準備參戰，各部首長到紫雲岩受領作戰任務；第三，由福建省軍區負責指揮黃岐半島的兩個榴炮營、一個加農炮營、一個海岸炮營，準備對馬祖敵軍進行炮擊，是輔助作戰方向；第四，組織現有高炮部隊掩護飛機場、地面炮兵、後方倉庫、交通樞紐，保障對空安全；第五，鐵道兵部隊兩個師作好搶修鐵路的準備，要保證鷹廈、南福鐵路的暢通無阻。」葉飛上將早年曾經擔任三野第10兵團的司令員，參加指揮過多次戰役行動，很有作戰經驗。他接著對炮兵司令員劉祿長少將說：「組織廈門炮兵群、蓮荷炮兵群，軍區炮司提出個計畫方案，參戰部隊不得少於三十個營，少一個連也不行！」

葉飛又對軍區政治部主任廖海光少將說：「以軍區黨委的名義發一個緊急戰備指示給師以上黨委，由秘書處長與宣傳部長連夜寫好列印發出。」他是政治委員，始終不忘戰時政治工作的重要。

與會者匆匆返回駐地，執行自己的任務。

翌日拂曉葉飛乘坐「吉姆」臥車由福州南下。十九日下午到廈門市交際處招待所。

七月二十日上午召開作戰會議，出席的是各參戰軍種的有關首長，福建省副省長伍洪洋、廈門市委書記袁改也列席參加會議。

會議由葉飛主持。先由副參謀長石一宸彙報參戰兵力部署的作戰預案。石原是華東軍區司令部的作戰處長，通曉文韜武略，熟悉現代條件下的三軍協同作戰。他說：「以金門為戰役主要方向，以馬祖為戰役輔助方向，我軍的兵力配置重點廈門、蓮河地區，因此組建兩個炮兵群，統歸軍區前指直接指揮。」接著他分別宣佈兩個炮兵群的組成部隊，指揮系統的組成人員，砲兵群指揮所的所在地點。他還說到，兩個炮兵群的參戰兵力編成：廈門炮兵群共十五個炮兵營，一百七十九門大炮；蓮河炮兵群共十七個炮兵營，兩百零七門大炮；海岸炮兵群共三營，大炮二十三門。這些炮兵部隊大都參加過抗美援朝戰爭，有一定實踐經驗，但對隔海射擊和人規模炮戰還缺少實踐。最後石一宸宣佈了火力使用計畫。葉飛作了最後指示。會議結束後，各部指揮員回去進行傳達佈置。

如果在七月二十五日打響，這戰前準備只有五晝夜，應該說是匆促的，然而到預定日期遲遲未見動靜。

三

根據史料，金門炮戰是針對一九五八年以來台灣海峽出現的緊張局勢（美國竭力推行「兩個中國」，企圖製造「劃峽而治」的事實。蔣介石堅持「反攻大陸」，不斷騷擾我沿海地區）而做出的戰略行動。其目的是通過有限的軍事行動，用炮火與台、澎、金、馬保持「聯繫」，維持中國內戰的態勢，並利用美蔣的矛盾，打擊美蔣的囂張氣焰。打擊美國企圖霸佔台灣，讓台灣蔣介石集團把台灣同大陸分開，劃峽而治。這是一場政治仗。[註1]毛澤東親自制定了「直接對蔣，間接對美」的方針。所以選定金門是因為金門距大陸港口廈門僅八點零五公里，頗利於我軍的後勤作業。

據美方稱：「中共為了發動攻勢，部署多門長程重炮及眾多米格15與米格17型戰機。這些武器當時都由蘇聯提供。」「蔣介石預料中共將發動攻擊，早已著手加強金門防禦工事，以堅固隱密的掩體掩護一門門重炮。此外，蔣介石的空軍大體上優於中共空軍，雖然後者飛機數量較多。」不過「美國訓練中華民國空軍飛行員已達數年之久，使他們的飛行與戰技達到相當高的水準……」[註2]

從當時的敵我態勢看，炮戰遲遲沒有開始，又等待了一月之久。

一九五八年八月二十日，北京急電召葉飛去北戴河。途中，由於遇雷雨，葉飛所乘飛機在開封降落。翌日下午葉飛到達北戴河，見到毛澤東。在座的還有彭德懷、林彪、王尚榮。

葉飛首先彙報炮戰的準備工作，彙報剛完，毛澤東突然問：「你用這麼多的炮會不會把美國人打死呢？」當時美國顧問配備到蔣軍的營一級。毛澤東這一問，使葉飛為難了：「那是打得到的呀！」

沉默了十多分鐘，毛澤東又問：「能不能避免打到美國人？」

「主席，那無法避免！」葉飛回答很乾脆。

毛澤東沉思，做進一步考慮，在座的林彪捉摸毛的意圖，當即進言道：「王炳南不是在華沙同美國進行大使級談判嘛？就讓他給美國透露一點消息。」

毛澤東沒有考慮林彪的建議，對葉飛說：「你就按原計劃打，就在北戴河指揮。」

炮擊金門是葉飛在北戴指揮的。專線電話直接架在葉飛的房裡。參與並瞭解這一機密的局限在中央的最高層範圍很小。

那麼，毛澤東的炮擊打不到美國人的意圖，怎麼實現呢？

這需要一位透露這一機密的恰當人選。這將是誰呢？

四

一九五六年七月一日，位於香港與深圳的羅湖橋上，匆匆走過一個中年人。他跨進國門，就上了中共中央中聯部在那裡迎候的轎車。車到廣州他稍事休息就直飛北京。

這位貴賓是位報人，此行非同尋常，他將受到絕非一般報人所能享受到的待遇。

他是上世紀三〇年代就聞名，集作家、教授、記者於一身的曹聚仁。

曹聚仁（1900-1972）浙江浦江（今蘭溪）人。早慧，有神童之稱。浙江省一師畢業後踏入社會，先後為章太炎、邵力子所賞識並推介，以中等師範資歷任暨南、復旦、持志、光華、大夏等大學教授。他學識廣博善於作文，與魯迅交誼極深為忘年交。後又躋身報壇，受中央通訊社聘，任戰地特派員，並先後主持《正氣日報》（蔣經國主辦）與《前線日報》兩報筆政。一九四九年大陸政權更易，他於一九五〇年去香港定居，意圖為中國和平統一大業效勞。

在香港與海外報紙發出不偏倚於一方的聲音，這為中共高層所注意。於是水到渠成，有了他的一九五六年的北京之行，成為海外新聞界第一個回大陸的人。

據中央文獻研究室所編《周恩來年譜》：「一九五六年七月十一日：（周恩來）出席中共中央書記處擴大會議。會上商議周恩來接見原國民黨中央社記者、現《南洋商報》特派記者曹聚仁的有關事宜。」對曹的接見要在中央書記處擴大會議上討論足見重視程度非同一般。

接著周恩來在七月十三日、十六日、十九日三次接見曹聚仁，「先後由邵力子、張治中、屈武、陳毅等陪同。」而第二次接見是周恩來邀曹聚仁在頤和園聽鸝館夜宴。陪客有邵力子、傅學文夫婦、張治中及陳毅，加上主（周恩來）與賓（曹聚仁）共六人。席上曹聚仁就周恩來不久前（六月二十八日）在人大三次會上所作《和平解放台灣》的演説，問道：「你説的和平解放台灣的票面有多少實際價值？」周回答：「和平解放的實際價值和票面完全相符。國民黨和共產黨合作過兩次。第一次合作有國民革命軍北伐的成功，第二次合作有抗日戰爭的勝利。為什麼不可以第三次合作呢？」周恩來又説：「台灣是內政問題，愛國一家，雙方完全可以合作……我們對台灣決不是招降，而是彼此商談，只要政權統一，其他都可以共同商量安排的。」

邵力子是曹聚仁的恩師，曹一生事業的發軔得力於邵力子。曹去香港定居前，行前就得到邵力子的贊同。當下邵力子屬意曹聚仁説：「你有許多條件，又有身在海外之便，這工作你要多做些（指促進國共三次和談）。」曹答：「聚仁身為炎黃子孫，義不容辭。」

曹聚仁果不負眾望，在一九五六年八月十四日《南洋商報》（新加坡）與九月八日《生活週刊》（印尼華僑主辦），先後發表《頤和園一夕談──周恩來會見記》、《周恩來約曹聚仁在頤和園一夕談》，正式向海外傳達中共的國共和談構想。「國共第三次合作」

的口號，在海內外引起強烈的震動。同時回香港後，立即將他和中共領導接觸的詳情轉告台灣方面。

一九五六年的大陸行，拉開了曹聚仁近十年兩岸「密使」工作的序幕，在海峽兩岸穿梭往返。

一九五八年八月的一天，曹聚仁又從香港到北京。毛澤東在北戴河開會。聽到曹抵京「旋即回了北京」。童小鵬（曾任中央統戰部秘書長、國務院副秘書長兼總理辦公室主任）奉命去新僑飯店通知曹：「明日上午十時，主席接見你。」那次接見據童小鵬在《風雨四十年》的回憶錄中說：「毛澤東接見了香港來大陸瞭解情況的記者曹聚仁，並談了話。關於炮擊金門的行動讓曹轉告台灣。」由此說明是毛澤東在不採用林彪建議後，考慮需要一個適當的人用適當的方法「轉告台灣」。曹聚仁被選中。

這就有了「八二三」炮戰前，《南洋商報》的洩密。

曹聚仁為什麼在《南洋商報》披露，而不通知台灣呢？原中共中央對台辦主任兼總理辦公室主任羅青長對此事有這樣的說明：「毛主席十分重視曹聚仁，當時毛主席講政治性『試探氣球』。一九五八年『八二三』金門炮戰前幾天，毛澤東主席接見了曹聚仁……曹聚仁也答應將消息傳給蔣經國……當時曹聚仁可能沒有與蔣經國直接聯繫上，或者出於什麼別的原因，但他為了執行毛主席交給的特殊任務，在迫不得已的情況下，後來在新加坡《南洋商報》以記者『郭宗羲』的名義，發表了金門炮戰的消息。」[註3]

「洩密」的真相就是如此。

五

炮擊金門後，嚇壞了台灣當局與美國人，他們一時弄不清北京的意圖，以為這是中共進攻台灣的序幕。美國中央情報局駐台灣辦事處主任克萊恩曾這樣說：「許多美國人相信，儘管有中美共同防禦條約，台灣恐怕要完了。該條約簽訂於一九五四年，一九五五年生效。美國在條約中保證給予台灣以某種程度的支持，但並未明確表示台灣外島一旦發生衝突，美國將採取何種步驟協助台灣，因為台灣外島不在條約直接範圍內。毛澤東企圖利用這個漏洞，證明他想擊潰中華民國軍隊必能如願，並揭開美國『紙老虎』的真面目。」[註4]台方也認為「此一戰役為關鍵性的考驗，部署在金門的大批國軍若遭摧毀，台灣遭受攻擊將只是時間問題，而且可能在不久之後，屆時將是置之死地而無退路的掙扎。」[註5]美、台雙方匆匆進行抵禦準備。蔣經國親到金門前線鼓舞士氣，美國迅速提供三種重大的裝備。一是從地中海運來美國海軍所擁有的浮動船塢（floatingdry dock-LSD）。這可使台方的補給艇能從國際海域上的美國軍艦內駛出，即使在炮火下也可搶灘卸貨。二是美方提供口徑八寸的榴彈炮。這種巨型榴彈炮口徑大，射程遠，能發射原子彈。這一武器運抵金門，對雙方武力的均衡將有影響。三是美國空軍提供的響尾蛇空對空導彈，剛研製成功，從未用於實戰。台方空軍飛行員曾受美方的使用訓練。經實戰說明，台空軍發射五枚響尾蛇導彈，一枚因操作不慎反追台方自己的飛機被迫自動摧毀，其餘四枚擊落四架中共的米格戰機。美方自稱響尾蛇導彈「是扭轉金門之役的決定因素。」

炮擊近兩周，九月四日美國人終於表態，杜勒斯發聲明，暗示願意同北京重開談判（即華沙談判），果然九月十五日華沙談判復會。北京既然弄清美國底牌，就決定「邊打邊談，以打促談。」接著北京又向台北發出重新談判的呼籲。

九月八日、十日連續兩天周恩來接見曹聚仁，要曹聚仁即回香港轉告台灣方面。周恩來在九月十日這樣說：「……我們準備以七天的期限，准其在此期間由蔣軍艦只運送糧食、彈藥和藥品至金門、馬祖，但前提條件是決不能由美國飛機和軍艦護航，否則我們一定要向蔣軍艦只開炮。內政問題應該由自己談判解決。可以告訴台方，應該膽量大點，學學西哈努克的做法。美國可以公開和我們談。為什麼國共兩黨不能再來一次公開談判呢。」九月底，美國有了新的表態，要從金馬脱身。同時北京也有了新的決策。

六

一九五八年國慶日後的第五天，即十月六日，北京突然發表了國防部文告（即《告台、澎、金、馬軍民同胞書》），文告闡明炮轟的目的是懲戒性質，要台灣當局接受和平解決兩岸爭議的建議。文告聲明，暫以七天為期停止炮擊，台方可以充分地自由地運送供應品，但以沒有美國人護航為條件。這文告是在十月六日發的，又是這張《南洋商報》早於數日前的十月三日便從香港把這專訊傳到新加坡，並在十月五日發表。發表署名「本報駐香港記者郭宗羲3日專訊。」

這又是驚人之舉。

《南洋商報》駐香港辦事處從何得到這特大消息，這郭宗羲究是誰？上世紀八、九〇年代南洋（馬來西亞、新加坡）許多新聞界人士要破這謎。

一九九四年二月。《中華日報》的記者，幾經尋訪找到《南洋商報》已退休多年的老報人薛殘白先生。薛先生已八十三歲高鈴，他是一九二九年進《南洋商報》的，從事報業已六十年以上，對《南洋商報》的情況知之甚詳。

上世紀五〇年代，薛先生是《南洋商報》中外版的主編。他說：「一九五八年八月，曹聚仁是《南洋商報》的特派記者，當時正在北京，他又和中共最高層毛、周有接觸，與周有長時間的訪談，因而能得到這樣重大的消息，除了曹聚仁是不會有第二人的。」

「那麼，為甚麼這則消息發表時不署曹聚仁的名字而署郭宗羲呢？」有人問。

薛先生說：「我只記得那時《南洋商報》駐香港辦事處有個姓郭的辦事人員，這位年輕人不是寫新聞的。按我的推測郭宗羲是個假名，可能是曹聚仁為了省麻煩而用的化名。」

幾位造訪者仍流露出不滿足的神色，於是熱情的薛先生又建議：「還是找香港的這位郭先生問一問吧，他一定會告訴你們真相的。」

經過一番周折，《中華日報》的記者終於找到了定居香港的郭旭，郭旭這時也已73歲高齡。

一問之下，真相大白。

郭旭說：「當年我是《南洋商報》駐香港辦事處的工作人員，平時不寫新聞，記得當時確有一則大新聞是曹聚仁從大陸傳到香港的，再由我傳到新加坡。」

郭旭又說：「郭宗羲的名字還是當年《南洋商報》的總編輯李微塵起的（李微塵後任新加坡政府外交部長）。如果問商報是不是有駐港記者郭宗羲，那當然是沒有啦！」

郭旭還說：「據我推測，毛周為什麼肯將這機密的消息告訴無黨派的曹聚仁呢？這恐怕是中共方面有意讓曹聚仁以『第三勢力』的身份，出一把力以促進國共兩黨的秘密和談……」

郭旭之說只是推測，但並非完全事出無因。

據中央文獻出版社出版的《毛澤東傳1949～976》所述，一九五八年十月十三日，即做出炮擊金門五十天後，又是發出停止炮擊令一周後，在周恩來、李濟深、張治中、程潛、章士釗的陪同下，毛澤東告訴曹聚仁：「只要蔣氏父子能抵制美圍，我們可以同他們合作。我們贊成蔣保住金門、馬祖的方針，如蔣介石撤退金門、馬祖，大勢已去，人心動搖，很可能垮。只要不同美國搞在一起，台、澎、金、馬要整個回來，金、馬部隊不要起義。」周恩來也說：「美國企圖以金門、馬祖換台灣、澎湖，我們根本不同它談。台灣抗美就是立功。希望台灣的小三角（按：即指蔣介石、陳誠、蔣經國）團結起來，最好是一個當總統、一個當行政院長、一個將來當副院長」。毛在這次接見中的談話後來被周恩來概括為「一綱四目」，並於一九六三年初通過張治中致陳誠的信轉達蔣介石。

在這次毛、周接見後的三天中，十五日和十七日周恩來又兩次接見曹聚仁，這都說明對曹聚仁的倚重。而倚重是要曹當信使。

這還有一個插曲。

一九五八年十月十一日，是毛接見曹聚仁的前兩天，毛曾給周恩來一信，內云：「曹聚仁到，冷他幾天，不要立即談。我是否見他，待酌。」毛為何「要冷他幾天，」是否因為他提早發了停止炮擊的消息？可是兩天後毛又接見了他。其實毛「冷」曹聚仁是做給台灣（蔣介石）看的。這是有根據的。毛澤東曾起草一份《再告台灣同胞書》，後臨時改變主意沒有發，而是發了仍由毛澤東起草的《中華人民共和國國防部命令》。近年內部出版的《建國以來毛澤東文稿》。收有這份未發的《再告台灣同胞書》，其中說：「好幾個星期前，我們的方針就告訴你們領導人了。七天為期，六日開始。你們看見十月五日的《南洋商報》嗎？（此）人有新聞觀點，早一天露出去，那也沒有什麼要緊。政策早定，堅決實行，有什麼大不了呢？」不難看出毛是特許曹提早披露這一消息的，並無責備曹聚仁之意。

戰爭的硝煙今天已遠去，當年的金門炮戰已成歷史。

近年有消息稱：金門縣長李炷峰和廈門大學經濟系講師丁長發相繼提出建議建立「一國兩制試驗區」和「廈金特別市」。其實並非新議。當年曹聚仁就曾首倡。這位穿梭海峽兩岸的「密使」，在和蔣介石父子密議的「六項條件」中，其中第五項即是廈門與金門合併為一個自由市，作為北京與台北之間的緩衝與聯絡地區。連同全面的六項和議條件，當時很有可能達成共識。遺憾是大陸發生「文革」，蔣氏心有疑慮而擱淺。

還應說明的是，曹聚仁作為「密使」參與國共秘密和議，以及「六項條件」產生的由來，筆者早在上世紀九〇年代初，在大陸就曾首先並獨家撰文披露此事（發於在海南島由韓少功先生主持的《金島》月刊）。此後才有陸續出現的各家複製文。關於這方面的歷史敘說，將是筆者的另一篇文章。

>>> **注釋**

註1：童小鵬：《風雨四十年》（第二部），中央文獻出版社，第274-275頁。

註2：〔美〕克萊恩：《我所知道的蔣經國》，台灣聯經公司，第86、89、90頁。

註3：《中華讀書報》1999年7月28日。

註4：〔美〕克萊恩：《我所知道的蔣經國》，台灣聯經公司，第86、89、90頁。

註5：童小鵬：《風雨四十年》（第二部），中央文獻出版社，第274-275頁。

曹聚仁的感情世界

自古名士多風流，兼教授、作家、報人於一身的曹聚仁也不例外。

曹藝是曹聚仁的四弟，是我的忘年交。曾給我看一封曹聚仁給他的信末署的日期是十一月八日。年份大概是一九六六年，因信中提到紅衛兵。

信中有這樣一段：

> 李漁（笠翁）蘭溪人，你寫的對，他是風流自賞，我是「財」、「才」都不夠條件。在香港是不必講愛情的。不過我一生欠的情債太多了，就算是割肉來分，也分不成。眼睛一閉，萬事皆了耳。[註1]

言為心聲，曹聚仁的自述應該可信。

曹聚仁也自稱持「二色觀」與愛的「開放觀」。他這樣說：「我從來不偽裝道學，對於兒女私情，我和一切有血有肉的活人一樣，知好色，則慕少艾，我雖不十分放縱，卻也不是不二色的人。」「在我看來，遏慾是不可能的，慾是火焰，有如瀑布一樣的迸發力，決不是一遏可以了事的。」這些話分別見於曹著港版《我與我的世界》和《蔣畈六十年》跋尾。

一九六七年，曹聚仁因病住院，在一篇近似遺囑的《病中雜感》中寫了這樣一段話：「我的一生不知欠了多少恩情，也不知欠了多少愛情，而我又是不相信有來世的，所以圖報的想法一點也沒有。我想死了以後，化骨成灰，撒向長江，表示一生的歉疚吧！」

曹聚仁富於情也極重感情，他一生的感情生活是一本纏綿悱惻的傳奇，有幾個女性進入他的感情世界。

一

兩個黃鸝鳴翠柳

曹聚仁的初戀女性、後來成為結髮夫妻的是一位頗有文才又重情義的王春翠。

王春翠曾在上海天馬書店出版過一本《竹葉集》。魯迅首肯其中的一篇〈竹葉頌〉，稱「這篇文章氣魄最大。」

曹聚仁與王春翠同生於浙江浦江（今屬蘭溪），曹在蔣畈村，王在塔山腳，劉源溪流其中，通洲橋架其上，本毗鄰相接的兩個小山村，成隔溪對望。

一九一五年，曹聚仁十五歲，青春已覺醒，情竇已開，思慕少艾。偶然邂逅競新小學的女學生王春翠，她十二歲。一見鍾情後，立即陷入單戀。

半個世紀後，曹自述當時的單相思：「……我一爬上掛鐘尖（筆者按，山丘之名）就樂不可言……上了崗頂，就看見了她的家……只要我高聲叫她一聲，她就可以聽到的，但是我不敢，一叫就讓近幾個村落的人都知道了。我只好把她的名字當作念佛的字眼……」

她的名字叫春翠。他想到一個妙法，專找有她的名字在內的詩詞大聲地念。念得最多的是黃庭堅的《清平樂・春歸何處》：「春歸何處？寂寞無行路。若有人知春去處，喚取歸來同住。」另一首是杜甫的七絕：「兩個黃鸝鳴翠柳，一行白鷺上青天也常在嘴上念著。」他指望心中的春「歸來與他同住。」

終於有了一次機會，曹聚仁與王春翠在途中相逢。他鼓起勇氣，要伴她同行，一路上向她作自我介紹，口若懸河，滔滔不絕。她對他的印象是：知識淵博，説話引經據典，給我打開一扇知識的窗戶。他對她的印象：她是王家四姐妹中最美麗的，結識她太好啦……

有道是「有情人終成眷屬」，兩家的家長為他和她締結了婚姻，他倆訂了婚。她也轉到曹聚仁的父親所創辦的育才小學讀書。然而他已考取浙江省立第一師範負笈杭州。他仍害相思病。好容易挨到暑假。曹聚仁回到家中。當時鄉間風氣閉塞，未婚夫婦沒有説話的機會，更談不上「拍拖」（談戀愛），他把無盡的相思寄託在首次嘗試的小説裡。有三萬多字，用文言寫的，發表在杭州的《民報》副刊。寫男女主人公邂逅相遇，一笑生情，歷盡波折，但最終還是團圓。因為他自己期待著花好月圓的結局。

他的花好月圓是五年後。一九二一年春節，他苦苦等待的佳期來了。曹聚仁從杭州省一師畢業。大登科接著小登科，曹聚仁與王春翠結婚。有情人成了眷屬。

人生最難忘的是新婚之夜，何況他們的婚姻可算是自由戀愛。然而，曹聚仁在自己的回憶錄裡寫道：

> ……新婚之夜的種種，我幾乎一點印象也沒有，幾乎沒有溫情，也沒有熱情，連表示溫存的話都說不成。大概糊裡糊塗成其好事，她是儘量忍耐著，因為她也知道這是不可能避免的痛苦：但我一點感覺也沒有，和鄉間老式婚姻的男人完全相同，也許他們比我還高明些。

他與她完成靈肉結合，卻是在風光旖旎的西子湖畔。他送王春翠去杭州進女子師範讀書，自己要去南京投考東南高師。曹聚仁自己說：「我們有一天晚上，在杭州西湖邊上，為了第二天要分別了，才繾綣倚偎，完成了圓滿的男女之愛，才懂得吻是甜的。」

愛河忽起風波

應該說，他們的戀愛到此完成。王春翠卻認為婚後才是戀愛的開始。完成還在三年後。

一九二一年秋，王春翠在杭州進女子師範。曹聚仁先後考東南高師與武昌高師均失利。後經邵力子介紹，到鹽商吳懷琛家裡任家庭教師，定居上海。

新婚燕爾就勞燕紛飛，綠窗明月兩地懷人。無限相思只有依靠通信。他們的通信方式非常奇特。一個紅色絹面的小本子，命名曰《心心相印》，各人寫後寄到對方去。

王春翠說：「婚後那三年間，若說那便是戀愛，那真太使人沉醉了！聚處在一起，彷彿心魂有所依託。一旦分離，便有說不盡的掛慮；百封信，千封信，其實不過是那些現成話，但讀了信便是安慰。若說人與人之間有所謂諒解，人與人之間有所謂知己，這就是諒解，就是知已吧。可惜我不知道初戀況味是什麼，這大概是相去不遠了吧？」（見《竹葉集》）。這段自述躊躇滿志、怡然自得，她那裡知道，她日夕懷念著的這位「良人」與「知已」，卻在把愛分給別人。

一九二二年，曹聚仁在任家庭教師外，又兼任一家女子中學（愛國女學）的課。他教的都是二八年華、情竇初開的女孩子。其中一位自願向他獻上愛。他想「魚」與「熊掌」兼而得之。

王春翠是從信中覺察到這變故，她說：「我親眼看見多少伴侶的中道仳離，親耳聽見多少友朋失戀的悲啼，我暗自驕傲，以為我們是天長地久了；誰知命運並不曾偏向我，失戀的鞭很公平地抽在我的背上。他的來信逐漸稀少了，漸漸縮短了，我所懷疑的都證實了。我只露一兩句探聽的口吻，覆信中必是千句萬句的解釋；解釋越多，懷疑越深，結果彼此間築起一道不可破的牆。」她說這話時心情極壞，又氣極地說：「虛偽，虛偽，一切都是虛偽，什麼戀愛至上主義，我要一腳踢開！」

畢竟王春翠不同於舊式女子，發現「第三者」介入，她並非默默飲泣，而是冷靜地考慮對策。她決定中斷在杭州女師讀書，去上海守住營壘，驅逐「第三者。」

她告別杭州女師，結束牛郎織女生活，帶著必勝的信心去了上海。

趕走情敵又得愛女

王春翠悄然來到上海，曹聚仁並沒有很大的震動，像往常一樣歡迎她。胸有成竹的王春翠，不露聲色，一旁默默觀察。

一天，王春翠笑盈盈地說：「挺（挺岫，曹聚仁的別名），我是師範生，我想教書。」

「這好啊！待我給妳找機會。」曹聚仁答得很爽快。

「不過，我在沒有教書前，總得學學別人上課的經驗。」她說。

她說得在理，曹聚仁並無異議，答應給她安排。

「安排什麼？你不就是我現成的老師嗎？你哪天上課，我跟去聽，行嗎？」她終於亮出自己的意圖。

曹聚仁自然不好拒絕，也無法拒絕。

她跟著他來到愛國女學。

「師母來聽老師的課！」曹聚仁教的那個班的學生奔相走告。

陷入師生戀的是一位孫姓姑娘。聽到這消息，本應自我約束。但少女對愛情的執著，她依然如故。

曹聚仁與王春翠（原配夫人）。

上課了，曹聚仁在講台上，講得有聲有色。第二排一位女學生的目光非同尋常。師生間眼波對接，心神相通。王春翠的火力偵察成功了，她找到這位「第三者」。

王春翠自然不能相讓，她不露聲色地看緊曹聚仁。不久後，曹聚仁受暨南大學教授之聘，離開愛國女學，他們的家也從上海市區遷到市郊真如鎮。暨南大學設於該鎮。楊家橋西的一座樓房，是他倆的小家庭。王春翠又在暨大師範附小謀得教員一職。夫唱婦隨，相得無間。「第三者」已無隙可入。

一九二六年冬天，王春翠產下一女，曹聚仁把「雯」的名字給了女兒。他還笑著說：「但願天下父母心，不重生男重生女。」

流星閃耀的阿雯

阿雯的到來，正當其時。曹、王兩人的父母早就盼著抱孫了。更重要的是她的到來，自然成為感情鏈，兩人間稍有裂痕的愛情彌合了，小家庭也更鞏固。

阿雯五歲時，王春翠給她攝了一張影。曹聚仁在照片反面寫了一首記事詩：「十年舊夢，一對拉酥。鬧鬧吵吵，往事麻胡。空空如也，留顆珍珠。看看後輩，摸摸鬍鬚。」這首詩有些隱晦，參照王春翠的一段文章，意思就顯豁了。

王春翠的這段文章說：「自從愛女——雯——的誕生，這是他唯一的寶貝，不許有輕微的責罵。有時我忍不住罵女兒，而他即便罵我了。近年來，為女兒的事不住地吵嘴。」曹詩中所說的「鬧鬧吵吵」是為愛女而吵，好在這些往事，隨著女兒的長大已經麻糊（即模糊），看著這掌上明珠，他摸著鬍子而高興。曹詩充分顯示他有女兒後的喜悅。

然而，蒼天無情，阿雯如流星閃耀，她來到人間不過六個春秋，就匆匆離去。

一九三二年，「一二八事變」在上海發生。上海遭日機的轟炸，真如鎮正在戰區，暨南大學被迫停課。曹聚仁考慮到妻、女的安全，把王春翠與阿雯送到故鄉蔣畈。

浦江縣蔣畈村（現屬蘭溪市），是個窮鄉僻壤。阿雯下鄉後水土不服懨懨成病，找了個鄉醫診治，庸醫誤診，終於一病不起。感情鏈斷了！

阿雯的生命雖短暫，卻曾見過文學巨匠魯迅。

一九二九年秋，上海內山書店老闆內山完造（日本人），寫信給曹聚仁說店裡到了新書，請他蒞臨。

選擇了一個星期天，曹聚仁帶著妻子與女兒，從真如乘火車到上海，徑直到內山書店。內山向曹氏夫婦行日本禮，熱情接待。店中顧客不多，非常清靜。曹氏夫婦沿著櫃檯逐一找書。王春翠瞥見用布幔隔著的內間，端坐著一個人，聚精會神在看書。她覺得此人好生面熟，但又一時想不起在哪裡見過。她輕拉曹聚仁的衣角，說：「你看裡面的那個人很面熟，你知道是誰嗎？」

曹回頭一看，高興地對妻子說：「他是魯迅先生，真的，是魯迅先生。」聽到是魯迅，她也喜上眉梢，不禁脫口而出：「是魯迅，真的嗎？」

王春翠的「是魯迅」這一聲，把內山完造與魯迅都驚動了。內山忙說：「對，對！周先生在這裡，要見見嗎？」他順手拉開櫃檯後的玻璃門，讓他們走進去，一邊又把布幔拉上。魯迅當時不大公開露面。

兩人走進裡屋，到魯迅面前，曹聚仁和魯迅握手，邊自我介紹說：「我叫曹聚仁，暨南大學的，前年曾為先生的演講作記錄。」（即收入魯迅著《集外集》的〈文藝與政治的歧途〉一文）。

「噢，一點不錯，我們見過面。曹先生的大名我是久仰了，說起來我們還是同鄉呢。」（魯迅紹興籍，曹聚仁浦江，都屬浙江，這裡是指大同鄉）。魯迅親切的態度使兩人緊張的心弦鬆了下來。

曹聚仁又介紹王春翠：「這是我的內人，她叫王春翠，在暨大附小教書，她最愛讀先生的文章。」

魯迅和王春翠握了握手，說：「曹夫人，，也是浙江人嗎？」

王春翠點點頭：「我的家和他家鄰近。」她放下懷中的阿雯：「快喊周爺爺！」

阿雯輕聲輕氣地喊：「周爺爺！」

魯迅很高興，摸摸阿雯的頭，親切地問：「妳幾歲了？叫什麼名字？」

「我三歲，姓曹，叫阿雯。」她又額外補充道：「我爸爸也姓曹，叫曹聚仁：我媽媽叫王春翠。」阿雯稚態可掬、語言流利的一連串回答，引得三個大人都笑起來。

曹聚仁與魯迅由此訂交，經常往來。魯迅日記就有魯迅去曹府餐聚的記載。如一九三三年九月十一日。這次魯迅還帶了些玩具送給阿雯。王春翠傷感地說：「謝謝周先生，她已不在了。」接著講阿雯夭折的經過。魯迅聽了很惆悵地說：「那就留著做紀念吧！」從此後，魯迅再與他們見面，從不再提孩子的事。

以上均為在現場目睹的曹藝先生親口告訴筆者。

再次陷入師生戀

留不住的時光，匆匆過去。桃色的夢漸次褪色。王春翠終於喝了愛情的苦酒。

這是抗日戰爭爆發的前一年——一九三六年，曹聚仁與王春翠之間，發生了新的裂痕——曹聚仁再次跌進師生戀的情海。這一次他不能自拔了，在情海中沉下去。對方有「校花」之稱。

沒有想到，這次王春翠不再保護自己幾年來辛苦締建的溫暖小巢（上海花園坊一〇七號），也不再向介入的「第三者」進攻，而是主動退卻了。

她一氣之下來到杭州。

她讀過易卜生的名著《娜拉》，知道婦女如不能經濟獨立勢必重回牢籠去。她到一家枕木公司工作，擔任財務監督。

曹聚仁跟蹤來到杭州，向她認錯，請她重回上海。她志如鐵堅，婉言拒絕。曾有人笑她，如此舉動不夠明智，不僅把丈夫拱手讓人，而且由她籌款購買的花園坊一〇七號也讓給別人。她對這樣的議論不屑一顧。

在家鄉的年邁的婆母（曹聚仁母親），聽到這樣的變故，親到杭州勸兒媳回上海去。費盡唇舌也難改變她的決心。不過婆母苦心並未白費。她說：「媽媽，你放心，我還是曹家的人，我不會離開曹家的！」後果真踐諾，終生未離曹家。這是後話。

正當曹、王間劍拔弩張、家庭面臨破碎之際，一九三七年抗日戰爭爆發，這巨大事變更導致破鏡不再重圓。

抗戰發生後，曹聚仁走下講壇帶筆從戎，充當戰地特派記者。離開上海前夕，他在扇上題詩送給遠在杭州的王春翠。詩云：「珍重明珠意，／相憐舊年華；／桃花隨流水，／結伴到天涯。」細揣詩意，他還想和她結伴。結果「結伴到天涯」卻是另一人。隨之是一個新家庭的建立。不過曹、王之間依然保持原來的關係，書信中仍以「愛妻」、「知己」稱呼著。一九三九年，曹聚仁在東戰場巡迴，回到老家過春節，與王春翠過了一個團圓年。曹聚仁在房門上貼了這樣一副對聯：「妻太聰明夫太怪，人如槁木夢如花。」確是一對怪夫怪妻！

依依情難捨　晚歲情再續

上海告急即將淪陷，浙江也岌岌可危，曹聚仁惦念著單身一人在杭城的王春翠，親自趕去勸她速離杭州回浦江蔣畈老家去。

她還是不走，直到杭城失陷前才倉皇回到蔣畈。蔣畈有所育才小學，是曹聚仁之父曹夢歧創辦。曹父故世後，先後由長子曹聚德、幼子曹藝任校長。此時曹藝已離鄉從軍。王春翠回來不管戰亂，挑起校長擔子。她一心撲在教育上。日寇燒毀了育才校舍，她帶著學生在殘廟破祠裡依然上課。村民對她極為尊敬，稱她為「王大先（生）」。

度過了危難的八年抗戰，又是三年內戰，她一直沒有離開曹家，她與曹聚仁沒有離婚，她自認為還是曹家人。婆母作主把長子曹聚德的第二個兒子曹景輝過繼給她。於是她造房子、娶媳婦，堅持在曹家不作他想。

一九四九年，大陸政權變易。翌年曹聚仁從上海去香港定居。「奉命在海外主持聯絡及宣傳工作」。在諸事倥偬下，他並未忘掉王春翠，想及她在鄉間的艱難。一九五二年夏天，給她在香港找到一份教書的工作，寄來聘書辦好有關手續，結果因王春翠戀著故土而作罷。

日月更易，匆匆又數年。中間兩人魚雁相通並未中斷。出國六年後，一九五六年曹聚仁以新加坡《南洋商報》記者身份隨新加坡工商考察團回大陸採訪。在京期間，他完成一項重大使命，向海內外傳送「國共之間可以第三次合作」、國共重開和談的重要資訊，以後他一直為這神聖使命搭橋、牽線、斡旋……這是另話。

當時正由於公務繁忙，曹聚仁沒有南下與家人聚首。意想不到的是引起周總理的關切。有一次，周總理問曹聚仁：「聽說你有個原配夫人？」他不好意思回答：「是的！那是……」他想作解釋。周總理笑笑說：「你要好生關心她！」

一九五九年曹聚仁又到北京，邀王春翠到京會面，到京後同住新僑飯店。一天，曹聚仁見了周總理回來，興沖沖地對王春翠說：「總理知道你來了。他問為什麼不一起來？」王春翠更為高興：「那你怎麼說的？」「我說，你病了。總理還問起你的情況。我告訴他，你過去是教書的現在參加農業生產，五十多歲了，已經過了女人參加勞動的年紀，又有病。」接著周總理關切王春翠今後行止。曹聚仁說：「她回南後，我想請她侍候九十歲的老母，我母親住在南京的四弟曹藝處。」總理又問有什麼難處？曹聚仁說到戶口不在南京。在總理關切下，戶口問題自然迎刃而解。幾天後周總理還親到新僑飯店看他們夫婦倆。

此後，王春翠由故鄉遷居南京五老橋一號，與婆母及小叔曹藝一家一起生活，生活所需由曹聚仁從香港寄來。她的生活由此安定。

一九五九年曹聚仁回大陸後，奉令非召請不要回來。他和家人維持通信聯繫。一九六〇年十二月二十二日，曹給王的信裡附了一首詩。題曰：《致王春翠》：「泉學園前荷苑東，雙棲梁燕語從容：風簷晴日看翁媼，老伴情懷此意同。」此詩回憶他倆婚後旅居杭州的一段溫馨生活。泉學園在西湖蘇堤起始處。現此園已廢，存「曲院風荷」。曹詩意欲引起王對往昔的回憶。

寧靜生活王春翠只消受六、七個年頭，一九六六年「文革」惡浪疾捲而來時，因曹聚仁這層海外關係，大陸上所有親屬無不受到株連，四弟曹藝遭囚禁，鄧珂雲（王春翠之後的夫人）被批鬥，王春翠被逐出南京、驅回蔣畈。

消息傳到香港，曹聚仁感到分外孤寂，思鄉之情更切。一九六七年大病一場，在孤單無親人情況下，動了大手術。在病體痊癒後，寫了一封長信給王春翠並附詩一首，題為《竹葉行》。詩云：「四十年前事，歷歷在心頭。梯邊上下影，老友來相投。無言只相看，共識小溪劉。互勉又互勵，西湖水悠悠。攜手同揮毫。園坊譜春秋。東山柏已深，默默付長愁。世變總如斯，翠翠修竹修。」也許曹聚仁已預感到他的人生之路快要到盡頭了，把他與王春翠的四十年姻緣作一總結。

五年後，一九七二年七月二十三日，曹聚仁病逝於澳門鏡湖醫院，享年七十二歲。遺體火化後，運回大陸，葬於南京雨花台附近的望江磯。

王春翠晚年是幸福的。粉碎「四人幫」後，中央照顧她的生活，安排蘭溪市政協委員。嗣子曹景輝等一直侍奉她。

一九八二年王春翠從浙江老家到南京憑弔曹聚仁墓。四弟曹藝因墓碑上刻有鄧珂雲（繼王春翠後的曹聚仁夫人，此時鄧珂雲健在）的名字，感到為難。

豁達大度的王春翠笑著說：「你不要為難了，我料想你們做了花樣。他生前，我都不爭他了，他都死了，我還會吃誰的醋呢？我遠道而來，只是想看看他身後的著落而己。」

曹藝把她帶到墓地。她撫墓碑而歎息，指著碑上鄧珂雲的名字說：「她的功勞比我大，他生病我未侍候，連一個兒女也沒有給他留下來。」說完後，恭敬地鞠了三個躬。她又說：「我悼念他，也悼念那短命的雯女，她如果活著，也已經是五十六歲的人了！」深情的話語中帶著沉痛。

附帶插說一事，可證王春翠的豁達大度。當年，曹聚仁與鄧珂雲另組家庭後，鄧先後生了長女曹雷，兒子曹景仲。抗戰勝利後，曹聚仁安家在上海狄思威路（今溧陽路）。王春翠多次從鄉間到上海，住南市她的表妹家裡，常常一早來到曹聚仁寓所的弄堂口，為的是看曹雷、曹景仲一雙姐弟攜手上學。看到曹聚仁終於有後了，她的心滿足了。她抑制著自己，不讓感情衝動，她不去擾亂曹、鄧小家庭的安寧。她用心良苦。此事為筆者親聞曹藝先生所說。

又是五年後，一九八七年，王春翠病逝於蕭山人民醫院。

她在人間八十四個春秋！

二

學生對老師的第一印象

鄧珂雲是繼王春翠後的曹夫人，筆者曾面訪。

一九九〇年五月，我隨曹藝先生（曹聚仁的四弟）與南京政協的一位工作人員，去浙江尋訪曹聚仁當年舊蹤。歸途特去上海面訪鄧珂雲。

曹藝先生引路，曹宅在上海最繁華的南京路上。室內潔淨簡樸，鄧珂雲熱情接待我們。巧的是如今已聞名大陸與港澳的曹景行，恰從香港回來省親。曹景行是曹聚仁的幼子，當時似供職在《亞洲週刊》。那天中午，在南京西路的一家飯店，景行先生宴請叔父，筆者有幸也與宴。這匆匆一瞥，不知景行先生是否存憶。

那次面訪鄧老，是為寫《曹聚仁傳》搜集材料，承鄧老支持，我回南京後，數次收到鄧老賜寄她親筆書寫的史料，從中也提到她與曹聚仁結合的經過。

鄧珂雲，又名織雲，一九一六年出生於上海，原籍是廣東中山縣。祖父鄧鳴謙是鹽商，定居揚州。後父親鄧志強在上海經商後，移家於上海。

曹聚仁與鄧珂雲由師生戀而結為夫妻。

鄧珂雲談起她對曹聚仁的最初印象：

> 1934年秋，讀高三時（務本女中），曹聚仁闖進了我們的教室，來教我們國文。他是大學教授、作家，報紙上常有他的文章，他批判舊社會的舊思想，支持新生事物，積極主張抗日救國。他來教我們，大家覺得很新鮮。

作為學生的鄧珂雲對教師有新鮮感，教師也同樣注意到了這位鶴立雞群的學生。她在務本出類拔萃。（鄧珂雲的出類拔萃，曹聚仁的友人，名小說家《風蕭蕭》、《鬼戀》的作者徐訏在《悼曹聚仁》一文中這樣寫道：「他的太太，我是久仰的。是務本女校的校花，曹聚仁在務本教書，愛上這個學生，與髮妻離婚。這大概不會是純粹的謠言，也是民國以來常有的事情。」錄此一段作為插說）

這年暑假，鄧珂雲高三畢業離校，臨別向曹老師告辭。老師把一本陀斯妥也夫斯基寫的《罪與罰》送給她。

一本書締結一番姻緣。

鄧珂雲無力進大學，遠去杭州，依靠舅父。曹聚仁頻頻來信。先是指導她閱讀，慢慢地信中透露愛戀之意，又兩次親自去杭州看她。然而學生還只是以師長之禮待之，聯繫不上感情的瓜葛。曹聚仁敞開心扉，他把與王春翠的感情裂痕袒露在學生之前。這樣，師生的感情起了變化。

戰地結鴛鴦

一九三六年上半年，曹聚仁與王春翠分手，曹聚仁與鄧珂雲的感情鏈就結合得更緊。友情與愛情維繫了四年，最終結合是抗戰發生後在抗戰的中心武漢。

一九三七年「八一三」上海抗戰發生，十一月間上海淪於敵手，成為孤島。曹聚仁決定離開上海，投筆從戎，奔赴抗日前線。這年年底，他在故鄉蔣畈過了春節。翌年年初，他就去金華。中央通訊社社長蕭同茲，對他慕名已久，聘請他擔任戰地記者（中央社戰地特派員）。受聘後，他在蘇、浙、皖、贛一帶戰地進行採訪，他寫的戰地通信，後曾編成一本《大江南線》。其間與羈留在上海的鄧珂雲頻頻通信。鄧在淪陷區的租界裡非常苦悶，很想到大後方去參加抗戰工作。

不久後曹聚仁到了當時的抗戰中心武漢。當時武漢成立中華全國文藝界抗敵協會。他被選為候補執行委員。火熱的工作吸引著他，留在武漢。既然鄧珂雲要到後方來，他寫信同意她來。鄧珂雲來了。友情與愛情已經維繫了四年，瓜熟蒂落，終於結成連理。婚後，兩人未度密月就匆匆奔赴魯南戰場。夫婦攜手共創抗戰史上一段佳話。

夫婦攜手傳捷報

曹聚仁與中央軍的精銳之師八十八師師長孫元良有頗深的友誼。第四十一軍軍長孫震是孫元良的叔叔。這時四十一軍正在徐州前線。曹氏夫婦要去戰地，四十一軍在武漢有一個留守處，處長劉大元奉命接待曹聚仁，兩人一見如故。劉大元告訴他：「徐州將有一場大戰，曹先生如要到前方去，這是一個極好的機會。」

舉世聞名的台兒莊之戰開始於一九三八年三月二十三日，結束於四月七日，歷時兩周。

曾聚仁與鄧珂雲於三月底到達徐州，駐節徐州的第五戰區司令長官李宗仁接見他們。當時有位外國記者，看到鄧珂雲覺得好奇，一個女性居然出現在前線，於是請鄧和李宗仁合影。

這時台兒莊的戰事正在激烈進行。我方正面守軍是第二集團軍孫連仲部，右翼是湯恩伯的第二十軍團，在敵人背後進行大迂迴。

在上海，曹聚仁雖到過火線，但戰場在高樓大廈中。如今戰場在開闊的平原，而且是大兵團作戰，引起他極大的興趣。鄧珂雲更是初生之犢不畏虎，嚷著一定要到前線去看看。

機會來了，孫連仲請記者們到前線去視察，目的地就是台兒莊。

這時在徐州的記者極一時之盛。中央社除曹聚仁外，還有胡定芬，他配有電台。《大公報》記者范長江、《新華日報》記者陸詒等都有極高的知名度。一行十七人由一一〇師（屬湯恩伯第二十兵團，師長張軫）政治部主任陪同。這是一九三八年四月五日。

在孫連仲的總司令部，記者們瞭解到我軍在台兒莊的陣地只有莊尾的南關一隅，孫總司令仍揮師死守。孫連仲還很有信心地說：「勝負之數往往就在最後五分鐘。」

第二天（四月六日）清晨，孫連仲邀《大公報》記者范長江個別談話，曹聚仁得訊也提出同樣要求。這樣，第一手的軍情就為范、曹兩人共用。當天中午，第三十一師的副官長又向記者們透露，右翼的湯軍團已開始動作，我軍正準備反攻。言者無心，聽者有意。獨具「新聞眼」的曹聚仁把這話放在心裡。回到總司令部，他又找軍部參謀長金典戎加以證實與推斷。金典戎證實敵人有撤退勢態，我軍準備反攻。據此，台兒莊大捷曹聚仁已成竹在胸。

當晚，總司令部正好有一輛軍車回徐州。曹聚仁靈機一動，決定回徐州。他徵求鄧珂雲意見：「我想到長官司令部去看看綜合戰訊，在這裡獨處一隅看不到全局。」「對，我也這樣想。」鄧珂雲支持他。兩人上了軍車，與記者們告別時，有人調侃他們是臨陣脫逃，說不定大捷新聞要給別人搶去。

回到徐州，曹聚仁夫婦從右翼湯軍團得到消息，完全證實台兒莊已獲全勝。曹聚仁果斷地向中央社總社發出台兒莊大捷的新聞。

這是一九三八年四月七日。八日他又寫了《台兒莊巡視記》的長篇報導。

戰時新聞爭分奪秒，這次中央社搶在前頭，這一功是曹聚仁與鄧珂雲所得。[註2]

再度蜜月　定居贛州

台兒莊大捷後，徐州會戰結束，曹聚仁與鄧珂雲沿隴海路西行，原計劃經西安去延安，看看中共統治下的新局面。同時救國會元老沈鈞儒也建議曹去新疆考察，並為他和盛世才聯繫，準備出玉門關去迪化（今烏魯木齊）。那知鄧珂雲在途中患了傷寒病，西行已不可能，在洛陽停了下來。

鄧珂雲住進洛陽駐軍的野戰醫院，曹聚仁陪護，二月餘後痊癒。西行既不可能，其時洛陽至鄭州，鄭州至漢口的鐵路已通，一九三八年七月三十日，兩人折返漢口。那知武漢人會戰又拉開序幕。鄧珂雲的病弱之軀勢不能再在戰地奔波。曹聚仁說服鄧珂雲要她南歸，經廣州、香港回上海娘家去養病。一對戀人暫時分手。

武漢三鎮棄守後，曹聚仁繼在閩、浙、贛戰地進行採訪。鄧珂雲在上海休養大半年後已康復，致函在福州的曹聚仁，要他留福州等她。那知敵寇封鎖閩江口，閩省戰事趨緊，事不果行。

曹聚仁（右）與鄧珂雲（左）在廬山。

曹聚仁去了浙江，輾轉於溫州、麗水、金華、寧波之間，約鄧珂雲在溫州相見。兩人經歷意外巧遇。鄧在上海乘輪船，出吳淞口已南駛四小時，已到甌江口外，接上海電訊又返航回上海。曹聚仁在溫州等不著她，就去了寧波。怎會想到，鄧珂雲也到了寧波。兩人所住旅館十分相近。有一天甚至在一個飯店裡吃飯。只是一個在樓上，一個在樓下。鄧珂雲去電報局發電報，無意中看到郵差送來的留交曹聚仁的信，她說明情況收下來，方知曹已到寧波。她又把她的地址告訴電報局。這樣兩人分別十個月後意外重逢，恍如一夢。

寧波與蔣介石的故鄉奉化溪口毗鄰，兩人重逢後有溪口之行，去再度密月。此後在浙南、閩北、贛南又見這一雙儷影的行蹤。直到一九四〇年，鄧珂雲懷孕了，才結束天涯行旅，兩人定居江西贛州，在該地灶兒巷覓屋居住。不久鄧生下長女曹雷。當時曹聚仁受蔣經國之聘輔佐他主持《正氣日報》。鄧分娩後，蔣方良（經國的俄籍夫人）曾命一勤務兵挑了一擔雞蛋送到曹府。鄧珂雲告訴女兒曹雷，蔣方良曾抱過她。此後鄧為《民國日報》編副刊。接著子女陸續出世，活躍於戰地的女記者鄧珂雲成了家庭主婦……

熬過了八年抗戰的苦難，曹聚仁與鄧珂雲帶著一雙子女（曹雷與曹景仲）回到上海。戰火甫熄，內戰又起，這時他們上有老人（曹聚仁母親），下有子女（一九四七年又生幼子曹景行），挑著沉重的家庭負擔。鄧珂雲相夫教子，治家有方。一九五〇年曹聚仁遠去香港以後定居，家庭重擔全由鄧珂雲挑著，他才無後顧之憂。

這裡插說一件事。

筆者當年撰著《曹聚仁傳》時，也曾向鄧珂雲老人請益。手頭有一封鄧老的來信。信中說到一九六〇年發生在南京的一件事。「我和聚仁母親同住七年，相處得很好，我們間從沒紅過臉，她常說：『我這棵老樹，妳背不動啦！』曹藝調南京（曹藝即曹聚仁四弟，原在北京中央交通部後調到南京——筆者注），她決心和兒子同住了。」「自聚仁赴港定居後，他的許多行動我都不甚了了。他當然不會告訴我。六〇年我送他母親返南京，突然發現王春翠在，使我意外萬分，進退兩難，早知如此，我不會去寧。故勉強應付了兩日即返。後聚仁知道了寫信給我說：『我事前不知妳去，想阻止已來不及了』，如何解釋這種種，聚仁含糊其辭。滬港相隔一別多年，我也無法知道實情。在沒有處理好家庭問題這件事上，聚仁應負責任。這是我對他永遠不會原諒的。（俱往矣，現在再說本也是多餘的）。」

據當時在場目睹此事的曹藝先生說，鄧珂雲意外看到王春翠後，親熱地喊了一聲：「翠姐！」「雲妹！」王春翠回答。兩人都豁達大度、知書識禮，遠在香港的曹聚仁擔心的「內戰」並未爆發。曹聚仁得知後非常高興，寫信給曹藝：「翠和雲見了面也是好的。我已是六十歲的人了，這筆帳總該有個總結的。」

當年鄧珂雲給我的信還說：「清官難斷家務事，一面之辭，難於概全。我覺得很遺憾呢！對你這位執筆者也很為難吧！」事實上，遺憾的是當年《曹聚仁傳》面世時，她已仙去，未能看到筆者是怎樣寫這一段。

幸福的晚年生活

曹聚仁與鄧珂雲。

鄧珂雲的晚年生活是幸福的。「文革」結束後，鄧珂雲被聘為上海文史館館員。她的同事說她善談，好動，頗有年輕人氣息。她的一位友人說：「做記者的永遠年輕，其影響所及，澤被妻孥耶？」雖然這是笑話，但確是實情。

晚年，鄧珂雲致力於搜尋和整理曹聚仁的遺著。一九八七年九月，由女兒曹雷陪同、遠涉重洋去美國。先後在哈佛、康乃爾、斯坦福三大學尋找到曹的遺著多種。其中如《章實齋先生評傳》、《古史討論集》的曹序、《現代文藝手冊》中的《文藝學習導論》等在國內已如廣陵絕響。

鄧珂雲還以衰病之身與女兒曹雷、兒子曹景行一起校訂出版了曹聚仁的著作《我與我的世界》（人民文學出版社）《聽濤室劇話》（中國戲劇出版社）、《萬里行記》（福建人民出版社）、《中國學術思想史隨筆》、《書林新話》（以上兩書為三聯書店出版）。其他如《筆端》、《文思》兩書由上海書店影印出版。這些都凝聚著她的勞績。

也許是名師出高徒，更受曹聚仁的耳濡目染，鄧珂雲的文章寫得親切動人，如〈大眾的殯葬〉（紀念魯迅之作）、〈他的母親〉（寫她的婆母劉香梅），都是散文佳作。筆者還收到鄧老寄給我的一篇〈曹聚仁與書〉的底稿，把曹聚仁嗜書寫得情趣盎然。遺憾的是她的著作都散見各報刊，有些還是港澳的報紙人們很難看到。

鄧珂雲的孩子們都卓然有成。女兒曹雷是電影演員、主演電影《金沙江畔》而嶄露頭角，譯製片導演兼演員。兒子曹景行，畢業於復旦大學歷史系，去香港後先後擔任《亞洲週刊》副總編輯、《明報》主筆，香港鳳凰衛視言論部總監、資訊台副台長，又任清華大學新聞傳播系教授。

鄧珂雲曾對筆者說：「我經歷了風風雨雨的一生，憂患時多，歡樂時少，一生碌碌無為，愧對國家與社會，是黨的關懷，使我晚年有了生活上的保障，精神上的寄託。我將以有生之年，繼續整理曹聚仁遺作，使他筆耕半個多世紀的心血，不至於湮沒，這亦是我對祖國文化應盡的心力。」

這番話是一九九〇年說的，誰知昊天不仁，她在一九九一年六月七日患癌症在上海逝世。她賫志而歿。

三

深渡一夜情與「信江遇虎」

在戰亂中，人生的遇合往往有意外。曹聚仁曾自述一些往事，雖不能列入感情世界範疇，但也屬男女之間的姻緣。

那是一九三七年十二月之間的事。當時曹聚仁離開即將陷落的危城杭州，回到故鄉蔣畈。二天後到了蘭溪。這時杭州已陷落，蘭溪城也風聲鶴唳，草木皆兵，一片混亂。他在一家已停業的旅店住下，如果不是親戚關係，旅店是不會接納的。

他住下後，走出旅店觀察市容。只見店門前有一位年約二十歲的少女，攙扶一位老婦在街頭徘徊。看到曹聚仁走出來，少女上前問道：「先生，真不好意思，能幫個忙嗎？」。

「要我幫什麼忙？你們是哪裡來的？」

她們是浙江嘉興人，從杭州流亡過來。那女的高中畢業，曾在杭州市政府做過事。年邁的老婦是她母親。一切要依靠她。現在要找個住處。那少女一五一十說了一遍。

問清情況，曹聚仁就和旅店商量，給她們開了一個房間，解決了難題。當晚那少女又來找他。她滿臉紅暈羞澀地說：「感謝您為我們找了住處，但這並非久計，天涯茫茫，我母女倆無依無靠，想找個長久的安身處。」曹聚仁心有靈犀，瞭解她的心意是想嫁人，並屬意於他。此時他正和鄧珂雲熱戀著無意旁屬，婉言謝過。數天後曹聚仁就去了屯溪。

當時從蘭溪去屯溪，必須溯新安江而上，一時間無船可乘，幸好有一艘從衢州來的小船，載著幾個徽州客，急於回家過年，而船被軍方扣住。船主知曹聚仁要去屯溪，請他向軍方說情。他以戰地記者身份說情，一說即成。於是雙方均得利，曹聚仁乘舟去屯溪。

新安江水向來湍急。詩人黃仲則有詩云：「一灘復一灘，一灘高十丈。三百六十灘，新安在天上。」冬日水淺，船行更慢。逢船上灘曹就上岸步行。船到淳安時，距屯溪還有一百五十多公里，預計三天可到達。

第二天傍晚到深渡（今屬歙縣），離屯溪還有二十五公里。深渡為皖南小鎮，雖市面尚算熱鬧，可只有飯鋪而沒有旅社。天色已不早，只能住下。曹和飯鋪主人商量，能否借宿一宵。店主答應了，不過樓上只有一房，要與別人合住。同室的是一位中年婦女和十六歲的女兒，從杭州逃難到這裡，距家鄉還有一百公里，住這裡已一周。當時別無選擇，曹聚仁只能將就住下。

步行疲累，晚飯後，曹聚仁就睡了。半夜裡，只聽隔床的婦女推著她女兒說：「去，睡到那邊去，聽娘的話。」那女兒一聲不響，輕手輕腳，睡到曹聚仁床上。曹聚仁聽得一清二楚，他沒有效法柳下惠，糊裡糊塗成其好事。事後方知，那母女兩人欠了店裡六元房飯錢，不名一文，只好聽從店主這樣的安排。第二天清晨，他就替她們付了房飯錢，代雇一輛獨輪車，送她倆上路。母女倆千恩萬謝，臨別時，那婦女給他一塊手帕，打開看，白手帕上有猩紅血跡，他一切都明白了。他自己說：「……道學家雖說『失節事大，餓死事小』，但在肚子餓的時候，畢竟失節事小呢。」

翌年（一九三八年）輾轉在閩、浙、贛戰線上的曹聚仁，十月間來到上饒。上饒屬江西，當時是東南軍事重鎮，第三戰區長官司令部設在這裡。他住城中第一流的信江賓館，處於閒適之境。他尋訪了唐代茶聖陸羽隱居的茶山寺。在信江中學做過一次演講。

上饒——恬靜的山城來了這樣一位名人，迅速傳遍全城。這給曹聚仁帶來一次意外因緣。

W小姐，南昌人，國立小學校長。給他寄了一封信，表示渴望見面，還說她的學校風景秀美，並寫明從茶山寺到小學的途徑。

他果真去了，W小姐喜出望外，把學生遣散了。她喜盈盈地對他說：「曹先生，你不要回去了。這裡有老虎，太陽下山就會出來吃人。」她領受這好意留了下來。她聲明要把自己的床留給他，她可以和別人搭鋪。

她把他帶到山崗的一個灌木叢裡，臉上充滿紅暈似有無數話要說。接著就倒在他懷中吻他，自言年已二十六、七，小姑居處猶無郎。對這突然到來的愛情，他不便貿然接受，說出種種不能接受的實情。但她還是一往情深，入夜後，她遲遲不走，睡了下來，同枕而談，戀戀不捨，偎依到午夜才離開……他自愧不瞭解少女的心。

第三天，他便離開上饒，後來寫過一篇〈信江遇虎記〉記述此事經過。

四

香港餘韻

曹聚仁於一九五〇年孑身一人去了香港，妻子留在大陸。年長月久感情生活是寂寞的。當時和界曹聚仁筆戰的司馬璐這樣寫道：

> 一九五六年以後，香港正式的中共統戰報紙《晶報》出版，凡能為中共敲邊鼓的文化人，每月送基本稿費港幣一千元，寫稿另寄稿費。當時港幣一千元的價值，超過今天的一千美元。聚仁除了這份收入外還有他的《南洋商報》的收入，他的生活相當富裕——他有沒有其他的收八，我就不得而知了。他住在九龍金巴厘道的一個公寓，每晚必去舞廳。聚仁的外形樸實，有書卷氣，很得女人歡心。很多女人稱他為「大學問家」。聚仁自稱女學生對他的追求，他一生中遇到無數次。[註1]

又，在港期間和他過從甚密的徐訏，有一篇回憶文章，說到他當時的感情生活：

> 曹聚仁初到香港時候常去小舞場，好像曾經有許多人寫過挖苦他的文章。後來他有了一個女朋友，他用上海話解釋，說是「學生子」；彭成慧是暨南大學出來的，稱曹聚仁為「曹老師」，常常以「學生子」開他的玩笑，曹聚仁為這個女朋友，做過不少燒飯洗衣的工作，後來還把她的作品拿來出版，出版後送我一本，附了一封很熱情的信，叫我同他一起

> 提拔「後進」，寫點批評的文章，但是我因為忙，始終沒有動筆。後來，我們知道這位「學生子」去了日本，是曹聚仁資助去讀書的。沒有多久，聽說嫁了人，男方很有錢，自然也不再想做作家了。
>
> 到曹聚仁寓所去，總覺得他應該把太太接出來。我好像很早就勸過他。，他不出來過一趟，住了幾個星期就回去了。據曹聚仁說，是他太太的老人家身體不好，需要她去照顧。（見徐訏《念人憶事（五）》，《傳記文學》21卷5期）

說到「學生子」，還有這樣一段軼事：一九五六年九月十一日，曹聚仁正在北京採訪，百忙中撥冗給遠在日本的潘耀明寫信。信說：

> 弟第二次來北京，又已旬日，一俟私務終了，即行返港。敝戚王德貞在東京即將開學，還乞我兄再予設法劃款日幣五萬元。弟下月初返港，即行面奉（這一回，非請我兄即劃不可，因為開學在即了）。王德貞住東京都新宿區飯塚町一丁目四六一番地大高方，兄所素知，特再奉告，乞即將劃款條航寄為盼。

據北京張耀杰稱，這位「敝戚」王德貞，同樣是一名「學生子」。曹聚仁不僅資助她前往東京早稻田大學讀書，還幫助她修改潤色《少女手記》，交創墾出版社印刷發行。徐訏所說的這位「學生子」是否即王德貞待考。

徐訏是親眼所見，他所說大致不會有大的出入。曹聚仁出入小舞場，據曹藝先生說有一段浪漫軼事。一位國民黨官僚，在香港潦倒，無奈只能讓女兒下舞場貨腰。曹聚仁與這貨腰人相識了，憐其境遇予以周濟，日久生情，於是同居，後有兩女，取名都以雨字為頭，據曹老和我說，一名思雯、一名憶雯，這都表明他對逝去的長女阿雯（王春翠所生）念念不忘。後來母女三人去了美國，這舞女嫁了人。和那位「學生子」也類似。

>>> **注釋**

註1：此信複印件現存筆者處。

註2：另據台北孫連仲口述錄音，他稱范長江最早搶到台兒莊反攻勝利的消息。

註3：中共歷史的見證——司馬璐回憶錄》，明鏡出版社，2006年4月第二版，第169頁。

是是非非蔣碧薇

蔣碧薇是藝術大師徐悲鴻的夫人，她和悲鴻先生同屬江蘇宜興。我叨為他倆同鄉，並和蔣碧薇有過幾次交往。前些時讀蔣碧薇《我與悲鴻》和《我與道藩》兩本回憶錄，不禁泛起數點往事漣漪。

有「太湖明珠」之稱的宜興，物華天寶，人傑地靈。蔣家是宜興的名門望族。我童稚時每走到南門的大人巷，就見一高牆巍峨、連綿數進的宅第。大人們相告：「這是名人輩出的蔣家。」還說，蔣家數代做官，積有財富，才有這樣的氣派。

稍長，我的一位高小同學是蔣家族裔。隨著他我有機會一窺蔣家巨宅堂奧。正廳、轎廳、花園與內宅，華棟雕梁，陳設華麗，果然氣勢不凡。這位蔣同學說，偌大的家業是祖上一位蔣誠公所創。咸豐年間歷任江西新淦、吉水、南豐等地知縣，又率鄉勇幾次戰勝太平軍，宦囊既豐又得巨額犒賞，告老還鄉後置田買房才有這樣的規模。

我對蔣家的興趣就從這時開始。

逃婚私奔與假出喪

此後我又陸續聽到蔣碧薇逃婚與假出喪的故事。

蔣碧薇的父親蔣梅笙自幼飽讀經史。清末應科舉考，出類拔萃，縣考和院試都拔頭籌。本擬繼續應試，後因清政府廢科舉，從此斷了取功名與為官作宦之念。以畢生精力投入興辦教育與著述，成績斐然。先後任復旦大學、中央大學教授。享年七十有二。蔣母戴清波出自名門，知書識禮，善作詩詞。夫妻間常吟詩唱和。一九四九年前，筆者偶然得機會讀到梅笙先生和夫人的《秋夜玩月聯句》，詩云：「遙夜漏聲沉（梅笙），溶溶月有陰，露荷涵晚鏡（清波），風小韻秋琴。皎潔同千里（梅笙），團欒昭兩心，良宵耽勝賞（清波），何惜冷鴛衾。」足見伉儷文采風流。

蔣梅笙夫婦育有五子二女，後僅存二女一子。兩位千金即蔣碧薇大姐和她自己。大的因生於五月，值榴花灼灼盛開之際，即取名榴珍，又字文楣。六年後又生一女，時為三月初，蔣家東書房畔的海棠怒放，老祖父為女孫取名棠珍，又字書楣。幼時她每到東書房，便指海棠花說：「這是我的花。」她就是蔣碧薇。

蔣榴珍出閣，嫁宜興名士程肖琴之子程伯威。程肖琴文章詩詞冠於同儕，「立雪程門」者眾多，深得人望。程伯威克紹父業，曾負笈東洋（日本），日語外又擅英語。他生性孤傲，雖文才出眾，卻不願外出就職，只在家鄉與幾個志同道合的友人辦了個私立精一中學。抗戰時，伯威先生執教於省五臨中，教英語，筆者受業門下。蔣榴珍有婿如此，婚姻美滿。

蔣碧薇的婚姻卻是奇峰突起，幾度波瀾。蔣碧薇讀了兩年私塾（開設家中），繼進女子兩等學校，父親任校長。她在兩等學校畢業時，父親在上海大同學院執教，把她帶到上海。未隔多久，宜興的女子兩等學校增辦初級師範，校長正是蔣碧薇的姐夫程伯威的母親潘逸如。父親讓她再回宜興深造。

民國肇始的一九一一年，有志維新的蔣梅笙，卻有悖新潮包辦女兒蔣碧薇的婚事。那年她不過十三歲，渾渾噩噩還不懂得是她的終生大事。這多事為之作伐的是她的一位堂姐，堂姐遠嫁蘇州查姓。有個小叔查紫含和棠珍年貌相當，在堂姐歸寧時，就向棠珍媽提出這個親上加親的婚姻。那查家本是蔣府世交。查紫含之父做過宜興知縣，也善詩文，本和蔣梅笙有交往。蔣家已有兩個女兒嫁到查家再結一門親也順理成章。蔣梅笙夫婦一口應承。如果不是後來徐悲鴻進入蔣棠珍的生活，這包辦婚姻也許成為現實。

蔣碧薇第一次看到徐悲鴻是在宜興老家。當時徐悲鴻在宜興初級師範教圖畫與蔣碧薇的伯父與姐夫程伯威都是同事。她聽說徐悲鴻是宜興屺亭橋人。他原名壽康，不知為什麼要改悲鴻這樣的怪名字。父親徐達章工詩畫，悲鴻不僅是家學而且青出於藍。她還聽到悲鴻許多畸情異行。一天，徐悲鴻來到蔣府，坐在大廳上說話。蔣碧薇出於好奇，偷偷地在屏風後看了一眼，當時印象並不深刻。

不久後，蔣梅笙到復旦大學任教，蔣碧薇再次隨父到上海，住哈同路民厚南里五十號，這年她十八歲。

相隔未幾，徐悲鴻也來到上海。他不願侷處鄉間，到上海進修。可是囊中羞澀，雖有一位朋友讓他借住，但一日三餐籌措為難，處於半饑餓狀態。正走投無路之際，忽見哈同花園（哈同，猶太地產商，當時上海首富）在報端刊出徵求倉頡神像的廣告。倉頡是神話中的人物，古稱造字之祖。徐悲鴻憑想像畫了一張前去應徵，在眾多應徵者中脫穎而出。哈同的總管姬覺彌派車接他到哈同花園。接談之下，這位姬總管非常賞識徐悲鴻的才識，留他在哈同所辦倉聖明智大學任教，邊讓他到震旦大學進修。徐悲鴻有留學法國學藝術的心願。姬覺彌也一口應承可以支援。

徐悲鴻到蔣梅笙府上走動，是由同鄉朱了洲（時在務本女子中學教體育）的介紹。蔣梅笙本愛才，而徐悲鴻又見貌辨色、親切隨和，得蔣梅笙的歡心。蔣梅笙每完成一詩作，徐悲鴻必讚頌備至。蔣夫人烹一菜肴，徐悲鴻必贊之曰「天下第一」，蔣梅笙夫婦並不認為譽之過當。這樣徐悲鴻來得更勤，有時還宿於蔣府。蔣碧薇和他接觸一多，又知道他好學上進，暗暗滋生愛慕之心。不過限於禮數，兩人並未正面接觸。

徐悲鴻早婚，十七歲時，父親就迫他和一名缺文化的鄉間女人結婚。雙方並無感情，育一子旋夭折。這時在上海的徐悲鴻聽到妻患重病，經人相勸才回去。回上海不久，妻子即去世。蔣梅笙對這深有感觸，一天，他對夫人說：「要是我們再有一個女兒就好了。」長女榴珍已嫁程伯威，次女棠珍又和查家訂婚，因此蔣梅笙有這慨歎。蔣碧薇聽到父母的私議，芳心更受震憾。

這時她的未婚夫查紫含的一項過錯，又使她失望。查紫含本在蘇州讀書，聽到岳丈在上海復旦執教，決定轉學到復旦。轉學自然要考試，考試的國文題正是由岳丈出題，他託人來向岳丈要一份。這是舞弊行為，岳丈不允。蔣碧薇知悉感到他品格欠缺，產生不滿情緒。一天，母親為蔣碧薇梳頭，徐悲鴻在旁。母親說到查家已定明年迎娶。她吃驚之餘，暗自傷心。母親下樓後，她伏案而哭。徐悲鴻拍她肩膀說：「不要難過，會有辦法的。」她只當作一般的安慰詞。

徐悲鴻其實早已有心，他又託了朱了州瞞著蔣梅笙夫婦徵求蔣碧薇意見，願否隨悲鴻去國外。她一口同意。當籌備妥當後，這就發生了蔣碧薇悄悄離家隨人出走的一幕。她倆首途日本，巨輪出海時，徐悲鴻為她戴上婚戒，上面的名字即是「蔣碧薇」三字，可見徐悲鴻早就籌謀妥貼。蔣棠珍就從人間暫時消失。

女兒悄然出走，蔣梅笙夫婦急得不知所措，後從朱了洲口中才知悉端倪。愛女跟人私奔，對名門望族的蔣家來說很不體面，只能隱而不發。無奈查家頻頻來催迎娶，終於想出一個假出喪的權宜之計。

這是一九一七年，蔣府揚言女兒棠珍患急病身亡。在蘇州和宜興兩地都設了靈堂，在宜興還有大出喪的場面。怕人看出破綻，在空棺材裡放著大青石。轎夫抬著這沉重的棺材，走在宜興城的大街上。場面很鋪張，外人不知是個鬧劇。余生也晚，這個大出喪的場面未能親見。

這件事後來真相大白，對這議論不一。有人認為蔣碧薇是衝破封建枷鎖的勇敢行動。

兩度邂逅　南京造訪

筆者首次親見蔣碧薇是一九四六年。

蔣碧薇從南京到宜興來探望他的大姐蔣榴珍、姐夫程伯威。她大姐家恰好和我家望門對宇（都在白菓巷）。她的一個甥女又和我是小學與中學時的同學。

這是八年抗戰後，蔣碧薇首次回故鄉。戰時在重慶就盛傳她和徐悲鴻的婚姻已破裂。導因頗複雜。蔣碧薇曾說：「悲鴻的一顆熾熱愛好藝術的心，驅走了我們所有

蔣碧薇。

的幸福與歡樂」，「共同生活以後，我對悲鴻才有了深切的瞭解，我發現他的結婚對象應該是藝術而不是我。」雙方志趣完全不同。再由於悲鴻與學生孫多慈的戀情。孫多慈（又名韻君）安徽壽縣人。一九三六年，孫多慈投考中央大學藝術系，繪畫成績一百分，以高分錄取。孫多慈生性聰慧又勤奮好學。徐悲鴻自己是苦學奮鬥而成為名畫家的，推己及人，對這好學的學生自然愛重，不免關注多，往來頻繁，後來也就有了師生戀。事情暴露，蔣碧薇自然不答應，一時鬧得不可開交。孫多慈不等中央大學畢業就回故鄉。徐悲鴻也隻身遠走廣西。當時他們已有子徐伯陽，女徐靜斐（又名麗麗）。直到抗戰爆發，政府內遷重慶，兩人仍分道揚鑣，各自到了後方。此後雖一度好轉，但裂痕終難彌補。直到一九四五年，鬧了十四、五年的婚姻風波，才在沈鈞儒先生調停下，結束了二十八年之久的婚姻。徐悲鴻給蔣一百萬元現款，收藏的古畫四十幅，悲鴻自己的作品一百幅，這些作為子女撫養費，代價可謂不小。而早於前，國民黨的中宣部長張道藩乘徐、蔣婚姻破裂之機乘虛而入，別人稱蔣碧薇是張道藩的情婦。鄉前輩徐鑄成（前《文匯報》總編）說蔣碧薇是「晚節不終」。

抗戰勝利後，蔣碧薇回到南京，追隨張道藩活躍於南京文藝界。這回回故鄉，她自然成了新聞人物，引起眾人注意。

那天，就在程伯威家門口，我和蔣碧薇相遇。印象裡，她身材頎長，圓圓的臉，一頭長長的黑髮油光可鑑。當時她已年近半百，穿一件猩紅色的薄呢女大衣，著高跟鞋。她這樣的裝束在小城裡是非常突出的。其時，她的甥女正在她身邊。她介紹道：「這是我姨媽蔣碧薇。」她又指著我說：「這是我同學，他很仰慕姨夫（指徐悲鴻）。」她微微一笑，問道：「你是學美術的？」我告訴她並非學美術，只是愛好並不在行。她還問到我從何校畢業，當時的職業，我一一回答。門口有一輛車，看來她要外出，匆匆數言後，她就登車而去。那次邂逅，我感到她和藹可親，並無驕矜之氣。

她那次回鄉，還出席婦女界的歡迎會，當時縣城的報紙登載了她的講話。講話裡說到她的二甥女程一嫄壯烈犧牲事蹟。一嫄是她大姐的女兒，畢業於上海新華藝專。抗戰爆發後，全家避難鄉間，一嫄在宜興張渚山中一個中學裡教美術。日軍進山掃蕩，三個女孩子被日軍捉住，其中就有程一嫄。分別審問後，兩個女孩被放走。輪到程一嫄，一旁的翻譯有心開脫她，說：「你的姨丈不是任援道嗎？你只要說出和他的關係就沒事了。」這任援道是偽維新政府的綏靖部長，蔣家有個女兒（碧薇的堂妹）嫁給他。程一嫄義正辭嚴大聲回答：「我沒有這個親戚！」於是日軍把她擄走，和一日軍同乘一匹馬。在馳驅途中，路經一陡峭的懸崖，她從馬上縱身一躍，直墜入深谷，玉碎珠沉，頓時殞命。蔣碧薇說到這裡時，贏得滿場掌聲，邑人為這女英雄而自豪。

第二次見到蔣碧薇，就在這年十一月，地點換了南京。

這時我在無錫《人報》當記者，報社派我到南京採訪國民代表大會新聞。國民黨軍隊在打下張家口後，不顧中共和各民主黨派反對，召開「國大」，要在會上通過憲法。大概是張道藩使了神通，讓蔣碧薇也當上了國大代表。我作為採訪國大新聞的記者在會場的休息室裡見到她（國大會場即今天的南京人民大會堂）。

當年春天在宜興的見面，她自然記得。這一回見到我，她顯得很熱情，問起我服務的那家報社的情況，還邀我到她家中作客。她告訴我家在傅厚崗六號，在鼓樓的高坡上，屋旁有兩顆白楊樹，是南京最高的樹。從上海乘車來，繞玄武湖，遠遠就能看到這兩棵樹，所以很容易找到。我說待國大閉幕後，一定到府造訪。

國大每次開會，蔣碧薇都換不同的新裝，色彩豔麗，雖然她已徐娘半老。記得會上還有幾個女國大代表（其中一個姓唐），每天都換豔裝，似在爭奇鬥妍。那些小報記者稱她們為「國大之花。」在休息室裡有時見到蔣碧薇和張道藩過從，狀甚親暱，這就成了有些報紙的花絮新聞。但我的興趣並不在此，她並沒有成為我的新聞題材。只記得南京有家報紙的花絮裡，寫到幾個CC健將（潘公展、王人麟、胡定安）在休息室裡以蔣碧薇為題作對聯或吟詩唱和。其一是：「秋水長天同碧色，落霞孤鶩逐微風。」另一是：「天黏芳草碧，山抹暮雲微。」前者為潘公展作，化了王勃《滕王閣序》的名句：「落霞與孤鶩齊飛，秋水共長天一色」；後者是王人麟作，化了秦觀的名詞《滿庭芳》的開首兩句：「山抹微雲，天黏衰草」前後兩聯都嵌入「碧薇」的名字。她非常讚賞，認為是佳構。

國大閉幕後，我真如約到蔣碧薇的府上。

這是二樓二底的兩層房屋，竹籬圍牆，有如茵的草皮。雖經戰爭並無多大損毀。房屋很高敞，在底樓掛著悲鴻先生畫幅的客廳裡，她接待我。傭人上茶後，她先說我的如約來到，她很高興，又問起我的年齡和家庭情況是怎樣和她的甥女同學的。當他知道我生於一九二五年，她說：「你比我的兒子徐伯陽大兩歲，伯陽在軍隊裡。」徐伯陽為何從軍，她並未說。我曾把我寫的國大新聞的報紙給她看，她稱讚我寫得好，只是太激進，沒有體諒政府召開國大的苦衷。我提出要看看當年悲鴻先生的畫室，她說現在那還有畫室，早已人去樓空。她指著室外高聳的白楊樹那間綠光一片的房子，說沒有什麼可看……她曾殷勤留飯，我謹謝後告辭。

三年後，大陸易手，蔣碧薇去了台灣。去台後，聽說和張道藩同居十年，沒有終局。

她的子女們

後來，我已記不清從什麼管道聽到蔣碧薇一子一女的情況。

她的兒子徐伯陽是抗戰時期在重慶參加青年遠征軍的。他不滿母親與張道藩的關係，毅然輟學去從軍。受訓後編入孫立人的新一軍，戰鬥在印緬前線。以著《萬曆十五年》而聞名的歷史學家黃仁宇和徐伯陽曾是戰友與同袍。在緬北密支那前線，徐伯陽曾浴血奮戰，幸天佑善人未生意外。抗戰勝利後隨新一軍接收廣州。以後內戰又起，新一軍與中共軍隊鏖戰在東北，他也在東北戰場。一九四七年初，蔣碧薇請錢昌照寫信給孫立人，讓徐伯陽退伍復學。孫立人允所請，徐伯陽回到南京，以後行蹤茫然。比較而言，徐伯陽與母親蔣碧薇的關係要比其妹徐靜斐與母親要好。徐伯陽曾説過這樣一番話：「聽説我母親老想我們，我們的照片放在她床頭櫃上。她到台灣跟張道藩生活十年，就分開了。她有十八年是一個人過的，聽説是一個孤單單的老太太，只有打麻將消磨時間。她是很堅強的，晚年過的很淒慘。」言下之意頗為同情。一九七八年蔣碧薇在台灣去世，她曾有遺願要屍骨還鄉。二〇〇三年，徐伯陽返故鄉宜興時曾透露，他將通過努力，實現母親這一遺願。據説至今未成。

蔣碧薇的女兒徐靜斐（又名麗麗）是留在大陸的。一九四八年在金陵女子大學讀一年級時，當時淮海大戰，國民黨失利，南京一片混亂，徐靜斐悄然離家出走，參加了革命。後來她自己説：「我因寫文章罵了張道藩而和母親吵翻，便離家出走參加了革命。」一九四九年後，徐靜斐在安徽農業大學任蠶桑系主任，先後任安徽省第三屆、第四屆政協委員。

數年前，合肥有家報紙的記者曾採訪過徐靜斐，談到蔣碧薇鮮為人知的一些往事。

雖然事隔多年，説到母親的所作所為，徐靜斐仍憤憤然。當問到她作為蔣碧薇的親生女兒，在感情上是否更依戀母親時，她毅然回答：「不！」

「我並不依戀我的母親，甚至沒有享受過真正的母愛。記得小時候，我和哥哥一起挨她罵，哥哥聽得不耐煩了就慢慢往門邊挪，挪到門口拉開門就跑出去了。剩下我一聽就是兩三小時，躲也沒處躲，直到她罵累了為止。」徐靜斐這樣說。

「蔣碧薇為什麼這樣歇斯底里，妳父親是否疼愛你們？」記者索疑請答。

她回答：「我母親脾氣非常暴躁，甚至專橫跋扈，現在想來這是她在愛情上失敗的不平衡心理導致了變態人格。我八歲那年我母親跟父親決裂，我和哥哥跟著母親過，除此之外還有張道藩，作為母親的情夫經常到我家來。我和哥哥經常用我們的方式不歡迎他，再加上母親只能作為張道藩的秘密夫人，在一些公開的社交場合只帶著他的法國夫人蘇姍拋頭露面，這大大傷害母親的自尊心，所以她就把憤怒發洩到我和哥哥身上。」

說到父親對他們的疼愛，她舉了一個例。她讀小學三年級時，有一次碰傷了腳，傷口感染流著膿，走路時趿著鞋一拖一拖地。父親正好來，看我這狼狽樣，他皺著眉撫摸著我的頭。父親有個習慣遇到傷心事就皺著眉。校長來了，吩咐校醫幫我包紮傷口。當時父來帶來八個廣柑和一袋龍虱，全給我和哥哥。龍虱是給哥哥治尿床病的。

她又解釋了父親為什麼不去家裡看他們，是因為每次父親去都被母親罵出門。

徐悲鴻後來與廖靜文結婚。徐靜斐說：「廖靜文與我的父親結婚後一起生活了八年，此後多年中，她一直為宣傳我父親的畫品和人品，嘔心瀝血、矢志不渝。我認為她才是徐悲鴻的真正夫人！」

徐靜斐與廖靜文年齡相差不大（徐悲鴻比廖靜文大二十八歲），她對這個繼母評價很高。她說廖靜文感情豐富，心地純淨，她和父親結婚八年也是父親生病的八年，她是做出很大犧牲的，我很愛戴他。

悲鴻身後，廖靜文曾寫過一本《徐悲鴻的一生》。徐靜斐把這本書和蔣碧薇的《我與悲鴻》一起評價。她說：「廖靜文寫的是基本符合父親形象的。蔣碧薇寫的就不顧事實真相，大罵父親，極不道德。我感到憤慨的是，她花了我父親一輩子的錢，臨分手時，父親還給她一百幅畫和一百萬元錢。這裡面包括我和哥哥的撫養費，其實我和哥哥花了不到十分之一。母親就是靠這筆錢在台灣度過餘生的。可她罵了父親一輩子，真不知父親前生欠她什麼。」

蔣碧薇於一九七八年十二月十六日在台灣去世，享年七十九歲。徐靜斐指責母親時，蔣碧薇已魂歸泉壤。如九泉下有知，不知會作何感想。她生前是把女兒看作柔順的，殊不知女兒早有腹誹，可見兩代間溝通不易。

「性學大師」張競生

這是有過爭議的人物。

他曾是民國初年三大博士之一，他曾執教北大，本是哲學博士，性學也進入他的研究範圍，後出版了「使正人君子搖頭歎息，而又讀得津津有味的《性史》。」更驚世駭俗的是他提倡女性的「第三種水」。在那時談性生活已是大逆不道，何況又寫得這樣露骨，正人君子怎會放過他，被口誅筆伐，為此他一生受《性史》之累，悠悠之口，給他定案，其實他是「生活嚴肅的人」（曹聚仁語）。魯迅更是這樣說：「至於張競生的偉論，我也很佩服，我若作文也許這樣說的。」

張競生。

上世紀三〇年代（一九二八年），上海四馬路（今福州路）

青蓮閣附近開了一家「美的書店」，它出版《新文化月刊》、出版《美的人生觀》、《性史》和《第三種水》，同時該店又破天荒聘用年青女店員……一時間生意興隆，店堂人滿為患，可旋即引來官司，官司打了多年，成為當時上海報紙的頭條新聞，每次開庭報紙都不惜篇幅大事渲染……

這研究性學，開「美的書店」是誰呢？

他就是中國性學第一人，堪稱性學大師的張競生。

一

張競生（1888-1970），一八八八年二月出生於廣東饒平縣大榕鋪村，一個家道殷實的商人家庭。小名江流，學名公室，他讀書後，受達爾文「物競天擇」、「適者生存」進化論思想的影響，改名張競生。以後一生沿用這名字。

南方開風氣之先，張競生雖是商人子弟，卻並不以發家致富為人生目標，而是以救國救民為己任。一九〇七年，張競生在考取中學的同時，也同時被在黃埔的陸軍小學所錄取。面臨選擇之際，他選擇了黃埔陸小，立志要做一名優秀的軍人。

黃埔陸小其實所授的都是高等學校課程，學制三年，培養軍事人才，考取的都是佼佼者。從陸小出來的，後來都成了軍閥政客，如陳濟棠、陳銘樞就是陸小二期畢業的。張競生進陸小時（一九〇七年），正值國內醞釀反清革命浪潮，張競生深受許多革命報刊如《民報》的影響，決定站到革命這一邊。陸小即將畢業，他正準備離去。適逢清廷陸軍部準備在陸小法文班選三個學生到法國進士官學校，他的法文成績是班上最優秀的，自以為非他莫屬。然而學校當局因他先後參加「剪辮子」事件與「飯堂風波」，不僅沒有選中他，還把他開除。

黃埔陸小的監督趙聲（百先），是位地下革命者，孫中山的戰友。他企重張競生的才幹，推薦他去新加坡，送一份重要情報給孫中山先生。一九〇九年暮春，張競生來到新加坡見到了早就仰慕的革命先行者孫中山。孫先生讚賞他的勇氣和機智，衝過重重險阻來到南洋，「革命隊伍以後又多了一名小將。」孫先生要他回國後，就去北京講武堂繼續讀書，並參加京津同盟會，適當時候在北方起事。

張競生到了北京，沒有進北京講武堂，因革命需要，他進了北京法文高等學校，接著又考進京師大學，以學生身份從事京（北京）津（天津）保（保定）同盟會的反清活動。

在京期間，張競生結識了一位近代政治舞台上的有名人物，即汪精衛與其妻陳璧君。一九一〇年三月，汪精衛在北京策劃行刺清攝政王載灃，事未成，汪囚禁獄中。張競生奉命參與營救汪精衛的活動。一年後（一九一一年），辛亥革命成功，汪被釋放，從此張競生與汪成為莫逆之交。後汪精衛在抗戰期間墮落成為漢奸，在南京組織偽政府，多次函電張競生，以高官相誘，他毅然拒絕，並痛斥汪的賣國行徑，顯示他的忠貞愛國。這是後話。

一九一一年十月十日，革命黨人在武昌起義成功，全國各省回應，清帝遜位，袁世凱挾兵自重，南北舉行和議，從京師大學畢業的張競生，擔任南方議和團秘書。南北和議成功後，時局依然動盪不安，張競生本可進國民政府就職，但他準備繼續讀書深造，出國留學。孫中山嘉勉他的宏願，促成他去法國。

二

一九一二年十月的一天，法國輪船萊蒙特號，駛出吳淞口，進入茫茫大海，目標是法國馬賽港。

甲板上，一位青年縱目遠眺，浪花翻滾，鷗鳥飛翔，他不由壯志滿懷，大聲吟誦：「大江東去，浪淘盡，千古風流人物……」他就是張競生。

在孫中山首肯下，張競生的大名列入南京國民政府稽助局公佈的二十五名公費留學生的名單榜首，在這份名單裡的還有譚熙鴻、楊杏佛、宋子文等人，有的去美國，有的去德國，各不相同。

兩個月後，張競生到達法國進巴黎大學，他知道這讀書的機會來之不易，全身心專注於讀書。沒有想到，第二年冬天，有一次意外的豔遇。學校休假，他在市郊楓丹白露，住進一家收費低廉的小客店。在這裡他邂逅一位法國女郎。她來自法國東北部的洛林，是學圖案的女大學生，名叫安內特，生得嬌小玲瓏，有東方美人的風韻。多次接觸，兩人談得非常投合，正當感情日益增進時，假期結束，依依惜別，各自回校。又一年暑假，張競生到勒拿費爾海濱度夏。這是一個小小的漁村，遊人不多。沒有想到他和安內特竟會意外重逢。再度重逢又是頻繁相依相偎，終於超越男女大防，一對情侶過了幾個月的同居生活，直到開學在即，才忍痛分手。

短暫豔遇結束後，張競生又回到苦讀生活，三年後取得文學學士學位。一九一六年他又進了里昂大學攻讀博士學位。其間曾到英、德、荷、比、瑞士等國遊歷考察。又是三年。他的論文《關於盧梭古代教育起源理論之探討》，通過答辯被授予博士學位，這是一九一九年四月。

整整六年餘，他負笈法國的求學生涯結束了，取得了巴黎大學文學士和里昂大學哲學博士兩頂桂冠。

留在法國還是回祖國去，他面臨抉擇。博士畢業前夕，他多次收到潮（州）屬各縣士紳來信，請他回鄉辦學，具體説就是擔任潮州金山中學校長。他想起當年出國前孫中山的一番話：「我們讓你出國，是要你學有所成，回來報效桑梓。」他猛然憬悟，決定回祖國。

一九二〇年春，張競生告別巴黎，從馬賽港乘大西洋信風號回歸祖國。

三

一九二〇年，春到潮汕大地。潮屬各縣的第一個博士張競生，意氣風發跨進潮州金山中學的大門。出乎意外，這潮州最高學府竟是校園荒蕪，校風蕩然，學生成績低劣。他下車伊始，立即著手整頓，短期間校貌校風就煥然一新。他又立下許多新規程，如打破不招女學生的舊例，實行男女同校；加強外語教學，高年級數理化全用外語課本等等。這些改革觸怒了校內外的守舊勢力。恰好不幸發生一位女學生在游泳中（體育課）溺水死亡事件，加上張競生又曾在《汕頭報》上發表提倡避孕節育的文章。他們稱張競生為「賣春博士」，又以此為導火索，掀起趕走張競生的學潮。守舊勢手得到軍閥陳炯明支持，張競生被迫辭職，離開金山中學。

經蔡元培聘請，一九二一年，時年三十三歲的張競生來到北京大學，任哲學系教授。開設「西方哲學史」、「美的人生觀」、「美學和性心理學」等課程。他終於拋卻在潮州金山中學的種種不快，專心於他的教學。

譚熙鴻是北大的名教授，張競生與他熟稔。譚的妻子患病日久，妻妹陳淑君代為照看兩個孩子。日久相處中，兩人產生感情。譚妻亡故後，姐夫譚熙鴻與妻妹陳淑君結婚，而陳此前曾與沈厚培有口頭婚約。這引起社會的強烈反響，對譚的一片譴責聲。

作為知情人，張競生出來說話了。一九二三年四月二十九日《晨報》副刊發表張競生所寫〈愛情定則與陳淑君女士的研究〉。這位哲學博士借陳淑君事件，力圖在情與愛的觀念上開拓新領域，他獨樹一幟闡明自己對愛情與婚姻的看法：

——愛情是有條件的。「我一面承認他神聖不可侵犯，一方面又承認他是由許多條件所組成。這些條件舉要為：感情、人格、狀貌、才能、名譽、財產等項。凡用愛或者被愛的人，都是對於這些條件，或明較或暗算，看作一種愛情的交換品……」

——愛情是可比較的。「愛情既是有條件的，所以同時就是可以比較的東西。凡是在社交公開及婚姻自由的社會，男女結合，不獨以純粹的愛情為主要，並且以組合這個愛情的條件多少濃薄為標準。例如甲乙丙三人同愛一女，以誰有最優勝的條件為中選……」

——愛情是可以變遷的。「因為有比較，自然有選擇，有選擇自然時有希望善益求善的念頭，所以愛情是變遷的，不是固定的。大凡被愛的人愈有價值，用愛的人必然愈多……」

——夫妻為朋友的一種。「愛情既是有條件的，可比較的，可變遷的，那麼，夫妻的關係，自然與朋友的關係有相似的性質。所不同的，夫妻是比密切的朋友更加密切。……」

石破天驚，震聾發聵，在當時封建氣息濃厚的中國社會，他這些主張被視為惑眾的妖言，立刻遭到幾百個讀者的圍攻。有識之士對他深表同情。周作人就寫過一篇文章為他辯護。《晨報》副刊的編者孫伏園曾想中止辯論，受到魯迅的反對。魯迅致孫伏園信說：「先前登過的二十來篇文章，誠然是古怪的居多，和愛情定則的討論無甚關係，但在別的一面卻可作參考，也有意外的價值。這不但可以給改革家看看，略為驚醒他們黃金色的好夢，而『足為中國人沒有討論的資格的佐證』，也就是這些文章的價值所在了。」（《魯迅書信集》，上卷，第50頁）約近兩個月，討論才進入尾聲。六月二十日、二十二日《晨報》副刊分上下兩篇刊出張競生的〈答覆「愛情定則的討論」〉。他針對種種悖謬的觀點一一反駁，自認為獲得小小勝利，其實消弭不了對他的譴責。不過也由此開始了性教育的序幕。

愛情定則討論開了端，繼之而來的是張競生一系列驚世駭俗的行動。

北京城內有個小官僚的妻子褚叢雪，婚姻並非她的自願，她怨恨自已的遭際，張競生關於愛情定則的文章，主張愛情可以選擇，她讀後深有啟發。張競生在北大校園做過多次愛情、婚姻、性學的講座，褚叢雪原是北大學生，她是講座的積極聽眾。聆聽後增加了她的反叛意識。她終於自已跨進張競生的臥室，他接受了她的愛，不管世俗輿論，開始同居生活。

一九二三年冬天，張競生在《京報》副刊發了一則徵文啟事，公開徵求個人談自已性生活的文章，作為北大風俗會的社會調查課題。這可說是張競生對中國封建婚姻制度、性禁錮、性盲的公開挑戰。回應頗為熱烈，很短時間就陸續收到兩百多篇談各人性體驗的文章。他並不滿足，還等待更多好的徵文送來。

在等待期間，他先把自己寫的《美的人生觀》和《美的社會組織法》、《戀愛與衛生》這三部研究愛情與婚姻以及性問題的著作，共六十萬字，一次集束性地出版，這引發社會極大的震動。

徵文在等待一段時間後，到一九二六年五月，張競生從近三百篇來稿中選了七篇編成《性史》第一集。只是薄薄的一本，不足一百五十頁。其中有一篇，張競生認為不是性史而是情史，其餘六篇都是道地的性史。在每篇之後，都由張競生加了按語。按語都針對一些具體的性問題，如女子怎樣會有「第三種水」（即性高潮），夫婦如何通過性生活協調雙方關係，手淫問題，避孕問題等等，按語內容都具指導性。

上世紀三、四〇年代聞名國內兼學者、作家、教授於一身的曹聚仁，對《性史》有這樣的評價：「《性史》除了這書名以外，乃是一部一本正經的書。那時張競生先生任北京大學心理學教授，本弗洛依德變態心理學說，徵集性故事輯成此書。他自己並沒有寫什麼，最有名那一篇，署名小江平者，乃是金滿成先生手筆，和張氏毫不相干。在那時談性生活，已是大逆不道，於是張氏一生便受了《性史》之累，好似這部書乃是他的自白書。（張氏著的乃是《愛的人生觀》，亞東本）。」（曹聚仁：《書林又話》）

曹聚仁所說《性史》中最好的一篇《小江平》，是用自述體裁寫偷嫂的經歷，寫閨中少婦的性饑渴，性愛寫得很露骨，董二嫂也就成了讀者有口皆碑的人物。作者金滿成其他譯著並沒有人注意，似乎本篇是他一生傑作。

然而張競生卻要代人受過，他被當作色情狂的代表人物，《性史》似乎是他的自敘傳。「可是，悠悠之口已經替他定了案，熟朋友知其事的替他辯白，又有什麼用？」（同上曹聚仁語）

四

《性史》問世，最大的反響出自天津。

辦教育深得好評的南開大學校長張伯苓，一九二六年八月，首先在南開大學查禁《性史》。不久後，張伯苓又說服警察局在天津查禁《性史》、《情書一束》、《女性愛》、《夫妻之性生活》及《滌明篇》等五種「淫書」。

張伯苓的舉措，並非都為人認同。南開大學的學生很氣憤，說張伯苓是「秦始皇」。文壇上的周作人，也不以為然，認為查禁《性史》等書實無必要，他還直言張伯苓在禁書之外對「性教育方面實在也沒有什麼建樹」，甚至他說張伯苓和章士釗之流同為一丘之貉。

《性史》一問世，市上立即出現續集、二集、三集、四集，還有別集、外補等等，無一例外全都署張競生之名。其實這些都是《肉蒲團》、《燈草和尚》一類色情書的翻版，和張競生毫不相干。這全是那些昧心營利者所為，氣得張競生要和他們對簿公堂。他知道這樣的官司不容易打，因為這些人為數眾多。

這時又出現一件匪夷所思的事，一本名曰《性藝》的書問世。這書並不是談性生活的，而是為非議諷刺張競生而寫的。作者徐卓呆（平梅）是位記者，他託名江不平。小說的內容是：張博士登報徵求性友，每天都有一位女性上門應徵，和他試驗性生活，來者有武旦、尼姑、寡婦、妓女、姨太太，個個性藝高強，顯得這位「性博士」銀樣蠟槍頭，簡直不中用，後來給一位女士帶來的狼狗，一口把那話咬掉了，張博士也就一命嗚呼完結。這可把張博士挖苦得淋漓盡致。這書居然也暢銷，而且有些人以耳為目，把這杜撰的小說，當作真人真事。

遭遇著明裡和暗裡反對的張競生，這時家庭又發生了變故。雙方情投意合，自願結合的褚叢雪，在《性史》事件發生後，經受不住社會的重壓，她和他分手。

這時北大也發生了變故。奉系軍閥張作霖進了北京，在武力控制下，張作霖委派的劉哲任北大校長，蔡元培不再是校長了，張競生不願再在這裡待下去。

一九二七年夏天，張競生來到上海。他先擔任藝術大學教務長，後來任開明書店總編輯，再又和同鄉謝蘊如兩人合資在上海福州路五十一號（青蓮閣附近）開了一家「美的書店」。謝蘊如出資最多，當書店的總經理，張競生任總編輯。出售的書有些從國外進來，本店出版有《新文化月刊》，張競生寫的《美的人生觀》和《第三種水》等，還有該店編輯彭兆良根據英國性學家靄里斯的性問題論著譯述的多本小冊子。這些小冊子篇幅都不長，兩萬字左右，封面大都印著裸女，加上價格很低，極受讀者歡迎。

當年親眼目睹美的書店的溫梓川（暨南大學學生），有這樣一段回憶：

那時美的書店在不大講究佈置的新書店陣容中，的確算得一間名副其實的「美的書店」。它不但佈置得新穎、美化，就是所出的書籍，也另有一種風格，封面尤喜採用英國著名畫家皮亞斯萊的插繪，使人愛不釋手。而且還打破了中國商店的傳統，在上海破天荒聘用年青女店員，後來這種風氣才跟著慢慢傳開去，繼而創造社開辦的「上海咖啡」，才聘用了女招待，但卻不像美的書店的女店員那麼一本正經，那麼有規有矩。雖然魯迅當年就曾嘲笑過，說是有顧客到美的書店去，對女店員調侃，語氣意義雖涉雙關，但女店員卻規規矩矩若無其事地照實回答。

這溫梓川還說到當年所看到的張競生的形象：

他的個子並不昂長，只是很壯碩，跑路也是雄赳赳的。有點像歐洲人那種高視闊步的神氣。大概四十多歲的樣子，紅光滿面，神采斐然。（以上均見溫梓川：《文人的另一面》）。

美的書店既有這樣許多特色，經營情況很好，店堂裡常人滿為患，本店發行的書一版再版，特別是張競生寫的那本《第三種水》，經常缺貨。所謂第三種水，即巴都淋液，兩性交合，女性達到性高潮時排出的一種液體，對女性受孕、優生都很有益。張競生是作科學論證。另外，他又在《新文化月刊》發表一篇論處女膜的文章。他的觀點是只要雙方感情好，不必計較處女膜是否破，何況處女膜的破裂有多種原因，並非全是破身所致。這些議論就惹禍了，加上同業的嫉妒，嗾使警察局多次上門沒收書刊，罰重金。還有許多不法書商，冒用他的名字，出版《性史二集》、《性史三集》等等，都是些誨淫的內容。於是他多次被法庭傳訊，弄得身心交疲。美的書店開張不到一年，就被扼殺，關門大吉。

沒有想到他不久後的一次杭州之遊，竟有囹圄之災。他去杭州是為著調劑身心，觀賞西湖美景的。那知早在北大就和他有過芥蒂的浙江省政府委員、教育廳廳長蔣夢麟，聽說他到了杭州，就以「販賣淫書，講授淫學，蠱惑青年」等罪名，由省會警察局把他關進待質所。後來還是由國民黨元老張繼出來斡旋，經法庭判以「驅逐出境，三年內不得到浙江」，這才開釋，回到上海。

張競生在國內幾乎已無容身之地，他又一次踏上遠離祖國再去法國的漫漫長途。

五

張競生於一九二八年再到法國。走時極為匆忙，沒有籌足多少盤纏，僅只有戔戔一百元，他一邊節衣縮食，一邊立即從事譯著工作，以稿費糊口。萬難中想到了黃埔陸小的同學，時任廣東省主席的陳銘樞，他提出介紹世界名著的設想。請陳經濟上支持。這時恰好陳銘樞接辦上海有名的出版企業——神州國光社，有期刊《讀書雜誌》，還有龐大的出書計畫，立即給他回信，先匯寄五百元，並要他提出詳細計畫。他自然照辦。以後陳銘樞陸續寄款，他安心譯著，只是後來陳從廣東省主席卸任，去領導粵軍十九路軍（與蔡廷鍇、蔣光鼐一起），後因組建福建人民政府事敗，陳下野去歐州，出書計畫受影響。好在張競生譯著並未停頓，先後出版多本譯著。如

《懺悔錄》、《夢放逐》、《印典娜》、《歌德自傳》、《多惹情歌》、《浪漫派概論》、《偉大怪惡的藝術》等等多種，成績不凡。

第二次到法國，又是六年。一九三三年，也是黃埔陸小的同學陳濟棠接任廣東省主席。陳濟棠打聽到了張競生在法國的地址，函電交馳，促他回國，協助陳推行廣東省政。廣東是他故鄉，陳濟棠又是前後同學，盛情難卻，加上他對多年隻身飄泊異國深感孤寂，也想回國。一九三三年秋，張競生回到廣州。

陳濟棠果然虛賢下士，三次登門造訪，擺出十個職務讓他挑選。張競生已厭倦書齋生活，他想到中國所以衰敗，就由於實業不興，以致民窮財盡。於是他選了「實業督辦」這個職務。陳濟棠又要他兼《廣東經濟建設》主編及廣州《群聲報》主編。他欣然接受了，他認為一報一刊，對他推廣實業會有幫助。

他剛回國又有喜事送上門來。一九一〇年他在故鄉饒平，曾由父母作主與一年僅十五歲的農家女結婚，以後他去法國雖有豔遇，但仍單身。回國後在北京、上海，幾次和褚叢雪合合離離，最終仍是單身。他的同學，又是好友國民黨中常委鄒魯，同情他的中饋乏人的處境，給他介紹畢業於中山大學法律系的黃冠南與他結婚，他無可推託，成就了這樁美滿婚姻。

既然當了「實業督辦」，總得興辦實業，他想到要為饒平的鄉人造福，他計畫造一條公路，總長六十餘公里，從饒平到廣州。這本是大好事。經費從鄉人中集資，取之於民，用之於民，可是公路必須走捷徑，有時得從私有土地上通過。這就侵犯個人利益。再，他又在大榕鋪村上辦了個維新小學，用了幾個女教師，又有一些新舉措，在鄉人眼中看來是破格的。於是一時間刮起一陣謠言風，說他造公路侵吞公款，辦學校傷風敗俗，一些守舊的士紳，聯名向當地駐軍控告張競生，正要派兵來抓他時，幸而有人通風報信，匆促間逃到香港。當陳濟棠得知此事後，立即派人去把他接回來，改任參議、廣州經濟委員一些閒職，這才相安無事。

一九三七年盧溝橋事變，抗日戰爭發生，接著全面抗戰。張競生從廣州回到饒平，擔任饒平縣民眾抗日統率委員會副主任，從此息影家園，領導家鄉人民抗日，一面又在家鄉興辦農場，創辦農業職業學校培養農業科技人才。

值得稱道的是，原本與張競生有很深交誼的汪精衛，逃出重慶到南京組織偽政府，公然投敵賣國。汪逆聽到張競生息影家園，並未從政。親自三次發出電報請張競生去南京就職，張競生置之不理。汪逆又令偽廣東省長陳春圃派人到饒平勸駕，張競生把來人縛送國軍按漢奸罪處理。這和曾列身創造社以寫三角戀愛小說而聞名的張資平落水當漢奸相比，顯出張競生的民族氣節。

度過艱難的八年抗戰歲月，一九四五年終於迎來抗戰勝利。張競生在多年和農民的相處中，深感農民缺少代表農民利益的政黨，他發起組織中華農民黨，風塵僕僕奔走遊說於全國各地，足跡甚至遍及台灣，並跨出國門到越南、柬埔寨。可惜他雖苦心婆心，而應者寥寥，組中華農民黨之願終成泡影。一九四七年他去台灣時，曾帶農校學生二十餘人到台灣糖廠工作，並帶回甘蔗良種，發展家鄉的種蔗製糖。

六

一九四九年是中國的大轉折，國民黨兵敗大陸，撤往台灣。

張競生面臨人生大選擇，三條路擺在他面前：一是台灣的陳誠給他一封親筆信，要他跟隨副參謀總長胡璉速去台灣；二是在香港的老同學許日通請人帶來口信，要他趁早動身，趕往香港；三是留在大陸，去中共已建新政府的北京。

他幾經考慮，以歷史淵源而言，他和國民黨的關係較深，當年留學法國就是孫中山先生的支持，國民黨給的經費，可是如今的國民黨早已背叛孫中山，而且已經面臨最後敗亡，去台就是為它殉葬；夫人黃冠南勸他去香港，那裡朋友多，是自由世界，可以保持中立，不介入任何一方，好雖好，可考慮到自己已年老，如何生存並又有弱妻、幼子，作不了這決定；最後就是留在大陸，當年他在北大就和陳獨秀、李大釗有往來，抗戰勝利後這幾年，饒平鄉間已有中共游擊隊，他救過三個游擊隊員，與中共地下黨有極好的關係，這時被他營救過的一位柯同志親來勸他，要他留在大陸，先去廣州，免得被國民黨的殘軍裹挾去台北。

他在廣州迎接解放後，中共讓他進了南方革命大學，改造思想。他受到尊重，曾是金山中學學生的方方（廣東副省長）寫信向他問好。他安下心來學習。他沒有忘記遠在饒平鄉間的妻子黃冠南，他多次寫信回去並附上家中的生活費，可是沒有想到當地鄉村幹部出於何意竟截留他的信和錢，還不斷編造對他不利的嚇人消息。黃冠南沒有生活來源，這大家閨秀流落到以挑木炭謀生，孱弱身軀所挑極少，難以為生。就這樣，有一天，張競生的堂叔，從農會中聽到消息，說張競生在廣州被鎮壓（即槍決）了。她沒有去核實消息的真偽，她也感到生的絕望，終於決定上吊自縊，留下兩個未成年的孩子，走向死亡。

年餘後，張競生才知道妻子自盡的消息。此前兒子模仿母親的筆跡，隱瞞真相給父親寫信，是怕父親經受不了這打擊。當然張競生悲痛欲絕，但也無可奈何。

從南方革大畢業後，這位哲學博士被分配到農業廳去任技正。這並不是他的專業，他早已是教授，而技正只是中級技術人員，他只能接受。

此後他小心翼翼，做本身工作。竟幸運地度過了一波一波的運動，如鎮反、肅反、三反五反、反胡風反革命，那一九五七的「反右」也相安無事。後來在他古稀之年時，自動到饒平湯溪水庫工地去勞動，那求安的良苦用心於此可見。

一九五九年，湯溪水庫完工蓄水，張競生回到饒平縣城，當上廣東文史館外駐研究員。連同他以前寫的，先後寫成《南北議和見聞錄》、《辛亥革命南北議和時，孫中山先生兩個重要口頭指示》、《回憶金山中學》、《情場十年》、《浮生漫談》、《生活散記》、《回憶北大時的李大釗烈士》等篇，發揮他的餘熱。

畢竟在劫難逃，一九六六年「文革」開始，「淫棍」「淫蟲」、「賣春博士」……給他戴上一頂頂帽子，一輪一輪批鬥。一九六九年又從饒平縣城遣送到樟溪區廠埔村，讓他住在牛棚邊的一間草屋裡。

一九七〇年三月到六月，在草屋裡，他孤寂地度過了生命的最後四個月。六月十七日深夜，他手中的杯子突然墜落，他悄然死去。終年八十二歲，直到第二天早晨才被人發現，身軀僵硬冷卻，一代性學大師的生命就此結束。

無名氏（卜乃夫）的身後風波

無名氏，其實有名。卜乃夫，又名卜寧，小名寶南。一九一七年出生於南京下關。

一九四三年，卜乃夫用「無名氏」的筆名，在西安，以狂飆突進的浪漫主義寫成《北極風情畫》、《塔裡的女人》兩本愛情小說。一時洛陽紙貴。據統計至上世紀末，先後已印五百版，銷達百餘萬冊。甚至在大陸文革期間，《北》與《塔》兩書，以手抄本形式在地下悄悄流傳。此後數十年無名氏卜居杭州，以隱藏狀態，從事創作沉寂無聞。一九八二年經在香港的兄長卜少夫幫助，先去香港，後去台灣。

穿過十六年長長的時光隧道，一九八八年十月，無名氏重新踏上到大陸的歸途。大陸的改革開放，使他深受鼓舞。他也終於被大陸文壇重新認識。當代文學史見到了他的名字，他的作品集束性地在大陸多家出版社面世。此後他頻繁回大陸，出書，演講，策劃以他的小說改編電視連劇……他似乎不是一個望九的老人。

無奈生命的大限到了。二〇〇二年十月十一日清晨，病逝於台北榮民總醫院，享年八十五歲。今年是他逝世的五周年。

離世前一周，無名氏寫過一篇《無題》短文，傳真給文史哲出版社發行人彭正雄，被看作遺言，發表於他的六弟卜幼夫主辦的

《展望》上（二〇〇二年十一月）。內容只是張揚他的文學成就，不涉及其他。

進入生命晚年，無名氏一向身體尚好，雖曾兩次骨折，又查出前列腺癌動了手術，但都憑他頑強的意志挺過來了。過了八十歲，頭髮還是黑的，耳聰目明，腰板挺直。他講究養生之道，每天都堅持打坐半小時。

二〇〇二年十月，在他簡陋的房間，桌上堆滿著修訂的無名書稿，還有準備在十四日動身去大陸（蘇州）簽訂拍攝電視片《塔裡的女人》的計畫。

然而生命總有極限。十月三日這天，他忽然吐血，被送進醫院。送醫的宋先生說，當時神志還很清楚，他吐了滿身的血，幫他換衣服時他還說，不好意思把你衣服弄髒了。送進急診室，他的右

無名氏與日本影星栗原小卷。

手在空中亂劃，已講不出話來。把紙和筆送到他手裡，他寫了「不要死！」一旁的宋先生大聲說：「不會死，不會的！安心休養幾天就好了！」待他插上管子，人就呈昏迷狀態，氣息微弱，面色臘黃，醫生初步診斷：「嚴重失血，大小便失禁，肝脾腫脹硬化，內臟器管已完全喪失功能。」送進加護病房，掛上病危牌子。

十月五日，迴光返照。友人戈正銘來看他，神志清楚。戈正銘贈他詩一首，云：「閱報方驚君住院，吉人天相又欣聞。浮雲已過嬋娟皎，夜白風清共論文。」尉天驄教授在《記無名氏的逝前日子》中寫到他親見的情景：那天（可能就是迴光返照這天），他還和朋友們談到王陽明和王船山怎樣在困頓中著書立說，又說到藝術大師林風眠怎樣保持人格和藝術的尊嚴，耐得窮又放得開。

接著，病情又復惡化。移到樓上加護病房後，意識完全模糊不清。他的六弟卜幼夫本準備在二十五日到大陸，問醫生能否拖到這天，回答是隨時會走。卜幼夫希望有奇蹟出現。

十月十一日下午，卜幼夫又去醫院，傍晚回家。九時許，忽接醫院病危通知。全家四人驅車趕往醫院。無名氏已呈完全昏迷狀態。從儀器中顯示，呼吸與血壓下滑，經打強心針與兩次電擊，終於回天乏術，在午夜十二時零分，無名氏停止呼吸。

在無名氏大去時，只有卜幼夫一人在旁。當他停止呼吸時，卜幼夫不禁失聲慟哭。這是心靈深處迸發的哀傷，出於手足之情的切膚哀痛。

台北《中央日報》十月十二日藝文版發表消息——

> ……卜乃夫去世的消息昨日在一場文藝界聚會活動傳開後，引起文壇一片唏噓，中國國民黨副主席林澄枝感慨的說，她的心很不安，因為本來上週四（按：十月三日），要去無名氏家中探視，表達重陽節敬老之意，卻臨時聽說他被送進醫院

加護病房，後來才從友人處得知，無名氏為了她前去造訪，興奮得在家打掃了兩天，可能是累壞了才住院；隔天她特地前往病房……

無名氏與夫人馬福美在台北新居前。

這則消息也許可以找出他的死因。

他死後所有後事均由卜幼夫料理安排。喪過程與遺體火化的告別儀式，無名氏之妻馬福美均未參加。

馬福美是山東人，出生於台灣。一位鋼琴教師，兩人年齡相距四十一歲，本是無名氏小説的崇拜者。一九八二年無名氏到台北後，開始了忘年之戀。又經兩年餘，八百多個日子相互瞭解，終於締結梨花壓海棠的婚姻。無名氏自詡為「最後一次百年好合」。然而好景不長，日久後終於感情有了裂痕，無名氏悄然出走，租屋分居。

無名氏走了，身後並不平靜。

二〇〇三年二月，與無名氏有五十餘年友情、並是他在大陸的版權事務代表人的方為良，在上海接受《新民週刊》記者採訪，暢談無名氏一生得失。

方為良，畢業於浙江大學法律系。一九五〇年在杭州時，因慕名相識無名氏，以後一直往還。此後又是患難之交，兩人關係非同一般。一九九八年無名氏首回大陸，筆者去上海接無名氏來南京時，就和方先生聯床夜話四天，話題就是無名氏的種種切切。

方為良受記者訪談時稱：從無名氏的整體言，他是失敗的。身後蕭條，無兒無女，夫人拒不出面為他治喪，還出了一本書對他「鞭屍」。「好名、好利、好色，是他的致命傷」，他為無名氏一生作總結。

無名氏說他的成就超過巴金（見於他的遺言），他的作品比徐志摩還浪漫，花錢請人翻譯自已的作品，到處請名家推介他。他只願聽別人對他作品的好評，對別人的不譽之詞就勃然大怒，這都是好名的表現。

方為良說，「如果說他做人最大的失敗，那就是人際關係了。」「他這個人太功利，用得著的就聯絡，用不著的就不理別人，因此朋友很難交得長。他後來和很多老朋友的關係都疏遠了，兄弟關係也很緊張。在金錢方面，他是個非常斤斤計較的人。」方為良還說到，他的二哥卜少夫，多年給他經濟支助，為版稅幾乎和二哥決裂。

方為良談到無名氏的婚姻悲劇。在方為良看來，他和馬福美的結合，年齡相差懸殊是其一，但還有其他原因。「在性格方面，無名氏有大男子主義家長作風，不願意年輕的妻子過多參與社交，如果馬福美晚上回來得晚就把門鎖上，還要她寫檢討，而他自己則風流韻事不斷。當然，主要的矛盾在經濟方面，無名氏曾控訴馬福美十大罪狀，說她好吃懶做，不幹家務，而給她投資的幾十萬美元全弄沒了。」方為良說。

方為良言之鑿鑿說到無名氏情不忠的又一戀情。她是演員，長得挺漂亮，當年在杭州時曾有地下戀。一九八二年無名氏曾許諾如果到港、台，就把她接出去。事未成。他和馬福美感情破裂，又重拾舊情。聯繫上後，經常打電話、通信。馬福美是有心人，在同線電話上偷偷錄了音，製成一碟CD以作佐證。方為良還說到，無名氏曾和他商議如何與馬福美離婚，以及怎樣公證認杭州那位地下戀人為養女（便於到台灣），均因有困難而作罷。

無名氏去世後，妻子馬福美大揭無名氏之「短」，拋出一部厚若磚塊，長達五百頁的《單獨的新娘》。她不計毀譽，寫出愛恨情仇，台灣人稱之為「鞭屍」。

一九九八年無名氏愛情大撤退後（離開淡水與馬福美分居），馬福美就寫好了這本書。曾分別與廣州花城出版社和台灣幾家出版社聯繫，都被婉拒。她只好將一份書稿，存放《傳記文學》劉紹唐先生處，作為「物證」。最後還是由台北慧一文化公司出版。

《單獨的新娘》，副題「作家卜乃夫與馬福美的婚姻實錄」。她在自序中說到這書名的由來。「我的婚姻很悲慘。搬到淡水後的那年秋天，曾作一夢——我在夢中身著婚紗，是充滿喜悅和幸福感的新娘。但是沒有新郎。……我喜歡這個夢將此作為書名。書中的愛恨情仇，都維持當年原貌，有如紀錄影片，我只是略微增刪整編而已。最後我想說——愛可超越生死，恨可超越生死，真理是永恆的。」

馬福美說，新婚伊始，兩人就因蜜月時間的長短起了爭執。度完蜜月，他就提出離婚。以後經常為瑣事爭吵，「一年說上百次離婚也不為怪。」她又說，他與她結婚後，即不斷表現「鬥爭」的模式——哭、鬧、跳、跪。然而他又一次次作出檢討。書中附了無名氏檢討的手跡，計十一則。

馬福美還以許多實例，說明無名氏的自誇、好名、攀緣權貴，人際關係中的重功利。對無名氏最具殺傷力（說明愛情不忠）的是，他與杭州地下戀人的通話，被馬福美錄了音。先後錄下一九九八年一月十四日，二月十一、十二、十三、十八日，三月十、二十一日，四月三、八、十五日共十次通話。談話內容都是設計雙方離婚，認作義女去台灣，還有「讓我們的情感，像玫瑰一樣紅透了生命」的祝福。馬福美把這些通話內容，製作一張CD，附在《單獨的新娘》書後，隨書贈送。

無名氏死後，馬福美向法院申請放棄財產繼承，表示她無意於無名氏的財產。

看來從愛到恨是一支雙刃劍，馬福美此舉傷了無名氏也傷了自已。

據傳聞，無名氏死去三年後，即二〇〇五年，人們不再見馬福美的蹤影，確否待證。

像兩股輕煙綢繆在一起

——卜少夫與徐天白的生死戀

一語成讖　隨風而去

二〇〇〇年十月五日，香港律敦治醫院。

病室裡，一位耄耋老人，趴伏在床前的小桌上，展紙艱難地寫：「此時，我在香港律敦治醫院，我能否出院，幾時出院，都未可知，但律敦醫院是整整四年前的一九九六年十月五日時我老伴徐天白斷氣的地方與時候，我在這同一天，同一個地方，寫我的遺言，冥冥中是否徐天白願與我有這個巧合？」

一語成讖，一月後（十一月四日），這位老人真的走了，如他所說的：「讓我隨風而去，讓我靜靜、悄悄地散失吧！」他和老伴消失在同一醫院。他走得瀟灑從容，在人間度過了九十二個春秋。

老人是誰？就是報人卜少夫。

卜少夫一九〇九年出生於江蘇江都縣。日本明治大學畢業，名報人，一生執著於新聞事業，記者生涯長達七十年。先後任職的報紙有十三家，當過《中央日報》的總編、《申報》副總編，還當過復旦大學、香港聯合書院的新聞系教授。抗戰期間，英美與中國簽署放棄租界的協議，卜少夫得獨家之秘，首在《中央日報》揭布。由他獨立支撐以新聞性、內幕性為特色的《新聞天地》雜誌長達五十六年，創中國期刊刊齡之最。

徐天白（字品玉），這位江南才女，一九一一年出生在江蘇常熟，是卜少夫的愛妻。一九三五年畢業於南京中央大學中文系，她是當代大詞人吳梅（瞿庵）、汪旭初、胡小石三位的高徒，女詞家沈祖棻（程千帆夫人）是她的同窗。畫家黃苗子說:「天白嫂子不僅會持家，更是一位文才出眾的才女，寫起詩詞文章來，比少夫還要高。要提起卜少夫這個人，以及他那離奇古怪的一生，卜夫人這一筆，是不應漏掉的。」徐天白性格豁達，她有句打諢的名言:「丈夫，丈夫，一丈之內才是我夫。」

他和她的婚史，長達五十七年，接近鑽石婚。

「白雲蒼狗」喜結良緣

一九三四年，一個春天的下午。南京中央大學孟芳圖書館裡，莘莘學子們佔滿了座位。遲到的一位女大學生，跑了兩個閱覽室，找不到一個座位，最後在期刊閱覽室看到了一個空座，但椅子上放著衣帽。她上前去，輕聲地問邊上的一位男士：「對不起，我能夠坐嗎？」那男生忙不迭地站起來，拿開衣帽：「抱歉，請坐。」她微微一笑坐了下來。

第二天，第三天，他和她又相遇了，由這位男士先開口，交談了起來。「我姓卜，即一豎中間一點的卜，名少夫，南京《新民報》的編輯。」女生也大方地回答：「我叫徐天白，中央大學中文系大三的學生。」

初識以後，兩人的談話多了，更多瞭解各自的情況，卜少夫說，他本在日本明治大學讀新聞系，一九三二年就入學了，因為家境困難，只能邊工作邊讀書，好在明治大學是採用學分制，並不需要整天在校，於是他回國工作，有了積蓄再去，已經先後去過兩次，再去一次就能畢業。原來他是負笈東瀛的留學生。看他又年輕好學又舉止瀟灑、熱情，徐天白對他不免產生好感。卜少夫也知道了徐天白是常熟名門的千金，品學俱優，喜好詩詞，是當代大詞人汪旭初、吳梅、胡小石的高足，舊學與詩詞的造詣很高，自己遠不及她。一來二往，兩人的感情與日俱增。校園裡，林蔭道上時見兩人的蹤跡。

當時中大中文系的女同學組織了一個詞社，定名為梅社，一來組社之議是幾個女同學在校園裡梅庵的六朝松（樹名）下提出的；二是標誌她們的詞學啟蒙教授吳梅。入梅社的同學有王嘉懿、曾昭燏（曾國藩後人，解放後任南京博物館院長）、沈祖棻、龍芷芬、胡元度、尉素秋（後為葉青即任卓宣夫人）、杭淑娟、張丕環、章伯璠及徐天白等十多人，都是優秀的女才子。她們不時聚會吟詩作詞。徐天白是中堅分子，每會必到。這年秋天，徐天白與卜少夫正處於熱戀中。有一回，卜少夫遠去江西採訪。梅社集會，徐天白因心情不佳，就寫了個條子向主持人請假，那條子這樣寫道：「上元月色，應不減去歲中元，但白雲蒼狗，人事全非，無已，往湖上覓去秋人影去矣。」女友們傳觀這出色的小品文，同時戲稱徐天白為「白雲」，卜少夫為「蒼狗」。

「白雲」與「蒼狗」的一雙戀人已決定論婚嫁了，徐天白寫信徵求父母的意見。信中有云：「少夫灑脫、不羈、熱情、古道熱腸，而我則是樸質純正、堅忍，幾近於迂執的村姑型女孩子，於是，我們互相發現了自己的缺點，互相吸引著了。」同時，她倆的友人邵健工（華）以函附卜少夫穿長衫的半身照片一張為之說情。

徐天白的父親，知道卜少夫從事新聞事業，又性情豪放灑脫，不同意作為東床快婿。回信給女兒，云：「此少年佻脫不羈，性不能專，視之為友則可，若作良人則吾兒苦矣，」她的母親要她不可感情衝動，理智一點，將來不要後悔。然而徐天白做了自己的選擇。

一九三五年七月七日，徐天白從中央大學中文系畢業要離校回常熟故鄉了，她決定與卜少夫訂婚。

這時卜少夫在南京《扶輪日報》擔任採訪部主任，同事與朋友知道他訂婚的喜訊，都主張熱鬧一番，沒有想到卻遭徐天白的反對，她力主節儉。卜少夫依從了她，終於沒有舉行儀式，也沒有宴客，甚至沒有交換訂婚戒指，只有一個證婚人，那是徐天白的同學張遠昭小姐。徐天白說：「我的心已給你了，我這人一言九鼎，儀式、宴請、聘禮都只是形式。」

婚後約法　相敬相愛

訂婚後不久，卜少夫第三次去日本，最後讀完明治大學的學分，拿到畢業文憑回國，在上海與徐天白相聚。這時中國的抗日戰爭已經開始。

「八一三」上海抗戰的炮聲響了，一對戀人還沒有相互訴盡別後的思念之情，就立刻投入到戰地採訪。卜少夫代表南京《新京日報》（他是採訪部主任），徐天白以自由撰稿人的身份，一雙儷影常常出現在炮火熾烈的前線。署名天白的戰地通訊，登在《申報》、《中央日報》等大報上。

三個月後，上海淪陷。卜少夫與徐天白輾轉到達香港。經過三年的愛情考驗，戰地採訪的生死與共，一九三八年春天，卜少夫與徐天白決定結婚。

婚禮在香港利園山袖海堂舉行。徐天白的妹妹徐天民代表父母主持婚禮。請了報界前輩成舍我、文學家許地山教授兩先生作證婚人。當時他們經濟並不充裕。沒有錢宴請客人，僅辦了五桌茶點。婚禮雖簡單卻非常隆重。

婚後針對丈夫浪漫灑脫的性格，徐天白與卜少夫約法三章：

一、不得再與任何人戀愛；

二、不得與正式有夫之婦尤其是黃花閨女發生曖昧關係，人知之，敗汝行，人不知，喪汝德；

三、不得帶花柳病入家門。

卜少夫嚴肅表示，此生我一定遵守。雖然舊社會記者生涯難免酒色徵逐，卜少夫卻時時牢記這約法三章。

新婚不久，卜少夫由香港《立報》派往國內戰地充當戰地記者（當時卜任《立報》副刊編輯），還兼任香港《大公報》等報紙的戰地特派員。

遠行前夕，卜少夫雇木工修理住房。一塊木板上有幾個墨字：「人在江湖心在家。」卜少夫莞爾一笑說：「這木工倒也風趣，知道我將要遠行，這樣我可以有一個新的筆名了。」徐天白笑著問道：「什麼新筆名呢？」「這就是『二在』。」徐天白大笑，說：「我也可以有新筆名，你是記者人稱無冕王，我的故鄉淪陷已無家可歸，我的新筆名就是『二無』。」兩人同時鼓掌。

以後，卜少夫整整擔任四年戰地記者。參加武漢會戰，長沙會戰。廣西昆侖關大戰時，他多次出現在戰地前線，他所寫戰地通訊，就用「二在」做筆名。

徐天白在香港，不僅獨立支撐家庭，而且接替了卜少夫在《立報》的副刊編輯，她的出色的工作表現，得到《立報》社長成舍我的讚賞，說真是「夫唱婦隨」。

一九四二年，卜少夫進《中央日報》。徐天白由香港到了重慶。這時她們已有愛情的結晶，兒子卜凡出生。

一九四八年十月十日，卜少夫、徐天白伉儷於無錫梅園。

卜少夫的工作極忙，家政全由徐天白一人管理，而且她仍然參加社會工作。黃苗子説：「記得他的賢內助曾經在重慶康寧路財政部工作，那是由我介紹進去的。」

徐天白全心全意地相夫育子，支撐著家庭。從戰時重慶，到抗戰勝利後的上海，一九四九年後定居香港，數十年如一日。卜少夫這樣説她：「她為人溫良恭儉讓，我是個貧寒知識份子，她跟我一輩子沒有什麼享受，她從來沒有要求我買東買西，衣裝從不趨時，二、三十年前的衣履留存，二、三十年後復古又能穿戴了。她惜物如金，一絲一縷都捨不得拋棄，因此，家中滿坑滿谷都堆滿她的衣箱、鞋盒、毛線、碎布。她為我縫製特殊襯衫、毛衣、睡衣，親手一針一線縫製……她看到我穿用她的手製成品而高興、滿足，往往她會讚我「『一表人才，兩袖清風。』」

徐天白不僅是賢妻良母，也是卜少夫一生新聞事業的好助手和支撐者。抗戰期間卜少夫從香港回內地任戰地記者，他編的《立報》副刊就由徐天白接替。抗戰勝利後回上海，卜少夫擔任《申報》副總編輯，負責指揮該報全國各地記者的通訊與採訪業務，還要輪流隔日編報執行總編輯任務，同時還主編副刊《自由談》，忙碌之狀是可以想見的。有時他去外地，《自由談》的編務就落在徐天白身上，幫助審稿、校對；另一份《旅行》雜誌，她一手總攬全部編輯工作。她不拿分文工資，自己的工資收入全用來支持丈夫辦刊物。她說自己是卜少夫的義務工。卜少夫說：「我的一生的成就要歸功於我的另一半。」

卜少夫曾戲言：「如果我和天白都有來生，我還要娶她為妻。」五十七年的婚姻生活，他們一直相敬相愛，年老時感情更深。卜少夫每到一地，都向妻子報告行蹤，有時從香港到台北，住於旅舍，夜闌人靜，他打長途電話給妻子噓寒問暖，備極關懷每次從外地返香港前夕，都打電話給妻子告訴她到達的時間，要她去接，一見面不是擁抱就是接吻，那親密之狀不遜於年輕人。

正意反寫　陡起風波

七〇年代，卜少夫有個徵求生前悼文的創舉。他給朋友遍發一封徵文信：「通常朋友之間倘有一方死亡，另一方會寫文悼念追思，少夫要求朋友們與其等他死後來寫，不如在他生前來寫，不論是罵他捧他，好讓他在以後的歲月中有自知之明。」一呼而百應，果然這種生前悼文從各處寄到，徐天白用徐品玉的名字，寫了篇情趣橫溢的〈我愛少夫〉。

她落筆寫道：「這個題目，可有兩解，一是『我愛少夫』，一是『我愛，少夫！』每個人都愛自己的缺點，我也愛我的缺點，所以我愛卜少夫。」

接著她正意反寫，歷數卜少夫的缺點，無論做什麼事皆「逾份」。比如：工作，案牘勞形，至忘進食，有時辦公室眾人皆退，他可以孜孜不怠；比如：寫稿，一頁又一頁，不管夜已闌，人已靜；比如：讀書，興趣上來，不知東方之既白；比如幫助別人，少夫是有助無類（不是孔門的有教無類），不管對方值不值得幫忙，自己有沒有能力幫忙，只要對方開口求助，一概助之；比如：傻氣，儘管是手無縛雞之力的書生，可是為了某個人某件事他可以勇往直前，奮不顧身；比如：喝酒他可以從白蘭地、威士卡、啤酒以至紹興花雕，必喝到盡興，喝到過量，甚或亂講亂罵亂唱，與鄰座之人（不論男女老幼）勾肩搭背，眾為之失色而不覺；比如：朋友永遠第一，待朋友好過我且不說，對朋友（尤其是女朋友）能噓寒問暖，心事如塵，可是在家生活，連一個燈掣是管某一個燈開關，都不大清楚；比如：坐舞場、夜總會，不論華爾滋、探戈，以至阿哥哥、迪士可……曲曲音樂皆跳個清楚，往往這裡關門，他還要夥人另覓去處……

寫罷這些是否缺點尚待商榷後，徐天白不為丈夫諱，寫了一段「白雲蒼狗」之變。卜少夫對一個賣笑的酒妓動了真情。眾友皆知，她卻懵然。卜少夫在台北七八個月後回到香港，面容黑瘦憔悴，她認為可能在台勞累，對他安慰，但他仍沉鬱不解。一天深夜，卜少夫夢囈說：「大令，妳在台北可想我？」恰為她聽到，不禁愕然，他生平從未稱她大令，她又不在台北。又在辦公室裡發現這女人的來信，知他去過信並贈送金錢衣物手錶種種，證據俱在，他無言自辯，頻頻認錯。一向信任的丈夫，竟暗地背叛，她深深陷在痛苦中，終宵靜坐海濱，凝眸遠海，想起當年父母的告誡，欲哭無淚，真想往海中一跳，一了百了，轉念又想到兒子尚未成年，不忍拋兒而去。後來那歌妓知道卜少夫是寒士，另接豪客，他打了退堂鼓。徐天白正容告誡他：「你一向拈花惹草，我素不禁阻，唯獨你欲重新青春一番去談情說愛，是犯我約章，何況人盡可沾之酒妓，又豈是用情之對象？此事實非風流，毋乃下流！」此事過去後，胸懷豁達的徐天白自解自慰：「畢竟，少夫是我的丈夫，他的一改常態，幾年糊塗，既回頭是岸，我不得不原諒他，雖然此後他仍不免有花花草草的心思，只要他不太認真，不預備動真感情，我亦唯有眼開眼閉了。」她還說：「我永遠愛我的丈夫——卜少夫。」

卜少夫真的做到了不論是罵他的捧他的文章一概刊佈。他只在徐天白的文章後面加了一段話：「我願以贖罪的心情，忠誠地將我的餘生歲月呈獻給品玉，使她快樂、和諧、寧靜，彼此心心相印，息息相關，度過兩位一體的上天給我倆的壽命。品玉待我，夫婦之愛外，還有母子之愛，她是我的妻子，也似我的母親。一個人被愛是幸福的，七十歲以前，我並未察覺自己浸沉在這種深厚的幸福中，實在荒唐！」

圖上：卜少夫、徐天白在上世紀七〇年代。
圖下：卜少夫（右：第一人）徐天白（右：第三人）。

相扶相將　再結來生

卜少夫與徐天白相扶相將，度過了五十七個春秋，愈到後來愛情逾篤。

然而自然規律不可抗拒，徐天白衰老了。一九九五年九月她病倒，進了香港的法國醫院，厭食、營養不良，經醫生診治，強灌營養劑，病慢慢好起來，一月多後恢復健康出院。卜少夫與卜凡父子倆額手稱慶。一九九六年六月，卜少夫八十八歲，慶祝他的米壽，徐天白還跟他去台北，連續十天都是宴會，她沒有缺席，精神似乎不錯。回香港後，還幫卜少夫審稿、校對，卜少夫暗暗高興。哪知到八月中旬，她又精神不振，昏睡，醫生還是説她營養不夠，而人愈來愈虛弱，到十月五日情況更壞，她全身顫抖，不能言語，且有嘔吐，急送律敦治醫院，哪知大量吐血，搶救無效，溘然長逝。卜少夫吻她面頰時，她雙眼未閉，他的淚滴在她面頰上，她閉了眼。臨終只在昏迷前説：「我已油盡燈枯，一切順其自然吧。」她享年八十五歲。

徐天白真的先走了（卜少夫曾戲言「將來還是你先走，讓我哭泣，讓我傷心，我不願你為我哭泣、傷心」），走得突然。卜少夫説：「我的哭泣，將一直到我的生命盡頭時才會停止，隨時想到她我會流淚。」每天早晚，面對她的遺像，卜少夫燃點三炷清香，默默祈禱她在天安寧，他説：「要是再有來生，我倆再成夫妻！」

四年後，卜少夫也步徐天白後塵，走向天國。

二〇〇〇年，新舊世紀交替之際，卜少夫的生命已有九十二圈。五月間，因咳嗽和呼吸短促，進台北宏恩醫院檢查，發現在肺下葉似有癌的跡象。接著從痰液裡發現癌細胞。醫囑要進行手術或放療或化療，他斷然拒絕：「不要再折騰自己了。」

他自知不起，決定把已辦了五十六年的《新聞天地》於十月停辦，寫了兩篇類似遺言的文章。一是〈告別讀者〉，另一個是〈向朋友們揮手〉。在後一文中說：「倒下來遺體交解剖，不辦任何喪禮，不發訃聞，不舉行任何紀念儀式，不花費分文，因為朋友們在我的生前，已經寫過紀念我的文字了。」

二〇〇〇年十一月四日，卜少夫自己拔掉維持生命的導管儀器，在昏迷中停止了呼吸。

徐天白與卜少夫情深一生，她在前，他繼後都走了，像兩股輕煙綢繆膠結在一起，三生石上再結來生緣。

「末世王孫」與京劇名伶的悲情戀

——李廣平與關肅霜

他和她本是一對人間佳偶，可謂才子佳人。男的儀表不凡。溫文爾雅，學問淵博，又是貴族後裔。女的是京劇名伶，色藝雙全，光彩照人。兩人初識，即相互愛慕。相交日久，感情益深，以生死相許。無奈平地起風波，「反右」狂飆突起，男的跌入「右派」深淵。好姻緣被拆散。他自盡而亡；女的空留遺恨，最後猝死於藝術舞台。

他，李廣平，清末名臣李鴻章的曾孫。

她，關肅霜，京劇名演員，雲南京劇院院長，中國劇協副主席。

一表人才的「末世王孫」

一九一六年，李廣平出生於安徽合肥。清朝北洋大臣李鴻章是他的曾祖父。祖父是李經述，雲貴總督李經羲是他的叔祖。他的生父是李國熊，繼父李國傑（無子，由李廣平承嗣）是李鴻章的長孫。按這家世淵源，常有人稱李廣平為「侯爺」。他佩有兩顆閒章：「淮南公子」與「末世王孫」。

李鴻章的曾孫李廣平（左起第一人）。

李廣平一表人才，英俊倜儻，待人謙恭，說一口京腔。幼年時既承庭訓，家中又延師教讀，故有一身學問，中國古典文學、哲學、佛學均有很深造詣。吟詩填詞、書法繪畫、鑑定字畫都是李廣平所擅長。年僅十九歲，故宮博物院就請他擔任字畫鑑定師，雖是義務，但他也樂於從事。

儘管李廣平擅長詩詞書畫，但他自稱功夫下得最深的還是京劇。他既未下海也非票友，但對京劇情有獨鍾，又和中國四大名旦均有交往，對京劇自有一番真知灼見。二十世紀六〇年代，尚小雲到昆明演出，李廣平當時在昆明，尚小雲每場都要送幾張座位最好的票給他。演出之餘，兩人同遊近郊景點，並有詩詞唱和。李廣平和尚小雲早年在北平，還有一件識拔人才的軼事。李、尚有次偕遊天橋，聽到茶館裡有人在清唱。嗓音甚佳，戲路接近梅蘭芳。進茶館一問。方知這青年因家境貧寒。以京劇清唱謀生。李廣平動惜才之念，當即為其寫信一封，向梅蘭芳推薦收他為徒，臨走還贈其路費。這青年輾轉到了上海，一時沒有找到梅先生，盤纏已用盡，無奈之下在一個戲班搭班下海，掛出「梅蘭芳正傳弟子×××」的牌子。這天，恰好梅先生路過該戲院，看到戲牌大為驚奇，就進去看戲。這人正在台上演出，瞥見台下有梅先生，驚慌失措，呆若木雞。台下觀眾起鬨。梅先生上台說：「他的怯場因我而起。我願代他來唱。」觀眾歡呼。事後。梅先生問他，你為何要冒名。他拿出李廣平的推薦信。梅蘭芳看後說：「淮南李公子介紹自然不會錯，我就收你為徒。」這名青年就是後來成為梅派表演藝術家的張君秋。張君秋成名後，有人建議李廣平致函張君秋示好與敘舊。他一笑道：「當年推薦是愛才，今日他已成名，我致函與他豈不有所圖嗎？」由此一事可見他品格不凡。

正因為李廣平與京劇有如此不解之緣，才有了在昆明與關肅霜從相識到相知的一場使人長歎的悲情戀。

刻苦學藝　唱作雙絕　馬連良與她同台演出

關肅霜出身滿族家庭，父關永齋，滿洲正黃旗後裔。一九二九年。關肅霜生於漢口。由於父親是京劇的鼓師，她自幼耳濡目染，也愛上京劇。但因家貧而無錢請名師傳授，就約了幾個年齡相若的小姐妹自己練功（後來成名的趙燕俠就是其中之一）。她的表現尤為出色。難得的是她聰明好學。見到京劇演員就要人教她吊嗓子、耍刀棍。十四歲時，父親看她立志唱戲。就讓她拜在組班於漢口大舞台的王韻武、戴綺霞夫婦門下。關肅霜勤學苦練四年，身手不凡。出師後決定向「唱做雙絕、文武全才」方向發展。從梅、程、尚、荀四大名旦的演藝中汲取營養，提高藝術境界。

關肅霜滿師是一九四八年，先組班在長沙演出，因時局不靖，收入平平，決定向西南發展，到了昆明，演於西南大戲院。當時昆

京劇名伶關肅霜。

明還有強大陣容的于素秋班，演於雲南大戲院，其場地設備在西南大戲院之上。于素秋的班底又有裘世戎、梁次珊等名角。關肅霜初生牛犢不畏虎，和于素秋班唱起對台戲。更嚴峻的挑戰是名角馬連良到了雲南大戲院，唱起開鑼戲。

關肅霜沒有就此息鼓停唱，而是每場都唱雙齣。不是一文一武，就是一生一旦。京劇界向來女角絕少能演《金錢豹》，關肅霜卻反串張嘉祥，在同行中引起轟動。這也驚動了馬連良。他親自去看了關肅霜演出後。不輕易讚許人的他，大為讚賞。當馬連良演全本《烏龍院》時，居然紆尊降貴，請關肅霜扮演閻惜姣。兩人同台演出，演出時場場爆滿，似乎是昆明人的重大節日。

與關肅霜演《烏龍院》時，馬連良把最好的座位票送給了當時在昆明的李廣平。他與李廣平不但早就相識，而且他也知道李廣平是出色的京劇鑑賞家。首次觀賞，李廣平對關肅霜的表演連連讚歎，對關肅霜留下了極好的印象，這也成了後來二人相戀的契機。

一九四九年昆明解放，關肅霜留在昆明。作為翻了身的藝人，她求進步，自奉甚儉。常年布衣布鞋，還四次要求減工資（一九五一年，關肅霜的工資是七百元，超過毛澤東、周恩來等中央領導，僅有梅蘭芳高於她）。二十世紀八〇年代她只拿三百三十元工資。連她父親都說：「我女兒與錢有仇。」當時駐昆明的陳賡、宋任窮等將軍都看重她。二十世紀五〇年代。她加入了中國共產黨。

初識面　相見恨晚　書香才藝引來一片芳心

關肅霜與李廣平相戀、定情也就是在二十世紀五〇年代的昆明。

李廣平本在北平。一九四九年前雲南省國民政府主席兼保安司令、雲南綏靖公署主任盧漢慕其名請他到昆明，任自己的秘書。對政治李廣平並無興趣。任秘書也只是清客。

一九四九年十二月。盧漢起義、雲南政權變易時，李廣平本為安全暫住雲南民政廳廳長朱麗東家中。沒有料到軍管會派人逮捕朱麗東時，也連帶逮捕了李廣平。安全的地方變成了不安全。這樣的結果使李廣平始料不及。好在獄中生活為時不長，有一年餘，雲南大學教授、國學大師劉文典，同為皖人又愛其才，出面保他出獄。

李廣平出獄後，單身一人，經人介紹租房於昆明黃河巷二號。

李廣平曾有過未婚妻陸湄，當兩人結伴從日寇佔領下的北平去重慶時，陸湄不幸病死於途中。此後多次有人要為他介紹對象，都因趣味不投而未成。出獄後又有人舊事重提，要為李廣平介紹對象。其中有個熱心人，是位醫生陳斌。

陳斌的私人診所開在長春路，那房子就是關肅霜的。李廣平身體不好，常請陳斌看病，因而相熟。陳斌夫婦知道李廣平身世與愛好，又想到他們的房東關肅霜也還是小姑獨處，就有心做月下老人。如果做成倒真是一對才子佳人。

於是陳斌請客吃飯。除請了李廣平、關肅霜外，還有一位男客張之屏，女客李慈蘭（李慈蘭是關肅霜的徒弟，兩人姐妹相稱）。

關肅霜出現在李廣平面前，不再是《烏龍院》中濃妝豔抹的「閻惜姣」，而是布衣裙衩、舉止大方，平淡中流露靈氣，親和中顯出魅力的大姑娘。

李廣平和關肅霜雖是初次見面，但各自早有印象。自馬連良請李廣平看《烏龍院》後，李廣平就常去看關肅霜的演出，並用「青山客」之名寫信給她，談古論今，探討京戲表演，所以兩人早已相知。這次一見面更是相見恨晚。有說不完的話。

幾天後，李慈蘭神秘地把一張紙條遞給關肅霜，說：「這是李先生要我交給你的。」關肅霜看完條子，一朵紅雲上了臉頰。摟著小慈一陣耳語，小慈匆匆而去。黃昏時，在通往圓通山的林陰道上，一對情侶並肩漫步，情話喁喁。他們就是關肅霜和李廣平。

一天，事前沒有告知，關肅霜突然來到黃河巷二號李廣平住處。這時恰有一位友人在座。據他目睹，關一進門，掃視全室。露出驚異之狀：「啊，真好雅致！」面對牆上的畫，桌上的花，堆放的書。她說：「這是第一次領會什麼叫書香。」

關肅霜從科班學唱起。一直用腔自如，從來沒有碰到難以入調的唱詞。有一回她碰到了這樣的難題。她去請教李廣平。李廣平一看，馬上指出，錯在七個平聲字連在一起，怎麼能唱呢。他立即改了幾個字，使平仄相調。關肅霜當即試唱，果然入調流利自然。她高興得跳了起來，差一點沒有擁抱李廣平。

有一次，關肅霜演《紅娘》，她頗重視，就請來李廣平。並在他座位前，專設了一個茶几，放著筆硯、香茗、瓜果。

在關肅霜唱梅派全本《玉堂春》時，她把李廣平請到家裡，請他詳細點評。李廣平樂於從命，寫了近萬字的評點，一個腔一個字給關肅霜指正。這些評語並非泛泛之詞，都是洞中竅要的老實話。這更增加關肅霜對李廣平的崇敬與愛慕。

墮入熱戀　雙方已心許　卻來意外阻力

關與李墮人熱戀中。關肅霜頻頻寫信給李廣平，李廣平常以詩詞回答。只是兩人秘以自珍，偶有片言隻語傳之於外。

李廣乎與關肅霜的共同友人目睹過這樣一個場景：關肅霜在她住處的客廳裡舞棍，口中念念有詞，做著打彩球姿勢，邊舞邊唱。她指著李廣平道：「還有個你呢。」那友人剛進客廳，聽到這一句不禁鼓掌大笑。對關說：「妳的彩球何必拋呢。乾脆遞給廣平不就結了。」關忙搖手：「小聲，莫給外人聽到。」

關肅霜一縷芳心已傾注在李廣平身上，一問一答中充分顯示。有一次，關肅霜主動問起李廣平歲數。座中一位友人代他答道：「一九一六年出生。」友人又問：「那妳呢？」她立即回答：「一九二九年八月出生。」接著嫣然一笑又說，「你是不是想做媒？」「自然。責無旁貸。」

雙方都已心中默許，談婚論嫁自然是水到渠成。沒有想到這時阻力來了。阻力來自關肅霜的奶奶。說起來老人對李廣平的印象不錯，還稱他為「侯爺」。老人也是滿洲後裔，對清朝的高官子孫，自有一番敬意。老人也認為孫女已到婚嫁年齡，可是對象要慎重選擇。曾有一位上校軍官（在昆明軍區做文化工作）追求關肅霜，老人認為不合適。孫女有孝心就聽從了奶奶的意見。對李廣平，老人認為別的都好，只是他身體太差。她不同意。關肅霜雖沒有立即聽從奶奶意見。但她也猶豫。因為除此之外，她自己也有考慮，即：她是共產黨員。選對象結婚都要組織批准。她擔心李廣平（李鴻章曾孫）的出身會成為他們結合的障礙。

成功在望的婚姻就這樣暫時擱淺。

徹夜談　和衣臥　恪守禮防不逾矩

就在愛情之花待開的時候，文化部副部長夏衍賞識關肅霜，認為她是全面人才。應該讓她到國外演出。夏衍的意見為高層採納。

一九五六年五月，關肅霜率團去東歐演出，包括保加利亞、羅馬尼亞、匈牙利、捷克斯洛伐克、東德等國。團長是上海文化局局長徐平羽。

臨行前，她的房客陳斌醫生設宴為她餞行。李廣平與張屏之作陪客。席上李、關兩人談了很久，兩情依依。

談到關的終身大事，席上有友人建議，此次出國是個機會，可向團長徐平羽試探。提出李廣平是未來的對象。關肅霜認為還不如向周恩來提，因周總理在昆明曾看過她演戲。很有好評，而且知道她有婦科病後，還曾介紹名醫為她看病。

離開昆明前夕的晚上。關肅霜來到李廣平家中，作竟夜之談。說不盡的情話，話不完的叮嚀囑咐。夜深了，兩人和衣臥於一床。事後，雙方的朋友問及此事。李廣平的回答是：「既然我們要結婚，衝破最後之防應在新婚之夜。」關肅霜說：「奶奶常同我說，女孩兒家，一定要嘴緊、手緊、褲腰帶緊！再說我知道廣平是恪守禮防的。」

關肅霜先到北京集合，見到徐平羽後，找了個機會，說起自己的婚姻與對象。提到李廣平，自然是試探組織是否同意。沒有想到徐平羽只是聽不表態。後來又沒有機會見到周恩來，此事就掛了起來。

人在北京，關肅霜非常掛念李廣平，買了樂口福等營養食品寄給他，要他好好保養身體。

出國後，在緊張的演出中，關肅霜給李廣平的情書不斷。有一次在信裡附了一張宋人山水畫。信中說：「我生平第一次為你做賊。」原來她在中國民航國際航班上，看到一本《中國畫報》，上面有一幅宋人山水畫畫得很精緻，她就撕下寄給了李廣平。

成「右派」　婚戀中止　書生氣　謝拒饋贈

關肅霜的演出在國外獲得轟動效應，國內則開展了「反右運動。」先是大鳴大放。李廣平對這並無興趣。他是統戰人士，統戰部請他講話。他回說沒有什麼好講的，這是實話，同時他還想起，關肅霜在臨走時告訴他，黨就要發起一個運動，要他謹言慎行。他本是這樣做，可是當一位友人告訴他毛澤東在最高國務會議上的講話提到的「知無不言，言無不盡。言者無罪，聞者足戒。有則改之，無則加勉」二十四字真言後，心動了，加上那友人又代他擬發言稿。他終於在雲南政協會上講了這樣一段話：「現在，雖然提出跟民主黨派『長期共存，互相監督』，結果民主黨派不過得一點殘羹冷炙而已……」這幾句話被指為「末世王孫」想乘機復辟，罪不可逭。雖有代他擬發言稿的友人出來承擔責任，但仍然無效，因話是從他嘴裡說出來的。他被劃為「右派」。

人生的浮沉實難預料。李廣平被劃「右派」時，關肅霜正獲榮譽桂冠。她在莫斯科參加「第六屆世界青年聯歡節」，因演《泗州城》、《打焦贊》得兩枚金質獎章。正當這喜慶之時，父親關永齋的信到了。信中除囑咐她注意身體，安心演出外，還說到李廣平已被劃為「右派」。並在李廣平的名字旁畫了兩道紅槓。她兩眼發直，如失魂魄。「廣平呀，你辜負了我一片苦心，你怎忘了我臨走時的囑咐！」她喃喃自語。當即把心中感受寫信給李廣平。李廣平接信，連喊：「完了，完了！一個共產黨員怎能和『右派』結婚?!」

以後，李廣平的處境一日不如一日，一場場批判、鬥爭，讓他的身心俱疲，生活也陷入絕境。關肅霜不忘舊情，一九五七年八月二十五日，她二十八歲生日這天。叫徒弟高蘭萍到李廣平家中送上人民幣二百元。當時他已面臨斷炊，可依然書生脾氣，堅決不肯收下。寫一首小詩回報。詩云：

青鳥何需慰寂寥，四山風雨一樓簫。
剩得十幅紅箋在，雲自悠悠花自嬌。

詩中所說「十幅紅箋」，指關肅霜給他的情書。含意是有這寶貴的信物就可以了，不需金錢饋贈。

到了一九六六年「文革」。李廣平的處境更艱難。生活依靠在北京某書店工作的胞妹每月接濟。同時有幾位青年跟他學詩學畫學書法，他體諒學生們困難，每月每人收二元，自然只是點綴而已。也足見他不輕取的性格。

不堪受辱了此生

「文革」第二年（一九六七年），在跟李廣平學藝的青年中，有位羅姓小姐是雲南大學的女生。她暗暗愛上這位老師。李廣平在孤寂中接受了羅小姐的愛情。不久後，李廣平應表兄趙樸初邀請。去北京編一本佛教刊物。李廣平偕羅小姐同去北京，本指望就此安下戶口定居，無奈戶口問題不能解決，只能重回昆明。不料兩人的事竟引起羅小姐之弟的誤會，說是李廣平引誘拐騙其姐。並鬧到李廣平家中，一言不合就掌摑了李廣平。李廣平哪受得這奇恥大辱，就有了自盡之念。當晚他寫下遺書：「我清白一生。無愧天地，不願受辱。死而無憾。」寫完後服了一百片安眠藥。第二天早晨。如往常一樣，樓下的鄰居為他送茶水，發現這位「末世王孫」早已氣絕身亡。

一代才子、「末世王孫」李廣平就這樣結束了充滿無限遺憾的一生。

另擇偶　反對者衆　拒演「樣板戲」　得罪江青

死者已矣，生者還要活下去。關肅霜另擇了對象。走進她生活的是一位年齡比她大十多歲，並已離婚多次的演員徐敏初。

關肅霜和徐敏初是同事，經常同台演出。耳鬢廝磨，日久不免生情，不久就同居了。關肅霜父親誓死反對。不惜脫離父女關係。她的一班朋友也同樣反對。一九五九年，關肅霜在杭州演出發現已懷孕，無奈之下只好回昆明。老父這才不再反對。一九六〇年二月二十五曰，兩人結婚，不久就生下了女小霜，數年後又生子小松。

當「文革」狂飆在中國內地突起時，許多知名演員都受不同程度的磨難。如廣州的紅線女，上海的袁雪芬都被抄家、毒打、剃陰陽頭示眾。關肅霜幸而逃過劫難。一九六六年，有一次要開她的批鬥會時，她正懷著第二個孩子，造反派看她大腹便便，只好讓她站在一旁，聽人家對她的批判。

關肅霜的丈夫徐敏初就沒有這樣幸運了，「文革」一開始他就受到批鬥、關押。一九六九年，在徐敏初生死不知的情況下，關肅霜忽接「中央文革」江青的命令，要她即去北京，參加樣板戲《紅色娘子軍》的演出。丈夫杳無音信，兒子小松剛能學步，女兒幼小尚不懂事，一個破碎的家庭只有交給年邁的老父。她懷著沉重的心情到北京西郊魏公村中國京劇院報到。在京劇《紅色娘子軍》中，她扮演連長角色，沒有想到這會引起一位主要演員的嫉妒，經常找岔給她難堪，甚至當著眾人之面羞辱她：「不害羞的東西，想到北京來混飯吃。也不撒泡尿照照自己。」她只能委曲求全。忍氣吞聲，每天排完戲就借酒澆愁。有一次，她借酒壯膽，給江青寫信，表示不能適應樣板戲的重任，希望重回昆明。江青看信後勃然大怒。前不久有趙燕俠拒穿江青所賜紅毛衣，現在又來了個公然抗命的關肅霜，非嚴辦不行。幸好前雲南省委書記謝富治在江青面前為她求情，說了許多好話，江青這才消氣，在關的信上批「照准」二字，但又加一項批語：要雲南省政府對關肅霜抗命加以通報教育。關回到家裡，老父埋怨她不該得罪江青。一時氣惱下。她一頭撞向牆壁，幸好無事。只是腦門上留了疤痕。嚇得老父從此不敢再說她。

真是「福無雙至，禍不單行」。關肅霜的丈夫徐敏初，受盡折磨後被批鬥而死。接著她的老父又患肝癌死去。連續失去兩個親人，她哭得死去活來，終夜不能成眠，整天依靠打麻醉針鎮定。

「文革」結束煥發藝術青春　猝然逝世留下遺憾在人間

「文革」結束，災難終於過去。

關肅霜重登舞台。又恢復了藝術生命。她在全國巡迴演出、所到之處備受歡迎。她的藝術生命又登上高峰。

一九八八年四月，關肅霜率團到香港演出。她和已去台灣的師娘戴綺霞已有四十年沒有見面。她到香港後，立即和師娘通了長途電話。電波傳情，師徒倆有說不盡的話，道不完的情。乘徒弟逗留香港期間，戴綺霞夜以繼日親手編織一件紫色粗毛線坎肩，托朋友從台灣帶到香港。親自交到關肅霜手中。三年後，一九九一年四月十七日，戴綺霞從台灣來到上海。關肅霜攜子帶女從大連趕來上海。師徒相會於上海奧林匹克俱樂部賓館。

天有不測風雲，人有旦夕禍福。一九九二年三月六日，在昆明舉行的第三屆中國藝術節在歡樂的氣氛中閉幕。而就在這歡慶的日子。這位中國京劇藝術的奇葩關肅霜倒下了。她突發腦溢血而猝然去世。

舉行追悼會那天。散佈於全國各地的她的弟子們都趕來昆明，送關老師最後一程。當她的遺體從京劇院宿舍移到殯儀館時，路上人山人海，都來向她惜別，生徒們都自動下跪，泣不成聲，那場面極為感人。

蘇青的最後歲月

……即使從最純粹自私的觀點看來，我也願意有蘇青這麼個人存在，願意她多寫，願意有許多人知道她的好處，因為低估了蘇青文章的價值，就低估了現地的文化水平。如果必需把女作者分別一樣來評論的話，那麼，把我同冰心、白薇她們來比較，我實在不能引以為榮，只有和蘇青相提並論我是甘心情願的

——張愛玲，《我看蘇青》

雙星輝耀於上海文壇

人的升沉通達，得失榮辱，在一張巨大的命運之網裡。

一九三七年，上海抗戰失利，抗日軍隊撤出上海。華界旋為日寇佔領，英法租界成為「孤島」。長夜漫漫，在百事俱廢、水土極不相宜的「孤島」，一九四〇年之後這幾年，上海文壇出現了奇蹟。張愛玲（1921-1995）與蘇青（1914-1982）兩位女作家突然雙峰崛起於文壇。

張愛玲這個貴族後裔的女性，以〈沉香屑：第一爐香〉在周瘦鵑主編的《紫羅蘭》上，一炮而紅。以後又以〈金鎖記〉、〈傾城之戀〉、〈茉莉香片〉、〈琉璃瓦〉等小說，以及一篇篇清雅脫俗

的散文，震動上海文壇。正如當年傅雷所說：「教人無論悲喜都有些措手不及。」

蘇青（原名馮和儀）出身於書香門庭，接受了現代教育的「新式女學生」（南京中央大學），具備著傳統女性所沒有的審視能力和描述能力，一開始就以探求女性存在意義的一系列散文引人注意，特別是那篇把「飲食男女，人之大欲存焉」移動逗號，改為「飲食男，女人之大欲存焉」的散文，更是驚世駭俗，一時廣為傳揚。以後自傳體小說「結婚十年」的出版，更為她贏得了極大的聲譽。在極度苦悶與極度窒息的時代，蘇青以她的作品勇敢地表露女性的心聲。

張愛玲與蘇青先後登上文壇，又很快攀上燦爛高峰，除內在的天才般的創作稟賦外，實也有特殊的機遇。在日寇和汪偽嚴密控制下的文網內，高揚民族意識的新文學自難生存，即使往昔的「鴛鴦蝴蝶派」也難以死灰復燃，這樣，表現女性情愛與生活細節的作品就有拓展的空間。從更深層次來說，在戰爭的年頭，人的生命朝不保夕，如同蜉蝣，因此當時人們不僅有民族意識的覺醒，也有對個體生命存在的關注與思考。在上海的特殊環境下，個體生命意識進入文學的最前沿，並得到一次歷史性的凸顯，張愛玲與蘇青都有了很好的際遇，也使她們的作品有了特殊價值。

蘇青。

風雲際會，除張愛玲與蘇青輝耀於當時文壇外，潘柳黛、關露兩位女作家也有稍遜於張、蘇兩人的成就，故人稱上海灘四大才女。

二〇〇四年九月《傳記文學》有文寫及潘柳黛並説起六十年前（一九四四年）上海「新中國報社」邀請張愛玲、蘇青、潘柳黛、關露等七人開了個聚談會，女作家暢談各自的成就。輝煌早已過去。遭際各有不同。張、潘遠　國外，蘇、關留在大陸，風刀雨箭，説來辛酸。筆者曾著《亂世佳人——蘇青》（上海書店出版社）。二〇〇八年上海電視台紀實頻道《檔案》，攝製短片《滾滾紅塵》介紹蘇青曾採訪筆者。本文著筆於蘇青的晚境，在上海的最後歲月。

深夜被傳訊她拒絕帶路

一九四五年八月九日晚十時許，蘇青在燈下讀書。忽然聽到弄堂裡久已沒有聽到的抗戰歌聲，還夾雜著「日本投降啦」的話語。她輕輕地走下樓開門出去。在弄堂裡，她攔住一個中年男子問：「日本人投降了，這消息是真的嗎？」那人回答：「是羅宋人，即白俄，從外國電台聽到的。誰知道這是否真的。」

不會是空穴來風吧，蘇青興奮得一夜未睡。清晨上街去，日本憲兵還在街上巡邏。警署門口還掛著紅膏藥旗。她想，這消息是否不確。

她決定把一手創辦的刊物《天地》停刊。她匆匆趕到愛多亞路一六〇號六〇一室的編輯部去。她發了最後一期「終刊號」的所有稿件。前後不到兩年，《天地》共出了二十一期。接著她又忙著清理一些帳務。

幾天中她都躲在家裡，直到八月十五日，她看到陳彬龢主持的《新申報》上，以斗大的頭號字刊出日本投降的新聞。仗終於打完了，今後可以過和平生活，她歡呼雀躍。

大約一旬有餘，湯恩伯的軍隊到了上海，恢復了國民政府的政權。九月下旬，軍統局首腦戴笠到上海開展「肅奸」工作。

此前，她聽說胡蘭成（張愛玲之夫，汪偽中宣部次長）、朱樸（《古今》月刊主持人）都已失蹤。註1《新中國報》的陶亢德、柳雨生也都藏匿起來。她認為自己只是辦過文化性質的民間刊物，想來不會有事。

十月上旬的一個晚上，與她設想完全相反的一幕降到蘇青身上。那個晚上，她剛上床睡覺，電話鈴響了。「是蘇小姐嗎？」「是的，請問你是哪一位？」「我姓何。」「那何先生，有什麼事嗎？」「蘇小姐此刻能否出來一下？」「不行，時間已不早，我還有一個孩子要照顧，改天再說吧。」就在一問一答中，對方已弄清楚她確實在家裡，很快就上了她的門。

一陣敲門聲，蘇青開門一看，門外站著兩個人，一個穿黃制服，一個穿淺灰色西裝。來人問清她就是蘇青，直闖進來。「且慢，等我換衣服。」那人並不理睬。

「聽說，你和陳公博認識？」穿制服的問。

「你為什麼問這個呢？我覺得沒有回答的必要。」她拒絕回答。

這兩人終於說出此行意圖。「我們在某局，我們的上司請你去一趟。」穿西裝的撩起衣服，露出腰際手槍。

「你們是來捕我的吧？我究竟犯了什麼罪呢？」蘇青大膽地問。

她藉口換衣服，對家裡的女傭囑咐：「如果我天亮前還沒有回來，把元元送給他爸爸。」（她和丈夫李欽后已離婚，身邊只有一個兒子元元）。

來的兩人，讓她坐進一輛黑牌轎車，兩人分坐一邊。很快到了目的地，走進一座樓，有許多武裝的人在外面站著。

上了樓，辦公室裡有一頭目，姓馬，立即開始盤問她。「妳認識陳公博嗎？」「是的。」「他給過妳多少錢嗎？」「沒有。」「那麼妳辦刊物的錢是哪裡來的？」「難道我自己就不會有嗎？」「人家說他同妳有些關係？「什麼關係呢？」她反問道。「現在我再問妳，他真的沒有給過妳錢嗎？」她仍然說沒有，要他拿出證據。對方還問如何認識陳公博，是否做過他的秘書以及是否出席過亞洲文藝協會等等問題。她一一回答。「偶然的一次宴會上認識。」「沒有做過他的秘書。」「沒有出席過亞洲文藝協會，曾被邀請，但拒絕了。」

談話終止後，仍被留下。姓馬的又問她是否認識陶亢德、柳雨生兩人。她回說認識。他們要她同去逮捕陶、柳兩人。她拒絕，不願出賣朋友。拒絕無用，結果上了一輛小汽車，前面是一輛大汽車，車上有武裝士兵。

此時深夜一點鐘，看車行方向，她想是去捕陶、柳兩人。果然，車先停在愛文義路膠州路口，這是陶亢德家。她留在小汽車裡。

據參與捕陶的人說，陶住在三層閣上，四壁蕭然。聽到有人進門，陶就從床上起來。「是不是逮捕我，何必深夜勞駕，白天也盡可過來。」若無其事的樣子，他還拿出早已預備好的一封信交給他妻子：「妳到××地方去一次，沒有問題的，請某公打個電話，我就可回來了。頂多幾個鐘頭。」這位「大東亞文學家」，儼然是位「地下工作同志」，來人要他帶好衣服立即走。

接著又去逮捕柳雨生，柳束手就擒。前後只花一個鐘頭稍多。逮捕陶和柳時，蘇青都在樓下，她沒有帶路。執行人並沒有相強。她坐在汽車裡，黑暗中看不到陶、柳兩人。兩人被捉，他們就放了蘇青。[註2]

反守為攻　堅不自污　再辦出版社　恢復舊貌

蘇青自一九四五年十月上旬遭過一次傳訊後，以後一直相安無事。後來政府先後公佈了「懲治漢奸條例」等有關法令，蘇青也沒有被追究。看來她夠不上追究。

不過，不愉快的事接踵而來。她被傳訊那晚以後，兒子元元和女傭都去了她丈夫那裡。她一人孤寂地生活。偶然聽到消息，在丈夫那邊的女兒病重，她也想念兒子。女兒患了傷寒，丈夫遲疑半刻同意讓她帶回來。給女兒治療，用的都是昂貴的西藥，幾乎用光她的全部積蓄。她把房子頂了出去，另找便宜的房子住。得到二千美金的頂費。一天，沒有鎖上門，她臨時出去一下，哪知就在短短的時間，皮夾內的二千元美金被竊。幸好還有一線生機，那些過去被書商退回的她的著作《結婚十年》，足足有千餘冊。又有書商來批購，她靠這錢維持三人（女兒、傭人和她自己）的生活。

然而為時不久，人身攻擊又向蘇青襲來。什麼私生活「放蕩不堪」、「廣蓄面首」、「造成一種荒糜的文風，奴化上海婦女的思想。」更有人編造事實，從政治上來置她於死地，說「敵人投降了，蘇青大哭三日夜」等等。

蘇青的好友張愛玲，當時也同樣被人議論，列為文化漢奸之一。面對這些，張愛玲與蘇青的態度完全不同。張愛玲一直識時務地保持著沉默，直到一九四六年底，她才借山河圖書公司出版她的《傳奇》增訂本的機會寫了篇表白文字〈有幾句話向讀者說〉。她是這樣說的：

> 我自己從來沒有想到需要辯白，但最近一年來常常被人議論到，似乎被列為文化漢奸之一，自己也弄得莫名其妙。我所

寫的文章從來沒有涉及政治，也沒有拿過任何津貼。想想看我唯一的嫌疑，要麼就是所謂「大東亞文學者大會」第三居曾經叫我參加，報上登出的名單內有我；雖然我寫了辭函去（那封信我還記得，因為很短，僅只是：「承聘為第三屆大東亞文學者大會代表，謹辭。張愛玲謹上」。）報上仍舊沒有把名字去掉。至於還有許多無稽的謾罵，甚而涉及我的私生活，可以辯駁之點本來非常多，而且即使有這種事實，也還牽涉不到我是否有漢奸嫌疑的問題；何況私人的事本來用不著向大家剖白，除了對自己家的家長之外，彷佛我沒有解釋的義務。所以一直緘默著。同時我也實在不願意耗費時間與精神去打筆墨官司，徒然攪亂心思，耽誤了正常的工作。但一直這樣的沈默著，始終沒有闡明我的地位，給社會上一個錯誤的印象，我也覺得是對不起關心我的前途的人。所以在小說集重印的時候，寫了這樣一段作為序，反正只要讀者知道就是了。

蘇青就不像張愛玲那樣沉得住氣，她在《續結婚十年》卷首的〈關於我——代序〉裡很激動地為自己辯護道：

是的，我在上海淪陷時期賣過文，但那是我「適逢其時」，蓋亦「不得已」耳，不是故意選定這個黃道吉期才動筆的。我沒有高喊打倒什麼帝國主義，那是我怕進憲兵隊受刑，而且即使無甚危險，我也向來不大高興喊口號的。我以為我的問題不在賣文不賣文，而在所賣的文是否危害民國的。否則正如米商也賣過米、黃包車夫也拉過任何客人一般。假使國家不否認我們在淪陷區的人民也尚有苟延殘喘的權利的話，我就是如此苟延殘喘下來的，心中並不覺得愧怍。

蘇青不僅單是辯解，並且反守為攻，回擊那些罵她的人。她聲稱那些人雖以化名作掩護，仍知道那些人的真面目，或是比她更有「落水」的嫌疑，藉攻訐他人洗刷自己，或者乾脆就是欠了她的書款想趁機撈點便宜。

為著一家五口（一子二女及女傭與她自己）需要活下去，她決定重操舊業。一九四七年春夏之交，蘇青用馮允莊之名，向上海市社會局申請辦了個「四海出版社」。她的著作《結婚十年》和《續結婚十年》先後出版。前者再版，後者新發行。一九四八年十一月又辦了個「天地書店」。同年十二月又出版新作《歧途佳人》（小說）。比之淪陷時期，只少了個《天地》月刊，往日氣象接近恢復。

她自己認為能有這樣局面，是堅持不自污，不放棄自尊和尊重別人。

當時的政府也根據實際情況，並未以「文化漢奸」罪追究她。她能平安地一直到大陸產生新政權。

對新政權萌生新希望　有幸進了戲曲編導班

一九四九年五月二十七日，上海解放。

被上海自忠路紫祥裡的居民稱為馮先生的蘇青，曾在搖著各色小旗歡迎解放軍的群眾隊伍裡。

她主動參加社會工作，還把家裡的客廳改為圖書室，拿出自己的書供人閱讀。里弄的群眾對她產生很好的印象。

她所以這樣做，存有一個心願：她要工作。三個孩子要她養活，母親和妹妹要她幫助。所有積蓄快要用光。

事情並不容易。當時上海因蔣介石的飛機常來轟炸，海岸又被封鎖，生產幾乎停頓。多少失業工人要救濟要就業。她當然爭取不到工作。

蘇青當年在中央大學外文系學的英語，解放後外交路線一邊倒，倒向蘇聯。學英語的無法謀生，她在家用困難的情況下，擠出錢來去一家俄語補習班學習，沒有多久，雖已粗通俄語，但仍然無就業機會，使她陷入苦悶中。

張愛玲比她幸運。一九五〇年夏天，上海召開第一次文學藝術界代表大會，張愛玲被邀請出席。這是因為她被左聯元老派夏衍（沈端先）所賞識，而夏衍當時是中共上海市委常委、宣傳部部長、市政府文化局長，張愛玲是由他推薦作為代表出席。夏衍還準備在即將成立的電影劇本創作所中安排張愛玲當編劇。

上海解放後，張愛玲仍能發表作品。她的小說《十八春》，署名梁京在上海《亦報》連載（一九五〇年三月二十五日起，至一九五一年二月十一日止），登完後又增刪出了單行本。接著《亦報》又發她的小說《小艾》。此後不久，張愛玲就悄然走過羅湖橋，出國門到另一世界了。

反過來看蘇青，解放後她未能在上海報刊上發表一篇作品，香港有張《上海日報》，請蘇青寫文章，強調必須用「蘇青」這名字，她欣然應命，寫了數十篇寄去。有歌頌新氣象的，也有譏評不盡善之處的內容。原盼著稿費濟困，哪知分文不寄，寫信去問也不覆。結果上海有關方面對她有些文章有意見，約她談話。她毫無所得反有失。

等了近兩年，在一九五一年年底或一九五二年年初之際，上海市文化局舉辦的戲曲編導學習班招生。她去應試。這位女作家，雖寫過下少小說、散文，對政治卻有些茫然。考完出來，她沮喪告訴女兒，政治沒有考出來。國家領導人只寫毛澤東一個人，結果名落孫山。

由於戲曲編導學習班是上海文化局所辦，局長夏衍知道落榜的人裡有個蘇青。他把經辦人找來，他說，蘇青這人有一定的文字功柢，新社會應該給她機會，發揮她的特長。

她終於進了戲曲編導班。封閉式的訓練，每週六才能回家一次。當時她已三十六歲，學員們以出操為苦，她尚能應付。

著名的京劇演員周信芳（藝名麒麟童），時任文化局戲改處處長，擔任編導班班主任。前來講課的有劉厚生、阿甲、陳白塵等劇作家，葉以群也來講過文藝理論。蘇青聽得很投入，真想學到本事，出去做個戲曲編導。

時光匆匆，戲曲編導班四個月的短暫學習告一段落。喜聚不喜散的她和同學告別，特別是和一個章姓女輔導員（共產黨員）分手時依依難捨。

蘇青本與越劇無緣。編導班畢業後，分配她到合作越劇團，團長是戚雅仙。她在該團僅三個月，又把她調到芳華越劇團。芳華越劇團的團長是尹桂芳，蘇青曾看過她的戲，佩服她的演技。進團後的直接接觸，感到尹桂芳待人接物很得體。尹桂芳知道她原是上海有名的女作家，更為尊重，任命她為專職編劇。

敬業編劇戲曲　舞台展才華

蘇青的二女兒李堅（又名李崇善）在她緬懷母親的文章中，說到蘇青在芳華越劇團時的情形：

> 媽媽，您又把整個身心撲在編劇工作上，為謀生，也為事業，每天寫到深夜，反覆推敲寫好的唱詞，並用寧波腔試唱，唱得既不像越劇，又不像甬劇，常把從夢中醒來的我們惹得捧腹大笑。

蘇青寫的第一個劇本，是以三反、五反為內容的現代劇，劇名《新房子》。因為生活不熟悉，演出效果差，失敗了。

蘇青後來再編的劇本《賣油郎》，創出當時最高的票房價值。《賣油郎獨佔花魁》，原見於《醒世恒言》，也收入《今古奇觀》，本是一篇名作。她把小市民秦賣油（名秦重）作為主人公，加以肯定、讚揚對花魁娘子的愛情專一。他是以「人」的地位，「人」的愛情來對待花魁。花魁在秦重眼中是高尚的、美滿的化身。在一年多時間裡，經歷種種磨難與挫折，秦重並不動搖對她的愛。沾有封建等級觀念的花魁，雖也有些愛他，但仍嫌他不是「衣冠子弟」。等她嚐到「衣冠子弟」給她的苦楚，這才辨明何為真愛，才傾心秦賣油。

按這故事線索，蘇青把劇本分成十場，依次是：「勸妝」、「被逐」、「賣油」、「酒樓」、「訪美」、「受吐」、「雪塘」、「遇救」、「訂盟」、「贖身」。她把原著作中愛情戰勝金錢、地位，自由婚姻戰勝買賣婚姻，市民階層初期的民主主義思想加以強調、渲染。原著中有些消極因素和色情場面《莘瑤琴被灌醉失身》都加以刪除。

《賣油郎》上演成功，更增添蘇青編好劇本的信心。古代愛國詩人屈原又成了她的題材。

這時北京青年話劇團正上演郭沫若的話劇《屈原》。蘇青得到消息，立即建議尹桂芳和主要演員和她一起去北京，觀摩最後一場演出。

去北京時，蘇青走得很匆忙，據她的二女兒説，她穿了一套平時穿的衣服，這時她已中年發福，挺著肚子像個懷孕的婦女，因此三輪車夫問她去哪家醫院。

在北京，蘇青曾向研究屈賦聞名的文懷沙請教，文老多次和她暢談，還接受擔任越劇《屈原》的顧問。

蘇青的《屈原》越劇本，終於完成並上演。尹桂芳一改專演風流小生的戲路，演了蒼老蹣跚行吟在汨羅江畔的詩人屈原。上演時正當舉行華東戲曲觀摩演出會演，獲得的總獎項有華東戲曲會演一等獎；還有許多分獎項：如演出、音樂、演員一等獎。偏偏沒有編劇獎、導演獎。大概因為涉及蘇青這個具體的人是不給獎的。

對這樣的不公正，蘇青不免怏怏，但並沒有因此影響工作。一九五四年在全國批判俞平伯的《紅樓夢研究》時，她編寫了一個以寶黛愛情悲劇為題材的劇本，定名為《寶玉與黛玉》。以她對《紅樓夢》的研究心得，又請教專家與學者，如復旦大學教授賈植芳。正式演出後，反應很強烈，雖有一些批評意見，但總體是肯定的多。在上海與北京先後演出三百多場，在芳華越劇團的演出記錄中高居首位。

在三年多（一九五二至一九五五年）的時間裡，蘇青不僅為芳華越劇團編寫一些好戲，還給勤風甬劇團編寫了《秋海棠》（原著秦瘦鷗）。蘇青的二女兒説：「穿旗袍的蘇青在人們的眼中消失，穿女式人民裝的您卻在戲曲舞台上再次展現自己才華。您的神采更加飛揚，您的笑聲更加爽朗。」可是好日子並不久長。

受人牽連囚獄一年半　孤獨痛苦失去創作權

叨天之幸，一九五五年前的一場場運動，蘇青並未捲進去。一九五五年所謂「胡風反革命集團冤案」疾捲而來。波及株連人員之多範圍之大，使人咋舌。本來像胡風這樣的左聯元老、列身於進步作家隊伍，與四〇年代淪陷時期才出山的蘇青是風馬牛不相及的。但陰錯陽差，她認識了一個所謂「胡風骨幹分子」，這人就是賈植芳。

賈植芳，一九一五年十月十一日出生於山西襄汾的商人家庭。從中學開始就參與民主救國運動。曾四次作為政治犯並進監獄。賈植芳是胡風好友，受胡風事件株連，判刑十二年，喪失人性尊嚴的日子長達二十五年之久。

蘇青在編寫劇本《寶玉與黛玉》時，曾向當時任復旦大學中文系教授的賈植芳請教。賈教授向來熱情豪爽，對登門求教者從不拒絕。對蘇青的劇本作了非常中肯的評價。

事實上，蘇青與賈植芳並無深交，僅只是求教學問的關係。《寶玉與黛玉》成功後，蘇青又著手寫歷史劇《司馬遷》又想起請教賈教授。她寫了信給他，賈依然熱情回答她的提問，兩人還在一次飯局上見了面，賈說，蘇青不施脂粉，布衣布鞋，端莊樸素，給他留下極好的印象。

一九五五年五月十五日，賈植芳被捕，同時抄家。前不久，蘇青寄來的信也在被抄走之列。蘇青也就受了牽連，但蘇青並未立刻被捕，時隔半年才關進提籃橋監獄。

這也許別有原因。

一是蘇青和賈植芳僅是泛泛的初交，她和胡風又毫無關係。如以胡風同黨逮捕，需要一定佐證，收集佐證要一定時間，所以拖延。

二是蘇青受另一個「反革命集團案」牽連。一九五五年，中共內部又挖出「潘漢年、揚帆反革命集團」。潘是上海市副市長，揚是上海公安局長。兩人長期做地下工作。所有關係盤根錯節。敵偽淪陷時期辦《新中國報》的袁殊，就在潘漢年這條線上。蘇青就和《新中國報》的下屬人員有過交往。所以沒有立即逮捕她，因她畢竟是週邊人物，首要是清查內部。

蘇青的被逮與囚禁究屬上述兩種原因的哪一種，還是兩種兼而有之，局外人難以說清。除非辦蘇青案的人出來說話、解謎。不過，她的家屬認為是受賈植芳牽連。

蘇青是一九五五年十二月一日被逮捕的。執行人員在她家裡（上海自忠路二四四弄七號）進行細緻搜查，帶走日記、信件和有關物品，然後把她押上囚車。當時蘇青很鎮靜，既沒有驚嚇得哭起來，也沒有問捕她是什麼原因，只是被驚醒了的孩子大哭起來。

她被關進提籃橋監獄。犯人沒有名字，她只有21805的囚犯號。她在牢中長達一年半，既未起訴，自然沒有判決，於一九五七年六月二十七日釋放。一年半是審查沒有什麼結論，她被釋放已經很高興了，她也不敢想要什麼結論。

蘇青出獄後，芳華越劇團的尹桂芳團長仍然接納了她。

經歷了這樣大的挫折，一時間難以靜下心來，她寫不出什麼本子。她謹小慎微，小心翼翼，不求有功，但求無過。

她這樣夾著尾巴做人，一改從前直言不諱、喜歡說話的習慣。有幸躲過一九五七年的「反右派」運動，可算是「塞翁失馬，焉知非福」。

一九五九年，她又面臨一個大變動。芳華越劇團離開上海調去福建。她沒有去，上級單位黃浦區文化局把她安排在紅旗錫劇團，仍擔任編劇。

紅旗錫劇團是個小劇團，一切都不能和芳華越劇團相比。她不計較這些，安心做自己的工作。不久後就寫出《李太白》的錫劇演出本，公演後，票房收入還算不錯。

從一九六〇年至一九六六年文化大革命這個階段，從兩個側面材料可以看出蘇青的處境。

一是沈懷寧：〈一面之識話蘇青〉，原刊《新民晚報》，一九九九年六月十四日：

> 大約是一九六一年吧，我和幾位友人一起到太平橋她的寓所訪晤，友人李詠霓兄與蘇青女士的女公子有同事之誼，我們請她先容，約定日期拜訪。那時處於經濟困難時期，環境比較寬鬆，所以她並無遲疑，允為接待。李兄、葉元章兄都隸

> 屬寧波籍，在這位同鄉前輩面前都用鄉音交談，商友敬兄本來談鋒甚健，這回卻訥於言，我當然更少插話……
>
> 談近，就是談她當前的工作。她在一個區屬的小劇團——紅旗錫劇團當編劇。除了整理、改編老戲之外，也寫新戲；劇目已經不能盡憶，記得比較清楚的《詩人李白》。《李青蓮集》、兩《唐書》是主要材料來源，也參考了馮至的《杜甫傳》。可資取用的材料並不缺少，難的是寫出、演出李白的詩人氣質。談話間，她流露出對這個本子很有興趣，也很有自信。但不知劇本（哪怕是刊印本）還在否？迄今已將四十年了，中間又隔著文革。

從這段回憶，可以看出上世紀六〇年代初期，大陸面臨困難（主要是饑荒），當時環境還較寬鬆，像蘇青這樣的監管對象，還能接待慕名來訪者，暢談自己的劇作。

二是蘇青的二女兒所說：

> 您（指蘇青——筆者按）陷入孤獨與痛苦之中。出獄後，您雖然失去了創作的權利，但始終未能壓抑自己創作的欲望和對生活的希望。您有時還輔導女兒業餘創作戲曲。有時，您從襄陽公園打拳回來，常常會告訴我們在公園裡聽到的奇聞軼事，並說以後可以寫成一篇篇小說。但在極左浪潮衝擊社會的時候，您無法實現自己的願望。

蘇青當時處境遠不能和在海外的張愛玲相比。張愛玲在海外仍有小說散文《秧歌》、《小團圓》、《五四遺事》、《重回前方》相繼發表。夏志清教授對她的作品揄揚，聲名盛傳海外

「文革」挨鬥帶病延年　迫令退休陷於絕境

一九六六年文革開始，蘇青的處境更為危殆。先是三番四次被抄家，接著批鬥並到各里弄遊鬥。有幸的是，她的人緣尚算不錯，鄰居對她手下留情，蘇青的女兒說：「在十年動亂中，儘管您天天挨鬥，但仍有許多鄰居對您深表同情，他們不願傷害您。」

挨鬥猶可忍受（皮肉之苦與精神傷害），難堪的是紅旗錫劇團把她辭退。靠黃浦區一點微薄的工資勉強度日。但工資一度停發，生活就陷入絕境。她原患肺病，在衣食不周的情況下遑論營養。這時肺病復發，貧病交迫，風刀雨箭嚴相逼。

挨到一九七五年一月，上海黃浦區「五七」幹校通知她退休。她哪能違拗。退休證上，寫明生活待遇：原工資六一・七元，按七折計算，實發退休費四三・一九元。這就是她有生之年賴以自活並要幫助女兒崇美的全部收入。

在郊區一家藥廠工作的女兒崇美，這時已經離婚，帶著一個兒子，生計十分艱難。蘇青自己有病還要撫慰女兒，替她照看孩子。她退休時，拿到囚禁時停發的工資共九百元，她替小外孫買一本《英漢大詞典》。儘管這孩子剛讀初級英語，她把自己對生活的信心，給了還孱弱、孤獨的小外孫。

她和女兒、外孫三人相依為命，住在窄小的一間房裡。本來她有一幢石庫門房子，解放後已非她所有，別人搬了進來，她一家三口擠在一間房中。

這裡要插說一位謝蔚明先生，他曾是《文匯報》駐北京記者，當年和浦熙修一同打成「右派」，平反後任《文匯月刊》副主編，二〇〇五年時已八十九歲高齡，仍然健筆縱橫，筆耕不輟。那年五月，筆者曾和他相聚，他身體硬朗。謝先生曾和蘇青的女兒李崇美有過一段說來辛酸的婚姻。

謝老說到當年蘇青的情況：

> 我是一九八〇年初認識蘇青的，她一口寧波話，可惜我不能完全聽懂，語言障礙影響我們的深談，不能更好地瞭解她。陪她看過一次淮劇，發現她不僅愛好地方戲曲，而且也較內行。還陪她吃過一次小館子。她熱愛生活，帶病延年。遺憾的是，由於病魔加重衝擊，以後很少出門了，我也多次到她住處探望。一間十多平方米的房子住著三代人，每次往訪，給我局促的感覺，想到她文名大噪的風光歲月，平添一份惆悵。看望她的人日漸稀少，過往密切的只有王伊蔚老人。

謝先生還說到，他在認識蘇青後，李崇美幾次和他說：「媽媽寫了很多書，經過多次政治運動後，一本著作也沒有保存下來，現在她病倒了，想找一本《結婚十年》看看，你在上海文化界有熟人，能否借一本給她看，媽媽和我都會感激你。」當時雖已是上世紀八〇年代，撥亂反正開始，但「左」的影響並未完全消失要找一本《結婚十年》這樣的禁書，並非易事。但謝先生鑒於蘇青求書心切，為著安慰病中的老人，終於借到了一本，他出高價複印了一冊，送給蘇青，她的快慰不言而喻。

謝先生和李崇美年齡相距三十多歲，李崇美會嫁他，當然為著她和兒子（前夫所生）的生活依靠。六年後在美國的李崇美叔父，得知蘇青的情況，願意接受李崇美去美國。而此時，李崇美已懷有謝先生的孩子，為著她離家去美國的方便，謝先生竟同意她實行人工流產。去美成行後，她還把兒子留在謝蔚明處。謝老又為她撫養非親生的兒子並供他上學讀書達數年之久，後來這孩子也去了美國，他走時帶走了蘇青的骨灰盒，在美國重溫祖孫三代生者與死者的團聚生活。這是後話。

從這一段插敘，說明謝先生的忠厚善良，處處為人著想，同時也說明一個文人家庭的如此不幸。謝先生在大陸最先向公眾介紹蘇青的晚年生活，文章收入他寫的《歲月的風鈴》一書。

走向死亡身後淒涼　沒有哀樂沒有花圈

蘇青在人間的最後幾年，門庭冷落，無人上門。真可謂「台階生草，門可羅雀」。

細究起來這並非全是人情勢利，著眼於蘇青的貧窮，而是由於政治的原因。曾被囚禁過的她就像是帶菌者，在推行階級鬥爭的年月，誰敢和她接近並來往呢？

唯一的例外，就是謝蔚明說到的「過往密切的只有王伊蔚老人」。

一九三二年，滬江大學校長劉湛恩的夫人劉王立明，曾創辦過一個婦女刊物《女聲》。以反映婦女問題為中心，一時頗得人望。許多社會名流和文人學者都為它寫稿，如何香凝、柳亞子、章乃器、沈志遠、薛暮橋、柳湜、彭子岡、盧隱、蘇雪林等，因此刊物影響較廣。主編《女聲》的就是王伊蔚。其時王伊蔚剛從復旦大學畢業不久。

抗戰時期，《女聲》停刊。上海淪陷後問世的《女聲》是日本大使館與日本海軍報導部合辦的，外形酷似以前的《女聲》。關露曾任這《女聲》的編輯。

抗戰勝利後，前《女聲》復刊，王伊蔚仍主其事，曾請蘇青寫稿。蘇青因而和這位王大姐締結文字交。

臥病床榻逐步走向人生終點的蘇青，這時只有和王伊蔚坦露心聲。

蘇青原先住在上海鬧市區瑞金路，這一幢房子裡還有幾家房客，廚房與衛生間公用。蘇青一家住在這裡受人欺侮。三十六計，走為上策，她們採取搬家的辦法，在普陀區石泉路城鄉結合部換了一處房子，搬到這裡後，總算有了清靜和安寧。

蘇青寫信給王伊蔚，講起她搬家的景況和心情：「我今年已六十九歲了，帶病延年，也不服藥。第一年搬來，我就在冬天大發氣管炎，咳喘齊作……我的朋友都不大來了（有的老，有的忙，有的勢利……）寂寞慣了，心境很舒服。」

在給王伊蔚的其他信裡，也斷斷續續談到她淒苦的心情：

> 成天臥床，什麼也吃不下，改請中醫，出診上門每次收費一元，不能報銷，我病很苦，只求早死，死了什麼人也不通知。
>
> 人生一世，草生一秋。花落人亡兩不知的日期也不遠了。
>
> 我的花大都是草本，我想十年樹木也不必了，也不耐煩去服侍名花。
>
> 有兩句話可以包括：「不才明主棄，多病故人疏（稀）」，一門關煞，與人不搭界。

從這些片言隻字看，她對人生沒有留戀，其實她還眷念著親人。

她唯一的兒子李崇元，命途坎坷，帶著累累傷痕回到她身邊時，她已重病在身，但她還是給兒子莫大的鼓勵與支持。她的生活已經夠艱辛了，但她毅然在有限的生活費中擠出一點錢，買了一部黑白電視機讓兒子學習英語，她鼓勵兒子自力更生，哪怕是擺地攤也不丟人。兒子在母親鼓勵下，終於振作起來。

蘇青的病一天天沉重，她給王伊尉寫了最後一封信，給人間留下她最後的絕筆。

信這樣說：

> 天天想寫信，天天沒有如願，原因是想細訴心曲，欲細反而不達了……我近來認識了一個老人，家有花園，主要種月季花，我已去不成公園，三天兩頭到他花圃去坐坐，也空氣清新。我今年買五盆月季，都種不活（原因是施肥太勤，欲速則不達）。現在他給我弄了兩盆，正在盛放，十分可愛。我每天濛濛亮起來，看花要看兩三個小時。他答應等花謝後，仍把花送到他花園去培養，可以順利過冬（只說託他代買，其實他自己培育出來的。）其中有一盆種很好（紫紅），另一盆普通。我家的芙蓉、菊花也都有了花蕾快要開了。這些花是我生命末期的伴侶，我並不悲觀，只是安心等待上帝的召喚……可我不能來看你了，實在怕走，只想安靜。結防所（指黃浦區結核病防治所——引者）來叫我去拍片（已二年不拍片了），我一味拖拉，現在決定不去了，也決定不買花，不來看你了。但是心有靈犀一點通，一息尚存，總是想念你的。

如此愛花，顯然是她熱愛著生命，但她又有病不治，只求速死，說得如此沉痛，心情的矛盾，正體現出她的痛苦與無奈。

一九八二年十二月七日，身患糖尿病、肺結核多種疾病的蘇青，突然大口吐血倒在地上。一瞑不起，走上了人生不歸路。

這一年，蘇青六十九歲。

蘇青大歸這一天，恰好她的兒子用自己賺來的錢，買來平常吃不起的黃鱔做好了送來給母親嚐一嚐時，她已經閉上眼睛，悄悄走了。兒子抱著她那瘦弱的身軀，輕輕抹去她嘴上的血痕放聲大哭。「媽媽，您走得太早了，您才六十九歲！」兒子嗚咽著說。

她確實是走得太早了。她當年的好友張愛玲，這時正蜚聲在海外與台灣，煌煌幾大卷的《張愛玲集》在台灣出版。她這邊已進了天國。人的命運如此不同啊！

「千秋萬歲名，寂寞身後事。」

蘇青的遺體在上海西寶興路殯儀館火化這天，來瞻仰遺容的只有女兒、小外孫、兒子及其未婚妻、女婿謝蔚明，沒有一個外人。

據目擊者謝蔚明先生說，蘇青躺在鐵架車上，面目清秀，烏黑的短髮向後梳，藍布長褲、布鞋，雙目緊閉，神態安詳，她彷彿是因得到人生最大的休息而感到安慰，對自己的坎坷一生毫無慍色。

靈堂裡聽不到哀樂，她拿退休金的單位也沒有送一個花圈，靈堂裡也看不到一個花圈，也沒有人作悼詞。也沒有為她作去天國的祝福。這最後告別幾分鐘就結束了。

鐵架車把蘇青推到焚屍爐前，爐內融融燃燒著，噴出灼人的火光。焚屍工人乾淨俐索地把這個曾經有過六十九年生命的女作家，放在一塊鋼板上，投進攝氏二千度的烈焰裡，瘋狂的火焰立即把她吞噬。一縷縷黑煙從煙囪裡飄出來，飄出來……

寂寞啊！蘇青！

遲來的「平反」　著作熱銷

世事茫茫難逆料。蘇青生前對一九五五年的被捕和一年半的坐牢，從未作過申訴。她認了命。她知道申訴會有怎樣的結果。她哪裡想到會有平反的可能。這是在中共十一屆三中全會後，對「右派」分子甄別、平反，關於反革命分子以及壞分子有了新的解釋和政策界限。蘇青及其家屬雖然沒有申訴，上海市公安局還是對蘇青一案作了複查。一九八四年十一月十九日作出了「關於馮和儀案的復查決定」。決定稱：「經複查，馮和儀的歷史屬一般政治歷史問題，解放後且已向政府作過交代。據此一九五五年十二月一日以反革命案將馮逮捕是錯誤的，現予以糾正，並恢復名譽。」

可惜的是這個複查決定已遲了兩年。如果蘇青生前能看到，將會怎樣快慰，但現在她已看不到了。決定交給了她的小女兒李崇美。

蘇青遠在美國定居的小叔李欽若來到上海，知道蘇青去世不免唏噓傷悼。他對李崇美作了承諾，讓她去美國。後來把他經營的一家餐館給侄女。後來，蘇青的骨灰也隨外孫（李崇美之子）飄洋過海，葬於美國。

十四年後（一九九六年），蘇青的二女兒李崇善（又名李堅），這個有文學修養、文筆也不錯的女教師，寫了〈緬懷母親——蘇青〉的文章。文章的最後三節這樣說：

> 媽媽，你給人的印象總是那麼率真、大膽、堅強、樂觀，但我們知道隱藏在您樂觀、開朗、堅強的外表下面，是一顆十足女性的脆弱的心。尋尋覓覓，您始終沒有得到一雙堅強的手臂給自己以支持、一個厚實的胸脯給自己以依靠。我們是您的所愛，但或許也是您重獲幸福的累贅，您無盡嘮叨，您時發的狂怒，正是您鬱結感情的渲泄。
>
> 現在政治祥和，我們的生活也安定了。我們能給您以安慰和依靠時，您卻又不在了。「子欲養而親不在」這是何等痛苦的事啊！我們兒女欲哭無淚，媽媽您知道嗎？
>
> 媽媽，唯一能令您感到欣慰的是您的同行、您的讀者都沒有忘記您。您心愛的作品又用鉛字排出，加上美麗的裝幀，

> 出現在各個城市的書店的架子上。更多的人正在逐漸瞭解您——您的偉大，您的平凡，您的單純，您的深刻，您的長處，您的不足……您經常得意地自翔為「雅俗可賞」，是的，今天您擁有的讀者證明了您的自信……

李堅說得對，近年蘇青的著作在大陸出得很火。她的成名作《結婚十年》一印再印。安徽文藝出版社先後出了小說集、散文集。上海書店出版社出了上下兩冊《蘇青文集》，除筆者寫有《亂世佳人——蘇青》外，另有王一心的《蘇青傳》、毛海瑩的《尋訪蘇青》多本傳記相繼問世。這是沉寂、冷落後的反彈。

「舊事淒涼不可聽」——蘇青，在天國她將永遠平安！

>>> **注釋**

註1：抗戰勝利後，胡蘭成悄悄逃往浙江溫州，改名張嘉儀，潛藏溫州一所中學，以當教員作掩護。後又出逃境外。《古今》主持人朱樸，逃往香港。

註2：參見金戈：「陶亢德受捕一瞬」，見台北青年文化出版社《捕奸錄秘》。

情繫忠貞

——許地山女兒的奇特婚姻

落花生，在貧瘠的沙土地開花結籽，生命力是那樣頑強、執著。大文學家許地山一篇《落花生》的優美散文寫盡其優秀品格。他作夢也難想到他的女兒會像落花生那樣，飄零在「沙土地」，創造出這麼一段奇特的情愛來……

她的故事是這麼慘烈……

無錫，唐城，電視劇《唐明皇》拍攝基地。

一張男女合影攝於巍巍皇宮前的巨大水車旁。

男的已過古稀之年，一臉皺紋，老農打扮。女的正屆中年。知識份子模樣，衣衫合身大方。

他和她是有著巨大反差的一對夫妻。

男的文盲，道地的農民；女的，名門閨秀，高級知識份子（副研究員），南京市政協委員。

一張照片，一段動人的傳奇。

我見過這對夫妻，多次聽她自述使人涕零的故事。

幸福而短暫的童年

一九三三年，春到燕園（燕京大學）。一天清晨，一幢教授樓內，傳出清脆的女嬰啼聲，兩年前喜得貴子，而今又添千金，年輕的父母喜不自禁。

這年輕的父親，就是現代文學史上鼎鼎有名的許地山。

許地山畢業於燕京大學後，與謝冰心、梁實秋等同船去美國留學，又負笈英國劍橋牛津大學。一九二六年歸國後在母校燕京大學任教授，為士林所推重。

夫人周俟松，出身於湖南名門望族。在天津讀書時，與鄧穎超（周恩來夫人）同學，一九二八年畢業於北京師範大學數學系。

北平古稱燕，許地山為他的女兒，取名燕吉，要她有吉祥的生活。

許燕吉就是本篇的女主人公。

半個多世紀過去，當年的小燕吉，想起童年趣事，仍歷歷如昨。

許燕吉童年時與父親許地山。

「父親很幽默，喜歡和我們開玩笑」

「他有很多朋友，老舍、梁實秋、梁漱溟、樓適夷、徐悲鴻，還有外國友人如愛潑斯坦。徐悲鴻先生也很幽默風趣，特別喜歡孩子，在香港。他常和我們玩。」年屆花甲的許燕吉至今不忘這些情景。

許燕吉的童年是幸福的也是短暫的，只持續了八年。

早嚐人間的辛酸

一九三五年許地山在燕京大學支持「一二九」學生抗日救亡運動，遭到燕大校長司徒雷登的不滿，隨之把他解聘。經胡適介紹，許地山接受香港大學之聘，任文學院院長之職。

一九三七年抗日戰爭爆發，許地山參與並發起成立中華全國文藝界抗敵協會香港分會」，與在港的進步文化人站在一起投入抗日救亡運動。這時許地山與宋慶齡領導的「保衛中國大同盟」的友人也交往甚密。一時間，許地山在香港的地位日隆，聲譽鵲起。晴天霹靂，厄運突然降臨，一九四一年八月，許地山因勞致疾，突然以心臟病去世。年僅四十七歲。當時小燕吉不過八歲，就永遠失去了父親。

悲痛的陰影還沒有消失，意想不到的災禍又接踵而至，一九四一年十二月八日。日寇發動的太平洋戰爭爆發了，口寇進犯香港。

香港淪陷了。

周俟松攜老扶幼，乘一個小輪船在驚濤駭浪中渡海到了湛江，後輾轉到湖南衡陽，長沙會戰開始，周俟松一家又去了桂林，正陷入困窘之際。得到徐悲鴻先生的幫助。徐先生自奉甚薄，對老友的遺孀與子女關懷備至，慨然以千金相助。十一歲的許燕吉還記得當時悲鴻先生與母親的對話：「我與地山兄形同手足，超過兄弟之誼，這一點（指錢）是微不足道的，略表我的心意。」徐悲鴻先生含著淚說。

許燕吉（左）與母親周俟松。

「本來我不受任何酬贈，看來徐先生之賜，情不可卻了，那我收下作為我兒女讀書求學之資。」周俟松答道。

許燕吉過早地飽嚐人間的辛酸，八年抗戰，她隨著母親顛沛流離，歷經五個省七個市。好不容易盼來了抗戰勝利。一九四六年，她們回到了南京。母親周俟松到社會部所屬的兒童福利實驗區工作，同時兼任三個實驗站的站長。實驗站收容流浪兒與窮人子女。但她身為站長無半間住房，兒女讀書必須找可以寄宿的學校。因此許燕吉進了教會辦的明德女中（今女子中專，南京莫愁路），兒子周苓仲進了弘光中學，也是教會所辦。這樣兄妹倆與天主教的關係更進了一層，許燕吉還參加了天主教女青年會。

讀書的歲月

一九四九年四月二十三日，許燕吉在南京喜迎解放。第二年她高中畢業，懷著興農立國的理想。報考了北京農業大學畜牧系。

大學的生活開始了。許燕吉有一種全新的感覺。

政治理論的學習是當時大學的重要課程。政治經濟學、馬列主義哲學、社會發展史，許燕吉如饑似渴地學習著。

每一項課都要討論。都要暴露思想，許燕吉都是真實地講出心中話，學習深入下去，有神論與無神論在她思想中交戰，她困惑。

「到底有沒有神？辨證唯物論是不是真理」？她去問神甫。

神甫回答她：「這兩個問題我不能解答，妳自己去考慮吧」。

這是對她的搪塞。她當即爽快地回答：「既然這樣，我就不信教了。」

雖然她已脫離教會，但畢竟曾是教徒。一九五二年北京農大開展忠誠老實運動。這就要交代歷史。她這人心口如一。她說：「我曾參加過天主教女青年會。」

接踵而來的厄運

大學生活終於結束了，那是一九五四年。

她分配到河北石家莊河北農業試驗站，後改為河北農科院。

對生活的無限憧憬，懷抱為國獻身的精神，她勤奮工作。一次次得到獎勵。怎會想到，一九五五年開展肅清反革命的運動，把她捲了進去。隔離審查半年之久。

接著，一九五六年大鳴大放，鼓勵人們提意見，講心裡話。她那單位裡曾有一個同志被人誣告而定罪。許燕吉感到這不是實事求是，她無顧忌地說了，自然還對領導提了意見。

一九五七年她平安地過去。

自然要來的還是要來。許燕吉說：「一九五八年，大概是反右派補課，單位裡的右派指標沒有完成，這就落實到我頭上」。她糊裡糊塗成了右派。

她還不是單純的右派，還是反革命。單位裡有六人被逮捕，其中沒有她。那時她正懷孕，定了開除公職。失去公職的境地是可以想像的，她一下子墮入了深淵。

丈夫是北農大的同學，廣東人，泰國歸來的華僑。（這婚姻母親本不同意，最後還是尊重女兒心願同意了）本來新婚夫婦有了頭生的孩子是多麼歡樂。但這孩子來的不是時候。孩子終於產下來了，是個死胎。

許燕吉立即被逮捕，判六年徒刑，送去勞改。對她來說，這並不突然，因為逮捕本是意料中事，突然的是丈夫竟在此時向她提出離婚。「夫妻本是同林烏。大難來時各自飛。離就離唄，何況我是犯人！」

她安心服刑了。服刑期間，她搞過紡織，帶著一些老年犯人養豬；她學過畜牧，養豬也是發揮所長。六年，漫長的時光，還是挨過了，一九六四年服刑期滿。

到母親那裡去吧，母親在南京市立五中當副校長，這時工作順利，聲譽日隆，出席全國先進工作者表彰大會，怎能去連累母親呢，許燕吉沒有別的地方可去。她被留在石家莊第二監獄就業，自然這次不是犯人了。

監獄就業當縫紉工。她究竟是有文化的。管教部門要加強對犯人的教育，用犯人現身說法，由她自編自演了一個戲，受到好評，多次演出。她身在那裡，她不作他想。不知出於什麼需要，勞教隊動員一些刑滿留下就業的女隊員結婚，動員到許燕吉，也許是曾經滄海，她婉言謝絕。

接著又發生了新情況。林彪發了那個惡名昭著的一號手令，全國遣散人口。近海港天津的石家莊更要過細地遣散那些不可靠的人。許燕吉正在其中。

許燕吉被遣送到距石家莊九十里的新樂縣農村，那是個窮得叮噹響的地區。

生活的艱苦，她挺得過去，難挨的是受到一種異乎尋常的對待，經常在深夜裡，民兵踢開她的門，斥罵、檢查……

好心的村婦勸她：「這樣，妳是難挨下去的，還是嫁個人吧！」當時她三十多歲，也許這是她的一個優勢。

嫁什麼人呢？茫茫人海，何處是歸宿！

奇特的落難姻緣

一九七〇年秋收後，她回南京看了一次母親。歸途中，她決定去陝西去看多年沒見面的胞兄周苓仲，和她的這位胞兄商量終身大事。

長途漫漫，風沙疾捲，到了八百里秦川。說起周苓仲。「同是天涯淪落人」，一雙兄妹是苦瓜藤上的兩顆苦瓜。周苓仲雖沒有判刑，但管制兩年。這個清華農學院畢業的大學生，在柳林灘種馬場當工人。兄妹相見，不免談到各人的情況。聽了妹妹的遭遇。相對唏噓後，周苓仲慎重考慮說：「看來，妳只有盡快嫁人了。」

消息一傳出，前來相親的絡繹不絕，月下老人的紅線，拴在一個年過半百的老農民身上。

他叫魏振德，家住武功縣楊陵鄉官村。比許燕吉大十多歲，一字不識的文盲。說相貌吧，個子不高，頭大胳膊小，有一個九歲的兒子。他已鰥居多年。許燕吉仔細觀察一番，覺得這人忠厚老實。

許燕吉坦率地講了自己的身世，她說：「我的成份不好，將來會影響到你兒子參軍的。你要考慮。」

「兒子參軍不參軍並不是重要的。我只要家裡的門常開著，只要孩子不是一個人孤獨地坐在門口地上……」老魏說。

魏振德願意接受這位知識分子出身的女人，他不計較她的出身和經歷。許燕吉飽受創傷的心得到了安慰，她願意嫁給這位目不識丁、心地善良的老農民。

兩人結婚了，冷清的兩間小屋，開始有了笑語歡聲。老魏知道南方人喜歡吃大米，他省吃儉用，用有限的口糧給許燕吉換大米吃，他知道妻子是農業大學畜牧系畢業的，就找到村長請求讓許燕吉到村上的獸醫站工作。這一切都深深地打動了許燕吉的心。這位老實巴交的農民給了她從未有過的關心和溫暖，她盡心盡責地把獸醫工作做好。同時，把家裡整理得有條有理，從生活上照顧好苦了半輩子的老魏。她把老魏的孩子視為己出，對孩子無微不至地關心，學習上耐心輔導，從小學起就教他學英語。

許燕吉的母親周俟松千里迢迢從南京來到渭河邊的官村，當她看到女兒和女婿互相關心互相體貼的情形後，就放心地回去了。她資助女兒和女婿又蓋了三間房子，使他們的生活過得更舒心一些。

春花秋月，流光匆匆。又是七八個年頭過去。渭河邊上的官村相當閉塞。外面的世界天翻地覆。「四人幫」已經倒台了，一九七九年開始給右派平反。許燕吉竟一無所知。許燕吉的兒子魏忠科在縣城上中學，英語教師發現這孩子的英語發音與單詞記憶都不錯，似乎有人教過。一問之下，才知小魏有個右派的母親。英語教師本人也是右派，拉著小魏立刻趕到鄉間，把右派已經平反的消息告訴許燕吉。

否極泰來，許燕吉的命運改變了。

她趕到石家莊，那邊正要找她，右派平反，反革命罪推翻，恢復了公職，被安排在武功縣畜牧獸醫站工作。

喜訊又接踵而來。

母親周俟松已年邁，她是南京市人大代表。江蘇省政協委員，身邊無人照顧，一九八一年在有關部門關懷下，許燕吉調來南京。安排在省農科院畜牧所，不久又評了副研究員職稱，並加入市台盟，當上了市政協委員。

有了地位，有了榮譽，人們猜測著她和魏振德的婚姻裂變。

這種猜測自然不是無端，也有好心人勸過許燕吉：「妳和老魏究竟是不相配的呀！當年妳是落難⋯⋯現在他成了妳的負擔，給他一些補償，還是另組家庭吧。」還有人說：「你們既無愛情。又無共同語言，這日子怎麼過呀!?」

許燕吉有自己的想法。她說：「你落難時，人家援手，你地位變了就把人家甩掉，這還有什麼道義可言。在平常的生活中，有多少時間談情說愛，又不是搞學術討論，不需要什麼共同語言，我們過的是平常人的日子，只要互相關心，互相照顧就足夠了。我們的文化雖有差異，人格是平等的。」

許燕吉四處奔走，為魏振德辦好了農轉非戶口，把魏振德接到了南京，農科院分給許燕吉一套兩居室的房子，窗明几淨與渭河邊的農舍不可比擬，但是這裡沒有老魏的親戚朋友，他那一口關中土話無法與南京人交流。許燕吉要忙科研工作還要照顧八十多歲的老母，（每天下班後就從孝陵衛乘長約一小時多的公交車去看母親），她無法天天陪著老魏，她怕老魏寂寞，給老魏在農科院找了個傳達室的門房工作。工作雖然簡單，但至少要分分報紙，給來客辦個登記，老魏不識字做不下去。

「好，你什麼都不必做，安心養老。」許燕吉把每月的工資全部交給老魏，你願用多少就用多少。她給老魏買了個靈敏度很高的

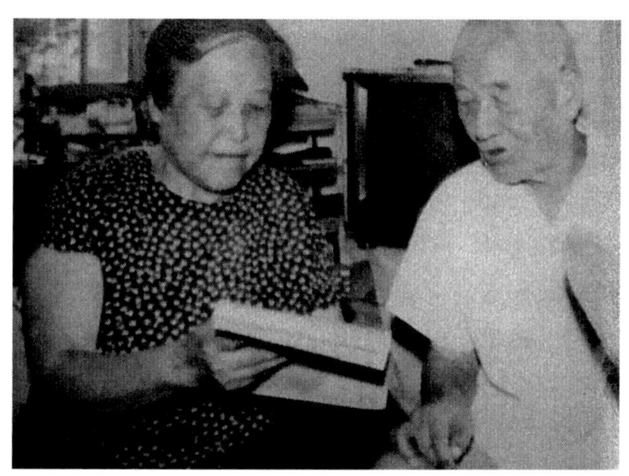

許燕吉（左）與農民丈夫老魏。

小收音機，讓他聽戲解悶。一有空閒，燕吉就帶著老魏外出旅遊，太湖邊、黃山下、揚州瘦西湖都有兩人的蹤影，這位老農做夢也沒想到能看到這麼多好山、好水、好風光。

許燕吉帶著老魏嚐遍了江南的美味佳餚，她知道北方人吃不慣米飯，總是順著老魏做飯時多吃麵食。

在許燕吉的努力下，老魏的兒子魏忠科也調到了南京，先當小學教員，後調到市台聯（許地山籍貫台灣，許燕吉是台聯成員）搞機關工作，兒子娶了媳婦，生了個活潑可愛的小孫女、三代同堂，和和美美。

當筆者訪問許燕吉時，外邊有人敲門，門開處，進來一位老人，滿臉皺紋，頭大、四肢短、穿一套藍色的中山服。

「他就是老魏。」許燕吉給我介紹。

「您好啊！」我招呼他，他發出憨厚的笑聲。

「您在南京過得慣嗎？」

「南京很好。」

「想不想陝西的老家？」

「不，不想，我的家在南京了。」他的話不多。

許燕吉看著他笑起來說：「那套新西服。為什麼不穿？」。

溫馨，平和，這難道不是一個幸福的家庭?!

許燕吉拿出一本相冊給我看，一張張照片都記錄了她晚來的幸福的經歷，那是她陪著母親與鄧穎超同志的合影，還有她母女倆與冰心的合影，合影的還有梁漱溟、趙樸初、樓適夷、廖靜文、雷潔瓊等等名人。在這些夾滿名人照片的相冊裡，筆者挑出了許燕吉和魏振德在無錫唐城拍的那張照片，記錄下了名門閨秀與她的農民丈夫這段老而彌堅的愛情故事。

然而，我在想如果許燕吉沒有這段無端的冤屈，她會和老農魏振德結合嗎？這樣的結合真的幸福嗎？我無言。

「豹籠大師」林風眠

他是聞名於海內外的中國畫家，已故作家無名氏稱他為「豹籠大師」。這緣於他一度先後在無形的監管與有形的牢獄中度過漫長歲月。這就像詩人里爾克筆下困在鐵籠中的豹。

說起這位「豹籠大師」，我曾和他一度邂逅。那是上世紀七〇年代，中國大陸正處在「文革」中。一九四七年，「四人幫」在北京、上海兩地掀起一陣「批黑畫」的妖風。矛頭對準上海外貿部門編印的一本「中國畫」，說書中的畫都是階級敵人翻案的證據。

「欲加之罪，何患無辭。」

黃永玉畫的貓頭鷹，一雙閃閃靈動的眼睛是階級敵人在窺伺進攻方向。南京師範大學教授陳大羽畫的公雞，那色彩斑斕的長尾說是醜文人在翹尾巴。林風眠的一幅風景畫《山區》，墨彩交融、格調渾厚，本是他畫中的上乘作品，被列為重點批判對象，罪狀是把社會主義山區畫成黑山惡水、烏雲遮蔽的天空、修道院式的房舍、細瘦欲摧的電塔，還有幢幢魔影似的群山。林風眠另一幅《無題》，畫的小鳥，說鳥白眼相對，是仇很社會主義……當時深感「四人幫」爪牙羅織罪狀手段的「高超絕倫」

大約就在這年，我與友人漫步在上海南昌路上，偶見一位瘦弱清癯穿寬大的短大衣戴貝雷帽的老人，行於街頭，踽踽獨行，迎面相逢，只見他雙眉緊蹙，眼神凝重……他走後同行的友人告訴我，這老人就是名畫家林風眠，住南昌路五十三號。

自此後，林風眠的名字和淒苦的形象就深印在我的記憶中。一九九八年，我寫《無名氏傳》並與無名氏訂交，而無名氏與林風眠相交二十餘年，知之更深，是他經常和我談及的話題，這就有本篇的形成。

石匠後裔出類拔萃　幼有異行火中救母

廣東，梅縣。浩蕩的梅江滾滾東流。梅江邊，山重水覆處有個小山村閣公嶺村。

一九〇〇年十二月，林風眠出生在這裡。美麗的山村，生身的血地，長留在林風眠心靈深處。他說：「在歐洲留學的年代裡，在四處奔波的戰亂中，仍不時回憶起家鄉的片片浮雲、清清的小溪、遠遠的松林和房屋的翠竹。我感到萬物在生長，在顫動。」（林風眠自述）也許就是這自然美景蘊育了他的藝術天賦。

一個驚心動魄的場面也使他終身難忘。

一九〇七年，一個春天的晚上，閣公嶺村的一塊空地，燃起一堆融融烈火，風助火勢，發出呼呼響聲。火堆旁圍著喧鬧的人群。一個年輕的女子，被五花大綁推到火塘邊。「燒死她！燒死她！」喊聲一片。

忽然，一個小孩跑來，大聲喊：「你們要燒死她，先燒死我。」說著，這孩子就要往火裡跳。

瘋狂喊著的人們驚呆了。有人把孩子抱住。年邁的族長發話：「饒她一死吧。」

這孩子就是林風眠，這年他七歲。那女的是他母親闕阿帶。她是個美麗的瑤族女子，二十歲時生了林風眠。她之所以要燒死，是因和人私通並被發現。族規規定要用火刑。林風眠的孝行感動族長，免她一死。不過村子裡不能再容她，被賣到山外去。從此母子分離，終生未再見面。（林風眠成名後，多次設法找母親而未果。）

父親林雨農很快娶了後母，小風眠（兒時名鳳鳴）跟著祖父林維仁過活。祖父是石刻匠，疼愛這失母的孫子，整天讓孫子陪著他，做一點輕巧的活，如磨鑿子、遞榔頭、在石上勾畫圖樣。祖父希望他繼承手藝，不要想讀書做官的事。祖父常說：「你將來什麼事情都要靠自己的一雙手。有了一雙手，即使不能做出多大好事，至少可以自己混口飯吃。」祖父還要他少穿鞋子。他自己身體力行，無論四季陰晴都是光著腳板。他說：「腳下磨出功夫來，將來什麼路都可以走！」

隨著時光流逝，祖父終年勞作的形象和他那些話，仍像被他的鑿子刻進心裡一樣，林風眠久久難忘。

林風眠一生確實像祖父一樣勤勞儉樸。據無名氏（卜乃夫）親告筆者，他親見林風眠日夜作畫，每天工作十餘小時，數十年如一日。一方硯台磨墨數十載竟連核心全快磨穿了，只剩薄薄一圈，應了古人「鐵杵磨成針」之說。正如卜乃夫所說，如此勞苦，當代有哪一位畫師能躋及？

這是後話。

藝術秉賦獨愛繪畫　滬濱遇友去法留學

祖父還是給林風眠讀書了，一九一四年他虛齡十五歲，從鎮上的高小畢業，越級（初中階段）考上廣東省立梅州中學。

梅州中學是教學品質很高的學校，學生的素質也不錯。常和林風眠在一起的幾個同學日後都有不凡的成就。李金髮，雕塑畫家、詩人與中國象徵派詩的開山祖師。林風眠和李金髮組織「探驪詩社」切磋詩藝。詩友中還有葉劍英。葉後雖致力於軍事並成為名將，但當時卻和林風眠一樣酷愛唐詩。還有一個和林風眠同姓不同宗的林文錚。林文錚也喜歡詩畫兩人志趣相投。後來林文錚成了蔡元培的女婿，二林又幾度同事，同在杭州藝專。

林風眠在梅州中學幸遇識才的伯樂，這是圖畫老師梁伯聰，他發現這個矮小瘦弱（指林風眠）有卓異的藝術才華。他的形象記憶力特強，看過一幅畫很快就能照樣畫出來。梁伯聰很欣賞他，對他的作業常給以高分，甚至一百二十分。這更激發林對繪畫的愛好。

三年後，林風眠在梅州中學畢業。畢業是高興的事，畢業後的出路呢？回山村去，繼承祖與父兩代琢石的舊業。這非他所願。那又將去何方呢？

在當時，林風眠的未來有兩種說法。據無名氏說，林風眠偶買彩票，意外得中頭獎，竟有一千銀元，一下成為暴發戶，族親多想瓜分。他斷然決定用這錢去法國巴黎留學，研究西畫。

另一種說法：林風眠決定去上海闖世界（此前好友林文錚已先去上海），也許上海灘有意外的機緣。運氣好找個不要錢的學校讀書，或者能找到維持生活的職業。哪知真是天從人願，他在報上看到一則啟事，招收勤工儉學去法國的學生，他按位址找到主辦單位華法教育會。天下真有巧事，就在華法教育會，林風眠巧遇林文錚。林文錚一下把他抱住：「你真來了，可是你怎麼不到住處找我。」原來林文錚得到可以留學法國的消息就函告抹林風眠，以為他是接到信才來的。這是個快樂的誤會。在林文錚的指引下事情辦得很順利。勤工儉學的留法隊伍裡就有了林風眠。

兩種說法只是起因略有不同，結果是一致的，林風眠確實是去法國留學的。

幸遇良師跳出迷津　融通中西吸取精華

一九一九年十二月二十五日，法國郵船公司的安德列・勒蒙號從上海楊樹浦碼頭起碇去法國。船上有三十餘名去法勤工儉學的學生。這中間除林風眠和林文錚外，還有後來著名於世的中共領袖人物如李立三、王若飛、徐特立等。這裡還有一段佳話，二十九年後，一九四八年，林風眠的學生趙無極也是乘這船去法國留學，並和老師一樣成為世界級的名畫家。

單調又漫長的航程，幾十個人住在四等艙裡，擁擠、通風不暢、日夜又有臭蟲擾人，加上由於船身的顛簸引起嘔吐真苦不堪言。航行三十三天終於到達法國馬賽。

求學心切，林風眠立即趕到巴黎，進了市郊楓丹白露法華補習學校補習法語和西洋素描。很短時間大有長進，但他不滿足，當聽到福格（Voge）有所中學，有許多石膏像，就特地到那裡去。白天學法文，晚上畫石膏像，點滴時間都不放棄。

人們常說善人多助，林風眠要進一步深造面臨經費不足的困境時，法屬馬達加斯加（一說毛里求斯）有位林姓宗親，知他天分很好孺子可教，慷慨解囊，匯寄一筆錢給他，這才進了第戎（Dijon）國立美術學院，專攻木炭畫和人體素描。時間不長頗有長進。

第戎美術學院院長楊西斯（Yenicene）出身貧寒、苦學成才，因此對清寒的學生極為同情。有一回，他看到林風眠一幅粉彩風景畫非常讚賞，又知道他的困境，出資買下他這幅畫以資鼓勵。又主動介紹林風眠進巴黎國立美術學院，到名油畫家哥羅孟（Cormon）教授的畫室去深造。

在巴黎美院時，林風眠備受法國學生的歧視和欺侮，有幾次被強行脫下褲子，兩臀塗上許多油彩。這是民族偏見和嫉妒心理的表現，因為林風眠學得很認真。不過這並不影響他的勤奮學習。但他在學習方向上陷入危機。用他自己的話說：「當時我在藝術創作上完全沉迷在自然主義的框子裡，在哥羅孟那裡學了很長時間也沒有多大進步。」（《回憶與懷念》）

又是楊西斯給他及時指點跳出迷津。有一天，楊西斯特地到巴黎看林風眠，看了他的作品很不滿意，批評他學得太膚淺，誠懇而又嚴厲地對他說：「你是一個中國人，你可知道你們中國的藝術有多麼寶貴的優秀傳統啊！你怎麼不去好好學習呢？去吧！走出學院的大門，到東方博物館、陶瓷博物館去，到那富饒的寶藏中去挖掘吧！」還說：「你要做一個畫家，就不能光學繪畫，美術部門中的雕塑、陶瓷、木刻、工藝；什麼都應該學習；要像蜜蜂一樣，從各種花朵中吸取精萃，才能釀出甜蜜來。」（《回憶與懷念》）

謹遵師訓，自此後不管寒冬與早春，在巴黎高聳的東方博物館、陶瓷博物館裡，就有林風眠的身影，他帶著筆和紙，啃著冷硬的麵包，對著東方的古董鑒賞和臨摹，不知度過多少陰森寒冷的晨昏。世界藝術寶庫的羅浮宮博物館，與巴黎美院只隔一條塞納河，有一橋相通，林風眠的大部分時間也常在這裡度過。在達芬奇的《蒙娜麗莎》畫像前，他多次沉迷得忘記自身的存在。米開朗基羅的雕塑《奴隸》，他感受到無比的力量和雄偉氣魄。可以說巴黎所有的博物館、畫廊以至私人的畫室，都有林風眠的蹤跡。他廣收博取東西方藝術的精華，果然功夫不負苦心人，他的兩幅作品《生之慾》、《摸索》，於一九二二年的秋季沙龍裡展出，這是中國留學生視為無上光榮的地方，寶刀初試，即告成功。

悄來愛神喜結良緣　蔡氏元培獨賞風眠

人生往往有許多意外的際遇，林風眠正是這樣。如果不是一九三一年的德國之行，林風眠和徐悲鴻兩位中國畫壇巨擘也許失去相交的機會，林風眠的首次婚姻也要推遲。

第一次世界大戰後的德國，剛從失敗的陰影中出來，經濟瀕於崩潰，馬克暴跌，中國銀幣與馬克是一比十八，即使是有官費的留法中國學生（自費留學的更不用說）都到德國去享受低價馬克之福。一九二二年冬，梅州三友林風眠、李金髮、林文錚，還有黃士奇同到德國遊學。而名畫家徐悲鴻偕妻蔣碧微早一年（一九二一年）就到了德國。

到德國後，林風眠像在法國一樣，立即到各個博物館去觀摩、鑒賞各個流派的繪畫。他的藝術興趣濃極了，簡直不加取捨，見什麼都要吃進去。他已從塞尚、馬蒂斯、莫內、莫迪利亞尼諸大師作品裡，吸取了藝術精華。在德國他又走近表現主義繪畫，從而確定了自己的繪畫走向：用線條和色彩去表現自然界的生命，把看到的和感知的東西都表現出來，赤裸裸地表現主題。

在這同時，愛之神也向他悄悄走來。這是天外飛來的豔遇。德籍貴族後裔女郎艾麗・羅拉，在他兌換馬克和人討價還價，由於語言障礙顯然要吃虧時，羅拉挺身而出，仗義執言，為他贏得公道。自此後兩人來往，由一見傾心發展為熱戀。這使林風眠享有一段一生中最具浪漫色彩和幸福感的時光。羅拉雖是柏林大學化學系的學生，但也深愛藝術。她彈得一手好鋼琴。她家中藏有世界美術全集，使林風眠獲益匪淺。羅拉還陪同他深入到德國的腹地、鄉間、海濱或漁村。壯美的自然景色，特別是浩瀚無際的大海，觸發了林風眠的創作靈感。《漁村暴雨後》、《白頭巾》、《平靜》這些畫作就都在這時醞釀並完成。

林風眠遊學德國期間，與徐悲鴻邂逅於柏林，兩人互相傾慕。此外，還結交了當時留學德國的俞大維、宗白華、朱家驊、張道藩等人，日後他們都成為政界和學界的知名人物。不過林風眠因自己的個性和藝術興趣與他們不盡相同，沒有更多更深的交往。

一年後（一九二三年），林風眠和羅拉的愛情終於成熟，羅拉捨棄未完的學業，隨林風眠回到巴黎，旋即結婚。一九二四年秋，他倆有了愛情結晶。詎料昊天不仁，羅拉在分娩時，不幸染上產褥熱，醫治無效去世，新生嬰兒也夭折，林風眠痛不欲生。

差堪自慰的是，林風眠的藝術探索卻正向成功方面邁進。從德國回到法國後，林風眠和友人林文錚、李金髮還有吳大羽、劉既漂等一起組織藝術團體「霍普斯會」（霍普斯是阿波羅的譯音，西方所謂太陽神），倡導藝術的崇高和獨立性，藝術只為自身服務。林文錚任會長。

留法的中國藝術才俊，特別是林風眠一鳴驚人的機會來了。一九二四年五月，「中國古代和現代藝術展覽」在法國斯特拉斯堡萊茵河宮舉行。林風眠是籌備委員之一。中國留法學生參展的名單有一長列：林風眠、徐悲鴻、劉既漂、黃君璧、王代之、曾以魯。吳待、李淑良以雕刻作品參展。其中林風眠的作品最多有四十二幅，都極富創造價值。學界泰斗蔡元培其時在法，來看預展，看後極高興，欣然為展品圖錄作序並出席開幕式。展覽非常成功轟動巴黎。

通過這次展覽，蔡元培初晤林風眠，他特別欣賞林風眠的《摸索》和《生之欲》兩幅畫。他盛讚《生之欲》（畫面是從草叢中呼嘯奔騰而出的四隻老虎）「得乎技，進乎道」。蔡元培成為林風眠的伯樂。林風眠以後事業的成功與蔡元培的幾次薦賢有很大關係。

蔡氏薦賢長校北藝　藝術改革驚世駭俗

一九二五年耶誕節過後，林風眠回國了。離國時孑然一身，歸來時一雙儷影。羅拉去世後，他的悲痛久久不能釋懷。友人作伐，又給他介紹一位法國女郎阿麗絲・華丹，她是第戎美術學院雕塑系的學生，與林風眠有過交往。戀愛過程很短，一九二五年秋就結婚。她願隨丈夫來古老的中國。這次回國林風眠除了帶行李、書籍外，帶回十件一丈長的巨幅油畫，是他留法六年心血熔鑄的成績，同船歸國的還有蔡元培夫婦、徐悲鴻夫婦，因此漫長的航程，並不寂寞。

林風眠還未歸國，他融通東西方藝術精髓、創造獨特藝術風格的名聲就在北京傳開了。當時北京國立藝術專科學校學潮迭起，急需合適的人選當校長。

先有友人王代之為林風眠宣揚，又有蔡元培繼後薦賢，再經藝校學生票送選（林風眠得最高票），林風眠任國立藝專校長，時二十五歲。因此船靠上海碼頭，就有一群人打著「歡迎林校長」的紅布橫幅束來迎接林風眠。當時林風眠不免有驚異之感。

林風眠接任伊始，即推行他的藝術改革主張，一連串驚世駭俗的行動，引起當時的軒然大波。

他在當時的權威刊物《東方雜誌》上發表《東西藝術之前途》（第二十三卷第十號），倡言東西方藝術之調和；「其實西方藝術之所短，正是東方藝術之所長，東方藝術之所短，正是西方藝術之所長。短長相補，世界藝術之產生，正在目前，唯視吾人努力之方針耳。」如此立說令人耳目一新，也自然遭到守舊者的強烈反對。

他在教學中採用裸體模特兒素描。雖然劉海粟比他早十年就用模特兒，但還是極大惹怒了當時古都的一群衛道者，視為大逆不道。

他把木匠出身、自學成才的齊白石請到藝專來當教師。齊白石初不肯應命，他一次次上門敦精，終於聘到了齊白石。齊白石上課，林風眠篇他預備一張籐椅，下課後親途到校門口。林風眠此舉遭到國畫教師的群起反封，有人說：「齊白石從前門進來，我們就從後門出去。」林風眠不為所動，仍我行我素。不過後來國畫教師們也為林風眠求賢若渴、一心作育人才的精神所感動，仍留下來執教。

林風眠一系列離經叛道的行動遭到當時的教育部長劉哲的強烈反對。一九二七年七月，北京所有報紙都報導了劉哲與林風眠的爭吵，劉哲的兇狠狀似乎要吃了林風眠。

心胸狹窄的劉哲，報告當時執政的軍閥張作霖說林風眠是「赤化校長」，應將他逮捕。少帥張學良人說了公道話：「他不像赤化的人。」這才倖免無事。

北京耽不下去了，林風眠辭職。

時時關心著他的蔡元培，急函召他南下，又賦予他新的任命。

一個新的機遇來到林風眠面前。

杭州藝院再任院長　辦院宗旨　石破天驚

杭州，西湖勝景盡收眼底的孤山旁，一九二八年春，國立杭州藝術學院成立，林風眠任院長是蔡元培推薦的。二十八歲的林風眠是第二次任大學校長。

林風眠提出的辦院宗旨石破天驚：「介紹西洋美術，整理中國藝術，調和中西藝術，創造時代藝術。」在當時是非常大膽而又新穎的主張。

辦好學校需要好的教師。林風眠廣泛求賢，一時群賢畢至。有：吳大羽、林文錚、蔡威廉、李金髮、劉開渠、劉既漂、潘天壽、李苦禪、張光：還有法籍教師克羅多，英籍魏達，俄籍薛洛夫斯基、杜勞等。齊白石本在被請之列，齊白石以南方遙遠辭聘，推薦他的得意門生李苦禪。對教師林風眠都給極高待遇，教授月薪三百元。在三〇年代是很高的，令許多畫家欣羨。

和蔡元培任北大校長一樣，林風眠用人兼收並蓄，唯才是舉，特別是能容納與他辦學思想相左的教師。潘天壽一貫主張發揚東方本位藝術，要拉開中國畫和西洋畫之間的距離。這和林風眠的中西調和觀點截然相反。而林風眠偏偏聘請了他，賞識他出類拔萃的才華與造詣。

對教師來說，攬天下英才而教之是人生一樂；做為學生來說，又希望有諄諄善誘、傳授平生所長的教師。林風眠在杭州藝專任校長十年，出自他門下的英才有：趙無極、吳冠中、朱德群、李可染、王朝聞、羅工柳、席德進、李霖燦、彥涵等，其中有些成為世界級的畫壇高手。林風眠對學生循循善誘，又極寬容。當年藝專一般下午不安排業務課，教室鎖門。趙無極求知心切，經常跳窗戶進去作畫，這違反校規，教務處到林校長前告狀，校長一笑了之。後來趙無極學成，留校當講師。據後期學生席德進回憶：「趙無極常來林風眠教室說說笑笑。林先生常請趙先生指點學生畫畫，講解一些現代觀念。」有道是一日為師，終生為師。這時林、趙師生間已是相互敬重的友人了，可見林風眠的襟懷。席德進還說：「林先生教我們高年級是尊重學生個性而指導，用啟發的方式發揮每個人的特色。」「他總是含笑待人，輕鬆而無拘束，但不失老師的尊嚴。他富於愛心，又很隨和，天真而慈祥。但你感覺到他是個意志堅強而有魄力的人，眼光遠大，有偉大抱負，雄心萬丈。他幾乎用他整個人格影響著他的學生。」及門弟子的肺腑之言，使林風眠的形象躍然紙上。

這時林風眠在藝術創作上，緊貼現實生活，反映民間疾苦。一位留法的同學（共產黨員），國民黨清黨時，在廣州被殺害了。林風眠的油畫《痛苦》，反映這人間慘狀，這幅畫引出一場風波，幾乎使杭州藝專被封。先是戴季陶看到此畫，說這種畫是導人殺人放火，毒化人的心靈。後來蔣介石到藝專來參觀，也看到此畫，臉上變色。問林風眠此畫用意何在？他回答是反映人類痛苦，蔣說：「朗朗乾坤哪有這麼多人痛苦。」自此林風眠不能不有所顧忌，另選題材。

抗戰遷校途中辭職　倉庫大師清貧寂寞

一九三七年抗戰爆發，不久杭州淪陷，弦歌聲斷，藝專師生從此踏上顛沛流離的征途。杭州藝專內遷至湘西沅陵時，教育部令杭州藝專與北平藝專合併。接著發生學潮。林風眠在藝術世界中是高手，處理人際關係卻不高明。原支撐他的蔡元培已退休，他無任何官場後台，也雅不願縱橫捭闔，乃自動辭職，孑身一人（夫人與女兒先在法國，後回到上海），在西南殘山剩水間，輾轉流離，過著清貧寂寞的生活。

無名氏（卜乃夫）是林風眠的好友，一九四七年至一九五〇年四年間，在杭州西湖為鄰，每週必聚會一二次。一九九八年十月，無名氏來大陸，筆者與他過從有日（筆者曾著《無名氏傳》，在他賜贈的散文集中，有〈倉庫大師〉一文，生動敘述林風眠在抗戰時期隱居重慶窮鄉僻壤的一段生活，是研究林風眠不可多得的材料。）

一九四五年十一月七日，卜乃夫去重慶南岸大佛殿鄉間訪林。一路艱難跋涉，先渡江，抵對岸後旋步行，到彈子石，再轉龍門浩，仍沿江行，到烏龜石後，始能雇坐騎白馬，拍馬前進，抵玄壇廟，下馬徒步，方至大佛殿。這一段路程，足足費了兩小時，總算到達目的地，詎料撲個空。在卜的想像中，任過兩屆大學校長的林風眠，即使歸隱也必住夠水平的洋房，可眼前的林宅竟是軍政部一座倉庫。隔壁四坪左右的破爛農舍就住著這名畫家。從門縫中看去，窗前是農家用的白木長方桌，擺放菜刀、砧板、油瓶。卜猜想如果他要讀書作畫，勢必要來個臨時小搬家。壁上掛著兩幅油畫就是林自己的作品。據守門人談，林住此陋室已五六年，所有生活瑣事全自己料理。從彈子石到大佛殿，數十里之遙總是徒步……，卜乃夫「乘興而返」，歸途中，迎面忽來一瀟灑中年人，著黑色舊西服，戴黑呢帽，風度不凡，邊走路邊食花生米，一顆顆投入嘴中。卜揣度必是林，遞上名片，果真是他，同回陋室，寒喧後，作藝術交談。卜說：「欣賞您的畫，覺得您在把東西兩種不同藝術風格結合進來。」林答：「我是嘗試把西方的東西放到東方裡，再把東方的放一點到西方。有人也想放，雖放，卻放不進去。」卜盛讚。他的線條靈動而自然，已達爐火純青境界。林同意卜說：「我已畫了二、三十年線條，終於熟練了，畫得很快，也只有在這種速度下，技巧才能表現思想。」交談中，林風眠說了對未來藝術的看法：「將來的畫一定會改變。現在我們建築中的光線都比較暗。德國的藝術家已建議並開始實踐，未來建築應改大部分用玻璃，好多吸收陽光，建築必影響美術。」他還談到畢卡索「主張畫只求線條本身美感。」他又委婉批評「不少中國畫家，不大歡喜看書，不注重思想。其實大畫家應該接受思想家的影響」。而此時他很想讀朱光潛的《文藝心理學》，問卜乃夫何處可購。對當時外界對他的批評，林風眠有自己的見地：「人們都說我的畫越來越不像畫，畫也越畫越不行了。我自己呢？不管別人怎麼說，依然畫我的老樣子。一個畫家若追隨群眾，實在追不過他們。也有人說我是表現派，其實我哪一派都不是，我只是畫自已的畫而已。

大佛殿倉庫卜、林兩人一席談，卜說是「一場美術盛筵」。其實對廣大美術愛好者來說，透過這些史料知道這位藝術大師在孤獨寂寞的處境中，仍堅韌不拔地按自己既定的目標邁進。卜先生說得好：「一個畫家被群眾掌聲高舉入雲霄後，一旦又栽到谷底，要忍受漠視這一恐怖過程，確實需要睿智與鐵的意志」。（《倉庫大師》）

抗戰八年，林風眠除了曾由陳布雷兩度介紹到政治部設計委員會任設計委員，宣傳部任宣傳委員，不做具體工作僅領取薪金以維持生計外，都默默清貧自守。（一九四四年一度曾到藝專任教，但為時極短，僅年餘。）

遽來勝利告別巴蜀　重回藝專兩度反覆

抗戰勝利遽然來到，「即從巴峽穿巫峽，便下襄陽向洛陽」的狂喜，充溢每一個避亂來蜀地的人們。想盡一切辦法，告別巴山蜀水，林風眠幸運地得到飛機票，他拋棄所有行李，只帶幾十公斤（飛機限定重量）沒有托裱的彩墨畫回到上海。

狂喜的心情還未減退，接著來的依然是失望、戰亂、通貨膨脹……曾是學生的吳冠中在巴黎讀到林風眠給同在巴黎的另一位同學的信，得知老師依然孤寂如故，在無可奈何中生活、工作、心情十分黯淡。

國立藝專又一分為二，分別回到北平與杭州。杭州藝專於一九四六年才復員回杭，恢復建制。和當時整個時局一樣，本來是藝術殿堂卻也多事之秋。林風眠回杭州藝專任敎，進而出，出而進，兩度反復，一九四八年才定下來。

林風眠把家從上海搬回杭州。玉泉山門口（本地人俗稱入口為山門口）的舊居，那精緻的小洋房已經破敗零落，淪陷時期日軍把它作為馬廄，畫家沒有帶走的油畫成了防雨布，也只剩零碎布角了。經過一番修葺，又種花蒔草才使當年庭院恢復原狀。

這時已不是妻女和他三口之家，又多了一個被夫人看中的未來女婿馬國維（中文名，他是奧籍猶太人），此人無一長技，也要岳丈養活。為養家活口，他要不斷作畫。他的畫室的燈光常常通夜明亮。他都在秘密狀態下作畫，他有一句頗幽默的話：「誰要看母雞怎樣生蛋呢。」

曾在重慶大佛殿訪林風眠的卜乃夫也卜居在杭州。再度重逢，兩人成為好友，因林的關係，卜乃夫又和趙無極相識。自一九四七年至一九五〇年，在杭州西湖，卜與林每週必聚會一二次，海闊天空暢敘半日（一九四八年前趙無極也在座），各抒自己的理想與懷抱，沉醉在友情的快樂中。

一九四七年的冬天，十年中第一次，林風眠在上海舉行大型個展。卜乃夫到上海主持宣傳，與媒體聯絡，組織並發表一些新聞與文章，他自己寫了一篇長文〈東方文藝復興的先驅者──林風眠〉，刊登於《申報》。展覽非常成功，賣出不少畫。他的作品已不是初期的翎毛、走獸、蟲魚，中期的山水風景，轉向了人物畫。展出的一張「紅衣女」，以雷霆萬鈞之勢震懾看者，一蓬紅噴噴的大火，又熱烈，又空靈。火是西方的，空靈是東方的。這是東西方藝術的結合。開幕那天，法國藝術家戴士樂女士在展覽大廳，就林風眠的畫作講演，給予極高的評價。

政權易手藝專接管　難逃文革囚獄五年

一年多後，一九四九年大陸政權易手，五月三日杭州「解放」。杭州藝專被接管，翌年改名為中央美術學院杭州分院，林風眠的學生劉開渠任院長。

新的文藝方針是「政治第一」、「為工農兵服務」，對來自舊社會的藝術家，經歷前所未有的考驗。他們努力改造自己，做到適應新社會的要求。如潘天壽，已無法教授國畫，只是教點書法，畫了一幅題為「送公糧」的政治圖解式的作品。林風眠的畫當然也要有新東西。風景畫裡點綴了高壓線，算是山河新貌，也出現農婦們剝玉米的集體勞動畫面。本來像林風眠這樣他出生在農村，對農民也有真摯的感情，可是要他放棄數十年的學術探索作表面歌頌，總覺得彆扭，下久後，擔任林風眠畫室的助教蘇天賜被調走，他成為光桿教授。

受教的五位學生的作品受到批評，他預感到無法耽下去，怕挨批判，走為上策。一九五一年，提上辭呈，舉家遷到上海南昌路五十三號舊居。

辭職以後，林風眠賦閒家居，他沒有積蓄，維持一家生計，極為艱難，為支付每月一百六十多元的房租就捉襟見肘。他只有賣畫。那年月平頭百姓哪有閒錢買畫欣賞，光顧的都是在上海的一些外國人。他不知行情，訂價很低，雖然賣得多，收入卻無幾，聊以糊口。有些沒有賣掉的就自己欣賞。同時再變賣一些當年從法國帶回來的小工藝品度日，真舉步維艱。卜乃夫說起一件事，一九五二年卜去上海看望他，他出示許多新作。卜笑著問：「林公，你現在怎麼畫孫悟空大鬧天宮了？」。「Bookee！（卜極，林對卜的呢稱——筆者注），現在不正是如此麼？」他笑著說。他還有一幅名作《李花小鳥》，畫面是綺麗的大自然風光，一隻隻小鳥竟睡著了，似毫無聲息。卜稱此畫的寓意妙絕。從中也不難揣度他當時的心境。

差堪人意的是，這時林風眠的生活還算平靜（雖然有過三反、五反、鎮反之類的運動），但沒涉及他，一九五四年還被聘為上海市第一屆政協委員。不過他的家庭有了變化。按當時的政策，在中國大陸的外國人，如要回國，不僅可以批准而且發路費。林夫人阿麗絲體諒丈夫家累太重，決定帶女兒林蒂娜和女婿馬國維回法國去。林風眠雖然不大贊同，但考慮這也未始不是解困之一法。阿麗絲偕女兒與女婿終於成行了，林風眠擔心她們回法之初，生活一時沒有著落，為母女倆準備了兩箱畫，還有他珍藏的幾件古董，整套紅木傢俱都給她們帶去。後來她們並未去法國而去了巴西。

夫人及女兒們一走，林風眠形單影隻又是孤身一人了。幸而有兩對曾是他學生的夫婦走進他的生活。這是潘其鎏與袁湘文、馮紀忠與席素華。還有蘇天賜和林煥如雖遠在南京，也不時來上海看望他。有這些人的照料，沖淡了他下少孤單和寂寞。

一九五七年從整風大鳴大放開始的反右派運動，多少知識份子跌入深深的陷阱。台北有家雜誌發表一篇關於林風眠的文章，說他「因提及義大利文藝復興大師」被批鬥並劃為右派，妻女離他而去，這是不正確的。在右派的邊緣上，林風眠倒是逃過了。事情的始末是：鳴放開始，好友傅雷（美術理論家、翻譯家）相勸他就藝術家的困難遭際鳴放，他在一個座談會上發了言，這發言經整理，以《美術界的兩個問題》為題發表在一九五七年五月二十日《文匯報》上。他說了美術家的窮困與作品沒有出路，也說了美術教育事業沒有全面規劃，隨便遷校，還說了美術教學的瞎指揮，使青年學子無所適從，強調生活排斥技術。「甚至說義大利的文藝復興滾出學校去，蒙娜莉莎的微笑也受到了最惡毒的批評。素描練習變來變去」，都是發自衷心的評言。文章發表後，不知他有預感，還是恰好給他碰準了。他又寫一篇補救的文章，基調變了由批評變歌頌。後來「引蛇出洞」後，風向變了，美協華東分會的右派名單上也有林風眠。幸而吉人天相，美協領導賴少其慈悲為懷，把林風眠的兩篇文章一起送上海市委宣傳部，還特別強調後一篇匡正了前篇的右派言論，似不應劃右派。宣傳部長石西民也對知識份子善意寬容，順水推舟同意賴少其意見，劃掉林的名字。由此林風眠倖免一難。

過了幾年相對平靜的日子，據卜乃夫說，一九六一年至一九六五年是他創作的黃金期。林風眠自己說，這個時候視覺很有進步，敏銳得能發現一些過去很難透視到的。他先後發表不少作品，出了畫冊，「上海花鳥畫展」在北京與上海展出時都有林風眠的作品，還得到高度評價。畫家米谷寫了篇〈我愛林風眠的畫〉，不過後來受到批判。

俗話說「過了初一，過不了月半」，「反右」時倖免的林風眠，到一九六六年的「文革」就難逃羅網。當紅衛兵抄家之風席捲上海時，一九六六年九月，在一個晚上，林風眠把他的全部傑作和畢生作品約有一千多幅畫，全投入融融火焰的壁爐。又怕濃煙散出去引人注意，一部分畫就浸泡在水裡揉成一團團紙漿，倒入抽水馬桶，沖入地下水道。學生潘其鎏夫婦哭著哀求他留下一些，他堅不同意。「這些畫都不成熟，將來有機會重新畫。」這是他的回答。

此後他閉門家居，不與人交往，拒絕任何來客。一九六八年春天，無名氏去上海探親。便中去看林風眠。他已知道林不見客，輕輕按了門鈴試試自己的運氣，數秒鐘後門竟開了，但他的面色很難看。似責怪他不該來。躊躇一下，還是請卜登樓。剛進畫室，他整個人像失了常態，坐立不安。忽而到陽台整理盆花，忽而收拾桌上雜物，忽而怔視空空書架，忽而向他使眼色，要他說話注意，忽而用手指指隔壁客廳，暗示有人，忽而用手指緊貼嘴唇，禁止無名氏出聲。他猛吸香煙，一支接著一支。客廳裡，女傭打掃完了，走了。他的面色迅速恢復往日的安祥。「她是監視我的。我已受管制，每天要向幹部彙報情況。」林風眠輕輕說。卜乃夫道：「她不是你用了多年的老女傭嗎？」「這個時候連親兒女都不認父母，還說什麼老傭人？」接著兩人又談起林的學生潘其鎏已被捕。林頓時氣憤：「死要出風頭！這是什麼時候他死不聽話！Bookee！你千萬當心，我們全是籠中鳥嘛！」林風眠送卜下樓，還一再叮嚀他小心。儘管林風眠如此小心，還是難逃囹圄之災。一九六八年八月十五日，他被捕入獄（上海南市拘留所），沒有理由當然也無須理由。一個六十八歲的老人，一關將近五年（在牢時畫毛巾畫，出口中東阿拉伯國家），一九七二年十二月二十九日才釋放。牢獄生活使得原先患有的胃病和心臟病更嚴重。兩年後，才和人談起片段獄中生活：「近五年的監獄生活，逼我承認是日本特務，簡直是笑話，實質是想從我這裡撈到打倒周恩來總理的材料。我不能滿足他們的願望，就對我像狗一樣，連吃飯也要反銬上雙手。」他的釋放也正是周恩來的關心。

文革結束出國成功　定居香港喜逢知音

比起他的好友傅雷，林風眠是幸運得多了，以古稀之年活著出獄。傅雷夫婦在「文革」中不堪凌辱雙雙自縊而死。這時「文革」還沒有結束，他知道人雖出獄隨時可以再入獄，故閉門家居不與聞世事，甚至也不再提起畫筆。

果然一九七四年，林風眠又幾乎二次入獄。外貿部門編了本《中國畫》，選了一些黃永玉、陳大羽、林風眠等人的畫。「四人幫」在京滬兩地掀起批「黑畫」妖風。（詳見本文篇首）幸而一位外賓的到來，林風眠被放過。一天，他忽然接到市政府通知，要他去參加接待外賓。當時他家裡沒有一件像樣的衣服，只好穿一件舊的半長夾克衫去赴宴。他進入接待室，發現要接待的外賓就是當年自己的學生趙無極！正猶豫之際，趙卻一下子站起身跪迎林老師，

一九七六年，「四人幫」覆滅，嚴冬消逝，春風初展。友人鑒於林風眠孤身一人，勸他出國探親（時妻女在巴西）。他接受這意見。以畫打點，向有關方面申請。幾經曲折，還是在同鄉兼同學的葉劍英的過問下，拿到了出國護照，離上海時，上海畫院扣下他

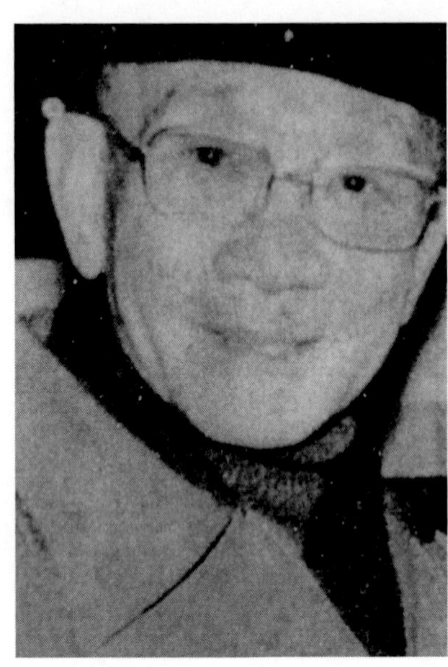

一九七七年林風眠初到香港時攝。

百餘幅作品。一九七七年十月二十六日終於到達香港。

在香港滯留數月（辦去巴西的有關手續），林風眠借住堂弟林汝祥（中僑公司經理）的宿舍裡。堂弟給他辦了個小型畫展，意外地遇到一位知音。這位王良福先生酷愛他的畫，以二萬六千港元一幀購下近百張林畫，成為當代收藏林畫最多的人。去巴西探親終於成行，一九七八年三月二日到巴西，是年已七十八歲。夫妻分別已二十三年，彼此都衰老了，外孫（女兒蒂娜的兒子）也已十八歲，無怪老一輩都老態畢露。那個女婿依然無長進，懶散只知玩玩古董，家庭重擔還是由老媽媽挑著。夫妻間商議今後行止，決定不久後去法國開畫展，林夫人由巴西直接去法，在巴黎相會。在巴西，林風眠僅住月餘，於四月底回到香港。從此起直至終老，林風眠在香港太古城過了十年前所未有的平靜生活。

林風眠看著她長大又從小跟他學畫的義女馮葉（馮紀忠和席素

華的女兒），他把她弄出來了。她到香港後，他的生活就有人照料，不再寂寞孤單。

經過長時期的準備工作，林風眠在法國的畫展已經就緒，一九七九年九月四日，由義女馮葉陪同林風眠去法國。到法之日，官方和民間人士，舊雨與新知，還有在法當年的學生都來歡迎。畫展在塞爾努西博物館舉行，展出他自一九二七至一九七八年的八十幅作品，象徵八十大壽。展出前一日，由學生、名畫家趙無極陪同，還有館長埃利塞夫，一起舉行記者招待會。九月二十一日畫展開幕，由當時的巴黎市長席哈克（後為總統）主持並剪綵。埃利塞夫在畫展目錄序言中高評他的藝術成就：「半個世紀以來，在所有中國畫家中，對西方繪畫及技法作出貢獻的，林風眠先生當為之冠。」畫展共四十天，盛況空前，至十月二十八日結束。有一件憾事是，本約定阿麗絲與女兒從巴西來法相晤，哪知母女倆竟未踐約，使老人失望。畫展結束後，他在法逗留些日子後，再次去了巴西。一九八〇年春天回香港時仍是單身，夫人未隨行。

八〇年代，林風眠在香港深居簡出，息交絕遊，必要的應酬都由馮葉代理。不過有幾次例外。一九八二年無名氏（即卜乃夫）從大陸到香港，聽到消息，林風眠極為高興，立即打電話並派人送請帖，請卜乃夫在九龍醉紅樓午餐，相見時擁抱又擁抱。在場的還有義女馮葉，和他的作品最大收藏家的王良福。他倆邊吃邊談，足足暢敘三四小時。談著，談著，他竟睡著了，畢竟虛齡已八十三歲。臨別時，林風眠親筆簽名題贈卜《林風眠畫集》一冊，這寶貴禮物卜乃夫一直珍藏著。吳冠中，名畫家，林風眠的學生，八〇年代多次去香港，每次到港都去見老師一面，已是耄耋高齡，見一次少一次，能見次數畢竟不多了。有一次，吳冠中過香港，先打電話聯繫，家中無人，錄音電話裡說了住處與電話，一直在旅舍等著。夜半十二點，電話鈴響。吳冠中問是誰？答：「鳳明。」「誰？我不認識鳳明。」答：「我是林風眠。」這樣親切的稱謂，學生又驚喜又感動。老師解釋，外出回來晚了，聽了錄音，知你來港，怕第二天離去，故深夜聯繫。吳冠中的眼淚滴在電話機上。一九八六年，華君武、王朝聞、黃苗子、吳冠中一同到香港拜訪林風眠，敘舊之外代表全國美術家協會邀請他認為合適的時候回內地看看，永遠微笑的老人笑著點了點頭。友情、師生情、鄉國情，多富人情味的長者啊！

兩岸畫展冷熱迥異　屹立巨像長留人間

像林風眠這樣的一代藝術宗師，一生中自然舉辦過多次畫展，但晚年有兩次畫展有著重介紹的必要。一九八九年十月，台北歷史博物館舉辦林風眠畫展，展出他從一九三七年至一九八九年期間的作品。過去多年，台灣從未一次出現這麼多的林畫，台北轟動了，參觀人數打破歷史博物館歷年的紀錄。戴著鮮花的他出現在展廳時，人們爭相瞻仰他的豐采。吳冠中說當時的盛況「確乎比他在巴黎和東京之展更轟動」。吳冠中藉此申論：「真正的藝術家必然是世界的，但他的偉大首先著根於祖國，他誕生於本民族的血液中。甜瓜或苦瓜，海峽兩岸人民品嚐的滋味相同。」台北之展有一段插曲。歷史博物館展廳前掛著蔣介石像，林風眠要求展出時拿下掛像，意見未被採納，於是換了展廳。外人無法知道老人當時的心態，還是他記著抗戰前他的一幅油畫《痛苦》，遭蔣非議的往事，還是心有餘悸怕回大陸時有所不便。據吳冠中說起，台北之展同時北京也舉辦林風眠畫展，不過籌備草率，展出作品不多，且不夠整齊，又不見宣傳，知者甚少。這位大師門生（吳冠中）慨歎：「一代大師之展如此冷落，連開幕式也沒有。總算出現了李可染、劉開渠

及我送的三幾個花籃聊慰寂寥。與台北相比，我們愧對林風眠。」（《雁歸來・記林風眠》）

一九九一年三月，林風眠又第二次到台北領取文藝獎（特別貢獻獎）。按常例，得獎者要上台領獎，而主持授獎者下台親送給這位藝術大師。在頒獎會場上，林風眠與卜乃夫相會（卜也領獎），卜乃夫緊握他的手：「林公，你真偉大，你真偉大！」卜乃夫說：「其實，他的藝術盛名與成就，已永垂青史，又何在乎這一獎狀？他的財產，已為千萬富翁，又何惜這點獎金？」誠哉斯言。

林風眠一生確實視名利如敝屣。台北頒發的獎金他分文未取，當場就捐贈給歷史博物館。先生晚年婉謝一切採訪，吳冠中有位朋友是著名攝影師，想為他拍攝一些歷史性的高水準相片，吳多次懇求，他始終未允。杭州玉泉的林風眠故居，浙江美術學院擬購回建造林風眠紀念館，並將當年林風眠離滬赴港時被上海畫院扣下的百餘幅作品，放在紀

圖上：林風眠的油畫《無題》。
圖下：林風眠（左）與趙無極。

念館內長期陳列，使後人能看到林的原作。吳冠中好容易說服了老師，回來後就具體策劃。因浙江美院沒有經費，華僑姚美良願捐資建館，藍圖也設計了，林風眠婉謝資助，說他的紀念館並不重要，待國家有條件時再考慮，資助的經費可用來培養青年。有人建議不妨把該款改作林風眠獎學金，他毅然回答：「獎學金以我命名，這錢應由我出，我怎能佔空名呢。」

林風眠的人生之旅已到盡頭。台北領獎偶患感冒，回港不久，林風眠就病倒了。以後時好時壞，幾次住醫院。七月，因突發心臟病送進醫院。病情日益惡化，心臟病又併發肺炎，雖經名醫救治也無效，延至八月十二日晨十時病逝於香港港安醫院，享年九十二歲。一顆閃閃發光的藝術巨星熄滅於香江，一代藝術宗師從藝壇消失。人們對他蓋棺論定：他人品藝術高尚，一生寂寞坎坷，矢志不移吸取東、西方藝術精髓，創造了獨特的藝術風格，從東方向西方看，從西方向東方看，都可看到屹立的林風眠。

「藝壇上帝」趙無極

一九八三年一月，法籍華裔名畫家趙無極，到台北摩耶精舍拜會張大千先生。在座有人問先生對趙無極的抽象畫有什麼看法。先生套用《金剛經》的四句偈語答道：「若以色見我，以音聲求我，是人行邪道，不能見如來。」接著先生解釋：「唐代司空表聖所謂『超以象外，得其環中』，就是這個意思嘛！」談興一起，先生高聲說：「有人對我說，你們藝術家簡直跟皇帝一樣神氣！我回答說：做皇帝才不過癮哪，皇帝還要受人管，我們藝術家最起碼要做上帝，因為藝術家可以創造天地嘛！」

趙無極。

皇族後裔　家學淵源　考進藝專　名師偏愛

趙無極，一九二一年二月十三日出生於北京一個古老的世家，族譜可以上溯至宋朝皇族。每年祭奠先祖冥誕，趙家就擺上傳家寶——趙孟頫和米芾的兩幅畫。幼年趙無極對這極感好奇。

趙無極的父親趙漢生，是著名金融家陳光甫手下的要員。趙無極出生六個月後，因父親主持上海銀行，全家從北京遷居江蘇南通。

祖父是趙無極的啟蒙老師，教他識字、讀書、練書法。銀行家的趙漢生給兒子以藝術的影響。他是位業餘畫家，曾有作品在巴拿馬國際畫展中得過獎。這些家學淵源的影響，趙無極十歲就能畫畫。

一九三五年，趙無極十四歲讀完初中，作進一步升學選擇時，他違逆母親要他當銀行家的意願，選擇進藝術專科學校。父親支持他，同意他考杭州藝專。這所學校師資力量強，教學素質高，留法歸來的林風眠當時擔任校長。趙無極被錄取。

趙無極考進藝專科，有如魚得水之樂。藝專名師薈萃，有吳大羽、潘天壽、劉開渠、李苦禪等；校長林風眠也授稞。趙無極求學非常勤奮，開始三年畫素描和石膏像，後兩年寫生與畫模特兒。最後一年學油畫，其間還有國畫臨摹與書法實踐。授稞時間通常集中在上午，下午學校關門。趙無極不放棄下午的時間，從視窗爬進教室，經常畫到天黑。在學藝過程中，趙無極對傳統藝術表示懷疑，常有新的見解，連同他違反校規從窗口爬進教室作畫得到林風眠的寬容。

藝專內遷畢業留校　初辦「個展」喜得知音

進藝專後第三年（一九三七年），抗戰爆發。不久，首都南京與蘇浙兩省先後淪於日寇之手。杭州藝專向西南大後方轉移。途經贛、湘、黔、滇直到重慶。一路胞受戰禍之苦，經常遭受日寇飛機的轟炸、掃射，就在生死未卜的流亡途中，趙無極依然作畫不輟。藝專後來在重慶復校。

長達六年的求學過程終於結束。趙無極從國立藝專畢業（時杭州藝專與北平國立藝專合併），因成績優秀被留校，成為最年輕的講師。他留起「八字小鬍」，因為怕年輕壓不住學生。

藝專畢業那年，為把藝術探索得到社會認可，趙無極借重慶中蘇友協的場地，舉辦個人畫展。畢竟當時他的畫作還比較稚嫩，也不免有模仿痕跡。加上當時還是戰時，他的「個展」並沒有引起外界多大的反響，只是外界知道又有一位青年畫家問鼎畫壇了。會上只售出一幅畫，購畫者是他父親趙漢生，為鼓勵兒子出高價買下。趙無極還得到另外一個知音，是個法國人——法國駐華使館文化專員、東方學家艾利塞夫，他發現趙無極很有潛力，鼓勵年輕畫家去法國深造。後來艾利塞夫離華回國時，帶走趙無極二十多幅作品，向法國畫壇推薦。

這時，趙無極還有另外一喜。他在十五歲時，結識了一位女性，謝景蘭，小名蘭蘭。她十四歲。身材嬌小、性格溫柔，典型的中國女子，她有音樂天賦。兩人相處四年後，於一九四〇年結婚。當時趙十九歲，謝十八歲。趙無極自己說：「我們結了婚，對人生和愛情一無所知。」

一九四五年，持續八年的抗戰終於獲得勝利。抗戰勝利後，由兩校合併的國立藝專，重新一分為二。趙無極隨杭州藝專由重慶返回杭州，仍擔任講師，教雕塑班和國畫班的學生。授課之餘，刻苦鑽研西方美學理論，以及馬蒂斯和畢卡索的畫。新的理想和追求，隱藏在他心中。

抱負不凡籌資留法　慷慨讓房到達巴黎

抗戰勝利後，趙家的事業如日中天，銀行家趙漢生已積有相譽資產，在杭州西子湖畔的葛嶺山麓蓋了一幢豪華的別墅。登樓遠眺，湖光山色盡收眼底，趙無極和謝景蘭就住在這裡。大自然的薰陶，有益於他藝事的成長。

這時趙無極和林風眠師生感情更趨融洽。每個週末下午，不是在趙家別墅，就在林風眠畫室。趙、林還有兩人的共同好友作家無名氏（即卜乃夫）三人總在一起談繪畫、談雕塑、談音樂、談文學、哲學及其它。當時三人都有抱負。無名氏想在文學方面探索新境界。兩位畫家都有志於綜合、融化、溝通東西方美術另闢蹊徑。不過趙無極另有一個心願，他也要像老師林風眠一樣，去法國留學。他在做多方面的準備。

為籌措留學的經費，一九四七年冬天，趙無極在上海大新公司舉辦個人畫展。無名氏發表《趙無極——中國油畫的一顆慧星》的評論，高度評價他的畫藝。這次個展非常成功幾乎都被人買去，得畫款法幣二・一億元。與此同時進行著去法國的護照與簽證。

一九四八年一月的一天，趙無極到無名氏的住處。「Bookee，（卜極，趙對卜乃夫的昵稱），我去法國的簽證已批下來了。父親給我三萬美金作留法費用，加上我的賣畫收入，大致經費已不成問題。」趙無極一見面就說。無名氏忙為他祝賀。「我和蘭蘭同去法國。我們走後葛嶺二十四號的房子就給你住。」趙無極又說。無名氏大吃一驚。「這怎麼行呢？我也住不起。」趙無極忙作解釋，既非要他買房子，也不收他租金。十間房屋和所有室內的設備、傢俱都由他無償使用，只希望留下兩個保母和一條狼狗（護宅犬）。這使無名氏感動不已。當時兩人相交不過五個月，趙無極就這樣慷慨。

一九四八年二月二十六日，趙無極夫婦離國去法的日子到了。他倆搭乘法國客輪「安德列・勒蒙號」，由上海駛往馬賽。巧的是一九一三年，他的老師林風眠也就是乘同一艘船去法國。師生同乘此船，同是留法，成一段佳話。

啟程之日，到上海公和祥碼頭送行的有趙無極的父母和叔叔趙漢青以及三個妹妹，還有從杭州趕來送行的友人無名氏、馮亦代等三人。筆者有幸看到這張送行的照片。趙府全家都穿西服：男士穿大衣、戴禮帽；女士梳著洛琳・白考兒（Lauren Bacall）一式的髮型，穿平底皮鞋，戴皮手套。無名氏站在趙無極與謝景蘭之後，穿大衣、打領帶、戴著禮帽。林風眠沒有來送行，只是叮囑趙無極兩年後早早回來。

航程三十六天。第一站到香港停船兩天。香港曾是趙無極夫婦結婚之地，兩人登岸尋訪舊蹤。兩天後，船駛向西貢，當地海關不准船客登岸。繼續駛向可倫坡、吉布地和塞得港。一九四八年四月一日，船抵法國馬賽。兩人未作停留，即趕赴巴黎里昂。杭州藝專校友吳冠中接站，把他們妥善安頓。

留法深造的生活，從此開始。

征塵甫卸刻苦鑽研　速寫比賽輕取冠軍

在巴黎蒙帕納斯（Montparnasse）藝術家聚居的地區，趙無極把小家庭安置好後，立即開始他如饑似渴的求學生涯。

趙無極不顧一月餘的海上顛簸，到巴黎三天後，就去羅浮宮觀摩世界名畫。在「蒙娜麗莎」和波提切利、安傑利科的作品前，久久不肯離去。以後的一年半中，他每天下午都參觀各個博物館或名目繁多的畫展，這使他大開眼界。

在這同時，他一面在法語協會學習法語，一面就讀於大茅舍美術學院。説到學法語，有一段有趣的故事。趙無極本來是會説英語的，學法語應該不難。可是他不習慣法語的陰陽詞性的變位。中文裡除了男人女人沒有陰性陽性之分。他後來坦率説，就在到法國四十年後，説法語時，有時也會因搞錯性別鬧了笑話。而他就讀大茅舍美術學院，受到名教授奧托・弗雷茲的青睞，對他的畫加倍讚賞。

有一天，中國友人熊秉明等建議趙無極去參加阿根廷大使館組織的一個比賽，速寫一位在舞台上起舞的女演員。參賽者不署名，只寫一個號碼。當評委宣佈第七十九號獲獎時，趙無極不懂法文數字，台上喊了幾聲，無人回答。忽然，熊秉明跳起來，抓住趙無極的手高高舉起：「七十九號在這裡」。趙無極得了冠軍，獎品雖只是一套《西洋美術史》（阿爾拔・希克編），但這是他到巴黎後得到的第一個獎。

喜事接踵而來。趙無極曾在重慶相識的法駐華大使館文化專員艾利塞夫，又在巴黎重逢。當年艾利塞夫回國後，在池努奇博物館舉辦的中國當代繪畫展中，展出趙無極的油畫和素描二十八幅。使法國藝壇對趙無有了初步印象。趙無極到巴黎後，艾利塞夫介紹許多畫家和評畫家與他相識。於是，趙無極在法國的首次「個展」在巴黎克勒茲畫廊舉辦，他的八幅石版畫由詩人米蕭配詩作為專輯出版，畫商皮埃爾・洛布一次買他十一幅油畫和他簽約——那時他到法國僅只有兩、三年的時間。

畫壇雙星相會巴黎　婚姻破裂趙謝分手

一九五六年，趙無極難忘的一年。

客居巴黎的趙無極，見到了他久已嚮往卻無緣識面的畫壇前輩張大千。

六月間，「張大千臨摹敦煌石窟壁畫展覽」在巴黎東方博物館隆重舉行，應薩爾館長之請，張大千改變素不出席自己畫展的習慣，來巴黎親臨展場主持該展的開幕典禮。七月，張大千近作展又在羅浮宮美術博物館舉行。張大千在法期間，多次和趙無極會晤，暢談畫藝，共觀名勝，同享美食，張大千曾到趙府赴宴。趙夫人謝景蘭親手烹製的紅燒雞，得到張大千讚賞，而他是以美食家著稱的。在交談中趙無極把自己所繪的傳統山水及花鳥作品，請張大千過目，張對趙的扎實功底及這些作品所達到的藝術水平給予極高的藝術評價。張大千認為「抽象是從具象中抽離而出，若是沒有純熟優美的具象基礎，就一躍而為抽象，不過是欺人之談罷了。」畫抽象畫的趙無極極為贊同張大千的觀點。

兩位畫壇巨擘相晤不久意想不到的事就發生了。他和謝景蘭的婚姻產生危機，導致最終分手。趙謝已有十六年婚史，又是同甘共苦的伴侶。知情者說離異的原因，大致是趙無極到法國後，事業如日中天，而學音樂的謝景蘭卻一無所成，頗感寂寞。趙無極沒有察覺到這感情的細微變化，以致裂紋愈來愈大，導致不幸結局。以後謝景蘭與法國後一位雕塑家結合。她放棄音樂，專注於抽象繪畫。這可能受趙無極影響。這是後話。

婚姻破裂的打擊，使趙無極一度萬念俱灰，他離開巴黎去美國探親。他的弟弟趙無違是位科學家，畢業於麻省理工學院，定居新澤西州。離別十年，兄弟重逢自然高興萬分，也稍解心中憂鬱。無奈趙無違有自己的工作，不能天天相伴。趙無極離新澤西去紐約，參觀了收藏史前至今五千年的藝術精品的大都會藝術博物館，結識不少美國畫家。離紐約後，又去華盛頓、芝加哥等地，經日本到香港，住在父親的友人香港富商查濟民家中。

再結連理聲譽日隆　入籍法國愛妻去世

香港是當年趙無極與謝景蘭結婚之地，觸景生情更使他傷感。查濟民夫婦察覺到他感情的變化，給他介紹一位女友——電影演員陳美琴，一位標準的南方美人。她藝名朱櫻，曾扮演光緒皇帝寵愛的珍妃非常成功。她那完美的臉龐透露一種柔弱而憂鬱的氣質。趙無極一見鍾情，陳美琴也有過愛情挫折，彼此有共同語言，幾次相晤相互產生感情。陳美琴為愛情溶化，同意放棄工作和香港的一切，隨趙無極去巴黎，回法國途中，他倆去泰國、希臘、義大利、比利時等國遊覽作為蜜月旅行。

有了新的伴侶，回法後，趙無極一改原先的鬱鬱寡歡，精力旺盛地投入工作。一幅命名為《繪畫》的作品，表現了與陳美琴的結合，重新找到愛情時內心強烈煥發的感情。

陳美琴到法不久，趙無極有了新畫室。這原是一座破敗的古堡，在四周高牆的遮掩下，被陳美琴發現。他們買了下來，又不惜重金裝修。室外花木蔥蘢，室內寬敞雅致。又在愛情的滋潤下，六〇年代初，趙無極完成了一幅幅佳作。法蘭西畫廊一次次舉辦他的畫展。在紐約、東京都有他的個人畫展。他藝術創作的實況，被拍成影片「趙無極」。趙無極的聲譽蒸蒸日上。

一九六二年，趙無極生命歷程中，又有一個新的變化。一位出版家委託他給著名作家安德列・馬爾羅的作品《西方的誘惑》，繪製十幅版畫作為插圖。這是一本闡述法國與中國各自不同的文明基礎的書。當時馬爾羅是法國政府的文化部長。趙無極不辱使命，他精心構製的插圖與文字內容交相輝映。一經問世，好評如潮。馬爾羅和趙無極結成好友。馬爾羅建議趙無極入法國籍。兩年後，趙無極加入法國籍，這時他僑居巴黎已有十六年。在「繪畫是我的生命」的文章中，他坦露入法籍後的內心世界。他說：「如果說，一個人的一生中，必須做些讓自己發狂的事，那麼繪畫便是我的全部生命，也是我終生去追尋的唯一憑藉。我的入籍法國，是基於對我個人參加各項國際性展覽的一種需要（許多國際性展覽，都須視該國是否參加了國際性協會而決定邀請與否的，像威尼斯國際雙年展，中國就沒法應邀參加）。」他還說：「雖然我加入了法國籍，但我本身骨子裡的東西，還是中國人的，這應該是最重要的。科學家李政道、楊振寧，建築家貝聿銘，他們也都是美國籍，但在世界性的地位上，他們仍舊是中國人。」入法國籍並沒有改變他的中國心。

也許人生總是苦樂參半，當趙無極萬事順遂的時候，陳美琴患病了。一九六〇年先因甲狀腺開刀，又有精神幻覺症，有時狂喊狂叫，不能自止。病患纏綿遷延多年，給趙無極極大影響。在陪伴妻子之際，他再無法作大幅油畫，只好改畫水墨的中國畫。到一九七二年三月十日，陳美琴終於不治去世，是年她四十一歲，兩人共同生活十四年。極度哀痛之餘，趙無極創作巨幅油畫《紀念美琴》寄託哀思。

惦念雙親返回祖國　「文革」浩劫強顏歡笑

陳美琴的喪葬完畢後，趙無極踏上回中國的旅途。離國二十四年了，他無日不惦念著雙親。現在愛妻新喪，他要到母親那裡尋求安慰。

儘管每次家信中，母親都勸他不要回來。他不知母親有難言之隱。簽證很順利，一九七二年冬天，趙無極回到上海。

當時正是大陸「文化大革命」的後期，那特殊的年月，人們都以異樣眼光對待境外來客。先是派一個要他講法語的「嚮導」跟著他。後來換了一個「翻譯」，可是他是中國人，只想講自己的母語

（漢語）。「翻譯」整天給他灌輸毛澤東思想，要他參觀工廠和人民公社，他婉言拒絕了。他只想伴著母親說說話。

遠方歸來的兒子，自然要住在自己的家裡，可是先要到街道居民委員會登記，要報告自己的行蹤，還要交出護照和身分證。他不明白為什麼要這樣對待雖然入了法籍，但還是中國血統的自己人。

父親在一九六六年就去世了，母親從來不提父親，他知道母親心裡的傷痛，也故意回避著。但幾天下來，父親死亡的真相還是顯山露水。

「文革」一起，趙漢生受盡凌辱、遊街、批鬥、咒罵、挨打，家裡被洗劫一空。趙無極少年時代的畫作和研究畢卡索的一篇論文全被抄走，然後房子被燒毀。父母親被趕到一個死胡同盡頭的單間房子。父親病倒了，拒絕就醫。他感到生不如死，選擇了死亡的路。

多年了，他一直想念著老師林風眠，異國歸來自然想見面。林風眠當時被囚禁著，罪名是外國特務。有關方面每次都給他同樣的回答：「你們不是親戚關係，不能接見。」馮亦代、徐遲都是他的朋友，也無法見面。無名氏呢？他還在杭州，戴著反革命帽子，更是不可接觸的人。

這些悲傷的事，咬齧著他的心。強顏歡笑，寬慰母親。母親稍稍舒顏後，他伴同母親遊覽北京、杭州和母親的故鄉無錫。

歸期漸漸臨近了，終於依依不捨地和母親、妹妹、兒子嘉陵告別。臨別那天，他不禁想起晉朝詩人張載的幾句詩：「哀人易感傷，觸物增悲心。丘隴日已遠，纏綿彌思深。憂來令髮白，誰云愁可任。徘徊向長風，淚下沾衣襟。」

一九七三年春回到巴黎。他的好友施耐德為他寫了篇訪談發在《快報》上。他有意回避「文革」給中國人帶來的災難，只說中國人民的生活得到了改善。他這樣做是為著保護家裡的人和正在申請來法國的兒子嘉陵和兒媳。

此後，趙無極幾乎是年年回國。因為母親身體不好，見面的機會已經不多。一九七五年，他母親告別人世。有幸的是，母親病危時他已趕了回來，能和母親最後告別。

愛神再降藝臻高峰　重見恩師喜出望外

愛之神又向趙無極悄悄走來。

這可是意外良緣。一九七三年五月，法國友人艾利塞夫，偕同趙無極去小皇宮參觀中國大陸舉辦的出土文物展。他聚精會神地看著一件件展品，不時和艾利塞夫品評議論。忽然發現有一雙美麗的眼睛在看著他。一種異樣的感覺在他身上萌動。這是一位法國小姐！佛朗索瓦・馬爾凱。她剛取得巴黎市立美術館館員的資格，等待著分配到現代美術館去工作。初次識面彼此略略交談，但留下極

趙無極（右）與法國夫人佛朗索瓦・馬爾凱。

深的印象。接著是幾次約會，原來馬爾凱在十七歲時（即九年前）就見過趙無極，早就對他懷有敬意。這次意外相逢，很快的兩人墜入情網。馬爾凱剛二十六歲，趙無極正好大她一倍（五十二歲）。情之所至，金石為開，種族、年齡、地位都不是障礙。長達四年的愛情考驗，他倆結婚了。這是一九七六年。

馬爾凱不僅是趙無極的生活伴侶，而且是他的藝術知音。她雖然自己不作畫，但有很高的品評鑑賞能力。他畫成每一幅畫，都先請妻子過目，也常常採納她的意見。

生活幸福，志同道合，趙無極的畫藝既向高峰邁進，又形成自己獨特的藝術個性：東西方文化的融合。他曾這樣說：「在我成為藝術家的過程之中不能否認巴黎的影響，但我認為有必要同時指出，隨著我的人格逐步確定下來，我亦逐漸重新發現了中國。我最近的畫作正呈現了與生俱來的中國本質。」曾有人問：「趙先生，你的畫藝究竟是東方的，還是西方的？」「不是東方，也不是西方，是兩者的混合。」他理直氣壯地回答。

飲水思源，趙無極這種東西方文化融合的藝術個性，由於他自身的努力外，還由於名師的沾溉。這其中有林風眠。一九七九年九月四日，已有三十年不見面的恩師林風眠到巴黎來了。林風眠是應法國政府的邀請，在巴黎塞爾努西博物館舉辦「林風眠畫展」，他由誼女馮葉陪同從香港來。誼屬恩師，情同父子，在這特殊的地方——巴黎（兩人都成名於此）重逢，趙無極真是喜出望外

展出前一天，林風眠在趙無極陪同下，與博物館長埃利塞夫一起舉行記者招待會。林風眠此次在巴黎整整四個月，趙無極總是抽出時間來陪伴。兩人追憶往事，探索藝術，有說不盡的話題。一九八〇年春天，林風眠回香港，趙無極親送到機場，相約再在香港見面。

應邀回國憾事連連　畫友義憤亡羊補牢

「文革」惡夢結束，中國大陸不再閉關鎖國，開始對外開放。

一九八一年，巴黎大皇宮國家美術館展出趙無極三十幅代表作。這是畫家在法國國家級博物館首次舉辦個人畫展。展覽結束，開始東方巡迴展。先在日本東京、福岡、京都等五家博物館展出。隨後又移師香港和新加坡。

在香港展出期間，趙無極與弗朗索瓦接受中國美術家協會的邀請回國訪問。這是一次極為愉快的旅行。行程經北京、上海、杭州、西安等地。在杭州飽覽西湖湖光山色的美景後曾去葛嶺看自己當年的別墅。這時別墅為當地的官員住著，只能稍作瀏覽。在北京訪問期間，見到校友吳冠中。這有一段黑色幽默。電話中，吳冠中要他先上過廁所再來。他只當是玩笑。待到吳宅只見大雜院裡兩間局促的平房，除了必要的傢俱外，堆滿書籍和畫冊，哪有衛生間？雖吳冠中不以為苦，但他想如果當年吳冠中留在法國不回來，又會是怎樣的生活？這話當時他並沒有說，藏在心中下能自釋。

趙無極雖享譽世界藝壇，但閉關多年的中國並不是每個人都能認識他作品的藝術價值。曾發生一件不愉快的事。世界著名建築設計師貝聿銘，受聘設計北京香山飯店。貝聿銘和趙無極是數十年如一日的好友。貝聿銘請趙無極給香山飯店創作兩幅大型水墨畫（280×360cm）。趙一口允諾，決定把自己最好的作品奉獻給祖國，並如期完成。在裝裱時，畫竟放在滿是塵埃的地上，連用廢紙鋪墊一下都沒有。趙無極親眼目睹，請夫人把畫捲起，自己把地打掃乾淨。佛朗索瓦對貝聿銘發了一通牢騷。貝聿銘氣壞了，找到有關負責人，指責不應這樣對待畫家。詎料竟沒有得到表示歉意的回應。貝聿銘建議撤回作品。趙無極雖心中不快，但反勸貝聿銘：既然畫了，又何必撤回呢。只要任何時候想起來，對這個國家問心無愧就行了。然而這種不愉快竟再次發生。香山飯店的揭幕式，嘉賓雲集，一位對繪畫並無所知的賓館主管對貝聿銘說，趙無極這樣的畫他也能畫。這時趙無極正站在貝聿銘身旁，他默不作聲。一連串的不愉快，激起著名畫家黃苗子、郁風、丁聰的義憤，這將傷害海外華人的愛國之心，同時也有害於中外文化交流，畫家們向全國政協反映。這件事也從另一渠道反映到中共的中宣部。幾方面協商，採納了畫家郁風的建議：賠禮道歉、致送禮品、邀請他回國舉辦畫展。這些都是亡羊補牢的措施。

大千無極雙溪再晤　藝術上帝妙語論畫

一九八三年初，中共文化部發出邀請函，請趙無極在北京中國美術館和杭州美術學院（當年的母校）舉辦個人畫展。他接受邀請。這時他正要赴台灣舉行「個展」。

一月間，趙無極畫展在台北舉行。展覽期間，趙無極到台北雙溪摩耶精舍拜會張大千先生。晤面之始，出現一個動人的場面。趙無極剛進客廳。張先生由夫人徐雯波扶著站起來，張開雙臂笑著迎上來：「無極兄，歡迎大駕光臨，你是道士，我是和尚，我們兩個硬是有緣呢。」趙無極快步趨前，緊握老人的手：「時間過得真快，一晃我們已是二十七年不見了，您老身體還好吧？」分賓主坐下後，兩人大談藝事，狀極愉快。在座有人問大千先生對趙無極的抽象畫有何看法？先生未作直接回答，而是套用佛典「金剛經」的四句偈語答道：：「若以色見我，以音聲求我，是人行邪道，不能見如來。」接著先生解釋：「唐代司空表聖所謂：『超以象外，得其環中』，就是這個意思嘛！」談興一起，先生高聲說：「有人對我說，你們藝術家簡直跟皇帝一樣神氣！我回答說：做皇帝才不過癮哪，皇帝還要受人管，我們藝術家起碼要做上帝，因為藝術家可以創造天地嘛！」接過大千先生的話，趙無極吟了一句「張大千畫說」中引用的詩：「筆補造化天無功。」大千微微頷首，又接著說：「不過能夠當上帝的藝術家，是像無極兄這樣成功的藝術家。畫的技能已臻化境，不為陳規舊法所囿，這才能俯拾萬物，從心所欲。然初學者則必須循規蹈矩，按部就班，上帝最初也是由人變過去的。萬事有源才有流。如果沒有寫實基礎，不嫻熟筆墨技巧，哪能有真正高水準的抽象畫。」在座的人都點頭稱是。說到這裡，趙無極把自己的畫冊請先生指教，先生仔細閱讀每一幅畫，不時以手比劃畫中那一部分最精彩，讚賞趙無極的畫比以前又有進境，又有新面貌。看完趙的畫冊，先生將自己的畫冊贈送給趙無極，並濡筆揮毫題道：「無極兄賜教，大千弟張爰。」而趙則在呈送先生的畫冊上題：「大千吾師誨教，生無極。」趙無極再也沒有想到，這次拜會先生竟是訣別。兩個多月後，即四月二日，大千先生就仙逝了，終年八十五歲。

這一年的九月，趙無極的畫展也在中國大陸舉行。這是他離國三十五年後首次在自己的祖國舉辦畫展。他親自參加開幕式。老友吳作人、郁風為展覽圖錄寫序。

獎章勳位連袂而至　隨行總統高評畫藝

進入九〇年代，趙無極已進入古稀之年了。他沒有停止畫筆。一幅幅佳構問世。無數的榮譽與桂冠紛紛頒贈給他。

這有一九九三年的巴黎市維爾美獎章、密特朗總統又將榮譽勳位晉升三級；香港中文大學授予他榮譽博士學位。翌年，他又獲日本天皇美術獎。

曾任法國總統的席哈克是趙無極的知音。他任巴黎市長時就欣賞並珍愛趙無極的畫，當總統後更加深兩人的友情。中共的總理朱鎔基去法國訪問，席哈克親自精心挑選趙無極的一幅畫，並請趙無極夫婦到總統府，當面將畫送給朱鎔基總理。

席哈克仰慕中國文化。中國詩詞的名篇名句他能隨口吟誦，他也精通中國歷史，關注中國考古的最新發現。一九九七年五月，席哈克總統和喬斯潘總理出訪中國，特請趙無極隨行，便於隨時諮詢。

席哈克一行首途北京，會晤江澤民。接著到上海，趙無極這次作為國賓重訪上海，回想二十多年前到上海的種種情狀，不禁感慨繫之。深感中國改革開放才有這樣的結果。

在滬期間，趙無極有一次單獨行動——參觀上海博物館。他正在看青銅器時，席哈克也來了。「上博」館長馬承源陪同參觀。參觀畢，馬館長提議為趙無極舉辦大型畫展。趙無極慨然允諾，進展很順利，得到中法兩國政府的共同支持，並有一家法國在華公司出資。一九九八年十一月初，「趙無極繪畫六十年回顧展」在上海開幕。

席哈克總統親自為畫展寫了前言，高度評價趙無極的藝術成就：「藝術家趙無極獨立不群，才氣橫溢，學貫中西，竟能熔兩種文化於一爐，震驚當世。」「這位大師於五十年前擇居法國，我們的國家便有幸成為其非凡創作之地，他每有所作無不別出心裁，竭盡色彩之能事……個中真諦視之無盡，直通夢想王國和玄妙幻景。趙無極洞徹我們兩大民族的天性，集兩者於一身，既屬中華又屬法蘭西。他的藝術吸取我們兩國文化的精粹，深得其中三昧，即審美的高雅，借鑒他人的恢廓襟懷，對事物本質始終有推陳出新的探索……」

趙無極夫婦與兒子嘉陵、女兒喜美（陳美琴所生）及孫兒們一同出席開幕典禮。趙無極目睹盛況，快慰地說：「上海畫展開幕式讓我感到畫展是成功的。既有官方的禮遇，又有新聞媒體的大力宣傳，更重要的是觀眾如潮。我於是深深地感到，我終於被接受了。」

上海回顧展結束，一九九九年二月又移師北京。北京的反應同樣強烈。青年藝術家和各界知識分子蜂擁而至。使趙無極更高興的是：中共主席江澤民為他的展覽圖冊親筆題詞：「氤氳化醇，融合創新。」

「歷史就是這樣把我推向了遙遠的法國，讓我在那裡生根安居；然後又讓我重返中國，使我內心最深處的追求終有歸宿。」趙無極在二〇〇〇年元旦這樣說。

張大千故園情深

一九四九年新中國成立後，名畫家張大千羈留海外。為世人詬病。故園情濃，鄉思無已，其實張大千自有一番隱衷。

愛恨分明贈畫毛澤東　處理珍藏信賴新政權

一九四八年十二月，籌備已久的「張大千畫展」在香港舉行。張大千帶著新娶的第四夫人徐雯波去了香港。

畫展無日不是人頭濟濟，藝壇人士驚歎張大千高超的藝術水平。香港藝術家們，爭著對張大千請益或設宴，一時不能回四川。

張大千夫婦在香港迎來一九四九年新年。一月底，內地傳來北平和平解放的消息。當他聽到古都完好，未受戰火破壞，欣喜不已，佩服共產黨的高明決策。

二月底的一天，一位貴客來到九龍亞皆老街張大千的臨時寓所。來者是廖仲愷夫人何香凝。寒暄後，何香凝說明來意。新政協即將在北平召開，她應邀出席，去北平時準備帶一點禮物饋贈毛澤東。考慮再三，一般禮物都嫌俗氣，只有帶一幅大千先生的畫最為高貴，不知先生肯揮毫否？

張大千聽了慌忙離席一揖，忙道：「您就是大畫家，卻青睞大千，實在有愧，恭敬莫如從命。何況潤之先生素為我所敬仰，正無由表達，只怕拙作有污法眼。」當下言定，三天後即交卷。

一幅《荷花圖》如約交卷。畫為紙本，高一三二釐米，寬六十四·七釐米。畫面茂荷兩葉，白蓮一朵掩映於荷影中，給人一種生機盎然、萬象一新的印象。同時張大千的妙筆，也把荷出污泥而不染的高貴品質描繪得淋漓盡致。畫的左上角，張大千親筆題款：「潤之先生法家雅正，已丑二月大千張爰。」下鈐朱印兩方。此畫後經何香凝持往北平，親手贈給毛澤東。毛澤東甚喜愛，懸掛於他的辦公室中。原件現藏於北京中南海毛澤東故居。

這年夏天，張大千偕徐雯波回到成都。為毛澤東作畫一事，雖已事隔數月，張大千仍興奮不已。有一次，他風趣地問學生們：「你們知道潤之是誰？」學生默然。「就是毛澤東呀，怎麼不知道。」接著他把給毛澤東作畫的事說了出來，生徒們既高興又吃驚。

這時四川仍未解放，國民黨四川省主席王陵基作威作福，為害一方。有兩次王陵基登門拜訪，意在向先生求畫，他佯作不知。有人提醒他，那王靈官是惹不得的。他毅然回答：「我不能糟蹋自己的畫」。

張大千所愛所憎，此一事即彰明昭著。

相隔不久，全國文聯與全國美協相繼成立，文運昌盛，北平一片新氣象。素來看重張大千譽他為「五百年來唯此一人」的徐悲鴻，託人帶來他的親筆信，邀張大千去北平工作。

初接徐悲鴻的信，張大千欣喜萬分。經深思熟慮，他又躊躇難定，如果一人悄然成行，留在四川龐大的家族及弟子們恐遭國民黨荼毒。而如果攜家帶眷而走，顯然也走不脫。某次，張大千和弟子劉力上談起這事，劉情不自禁地說：「好啊，老師咱們一起走吧！」張大千說出心中的顧慮，劉力上也深以為然。北行之事就此擱置。

轉眼到了九月，張大千曾接受印度方面的邀請去展畫。當年他在敦煌臨摹時就有心願考察印度阿旃陀壁畫與敦煌藝術的異同，有這樣的機會自然不放棄，幾個月來忙著作準備，臨行時，他除了帶著自己的作品外，還有中國古代名畫，以及敦煌壁畫五十六件（帶走的僅為部分，尚有兩百餘件留在家中）。離家這天，他神色憂鬱對家屬及門徒說：「此次我出外展畫，會像往常一樣去去就歸，只是對你們放心不下，四川的局勢不穩呀！」兒子張心智以家中所剩敦煌壁畫如何處置動問，他默然不語。張心智再問，他才說：「這兩百多幅當年我耗盡心血，來之不易。多次有人高價求購，我都拒絕。因為這是祖國的文化遺產，日後總要交給政府的。此去我萬一真的回不來，你就把它交給當權的政府來保管，只要他們真正熱愛藝術，重視祖國文化遺產。」這番話可以看出其中的潛台詞，國民黨大勢已去，這些寶藏只有交給新政府了。

川局混亂灑淚離故鄉　甫出國門綿綿故園思

出川後，張大千沒有直接去印度，在港澳暫留，又應友人之邀十月間到台北舉行畫展，順便遊覽台灣秀麗景色。

多年的歷史淵源，張大千與國民黨的一些元老與上層人士都有往來，交情也非一般。如于右任、張群等。當時于右任已撤到台北，張大千去拜訪時，得知局勢急轉直下，四川也行將撤退。張大千憂心忡忡，深怕四川新舊交替時局勢混亂，成都的家人因此遭殃。正無計可施時，恰好時任台灣省主席的陳誠邀宴。他與軍人本無往來，經友人相勸，勉為應酬。原來此次倒是文人雅集，與宴者有名畫家溥心畬（時人早有「南張北溥」的雅稱），還有台灣畫家藍蔭鼎。宴談中，自然涉及大陸時局。張大千坦言心事，很想接出眷屬，只是插翅難飛。陳誠倒也爽快，立即打電話要空軍派機送張大千速回成都。

張大千突然回到成都，事屬意外，家人驚喜交集。因不能久留，摒擋家事。原認為全家都可帶走，然因機票發生難題。張大千找了當時還在成都的張群，雖立即安排機位，並交代派官車直接送機場，但只有機票三張，同走的是四夫人徐雯波與一個小女兒，其餘家屬都留在成都。赴台灣當天，去機場途中，順道到楊宛君（三夫人）處與楊夫人灑淚相別，悽惶之狀難以言述。從此直至離世，他終未到故鄉。

一九四九年十二月六日，張大千飛抵台灣新竹，旋赴台北，只是暫居。不久就到香港，籌備赴印度出展。

翌年（一九五〇年）一月，「張大千畫展」就在新德里如期舉行。展品以臨摹的敦煌壁畫為主。輔以他自作的山水人物、花鳥蟲魚等畫。新德里轟動了，這些蘊含濃郁的中華風格的作品，使印度人耳目一新，從開幕到閉幕整整一月餘，觀覽的人絡繹不絕。

展覽結束，張大千偕徐雯波遊覽印度名勝，又去阿旃陀石窟考察、研究、臨摹該處的壁畫，與敦煌藝術相對照。

觀覽異國景色，離鄉甫數月的張大千卻時時勾起思鄉之情。在印期間曾向國內親友寄一信，內附詩一首曰：「勸君留住門前樹，掛夢棲魂我或歸。別後豈無相見日，夢中猶有自由身」。攝取新德里近郊景色，張大千畫《山水》一幅，上題詩：「一水停泓靜不流，微風起處浪悠悠；故鄉二月春如景，可許桃林一稅牛」？並注「庚寅春，偶從新德里郊外得此小景。」張大千到大吉嶺作《山水人物圖》一幅，上題詩：「江南鶯亂草如茵，正有觀河面皺人。對此茫茫真百感，當時親見海揚塵。」在大吉嶺又作《仕女背影圖》並題詩：「故山山色亂雲遮，念遠懷人更憶家。日日相思縷肝肺，不辭消瘦似梅花！」當時時近深秋，張大千又作詩一首（佚題）：「已過中秋近重九，山川信美客思家。寂廖秋色無人賞，今歲芙蓉定不花。」濃濃鄉里情，綿綿故園思，溢於詩畫間。

寓居印度已十個月有餘，張大千賣畫收入不多，經濟上入不敷出；某次登山不慎將腿摔傷，加之糖尿病又復發，夫人徐雯波將臨產……諸事蝟集，遂決定離印度回香港。

張大千到香港未及一旬，有心德、心嘉、心一、心澄四子侄，從四川經澳門到達香港。談及家鄉兩年來的變化，大為高興，喜極中詩興勃發，作《喜聞八侄心嘉、十二侄心一至港賦寄》：「久客吾何戀，驚聞兩侄來。死生成遠別，鄉國有餘哀。含飯今知愧，焚囊舊惜才。殘年摧急景，為汝笑顏開」。

再遷南美弘揚華文化　愛國情重寶畫售大陸

不戀久客的張大千，於一九五二年八月，舉家從香港移居南美阿根廷。這離祖國更遠了，思鄉情濃的他，怎會作出這一舉措呢？

是年二月底，張大千去阿根廷展畫並遊覽，夫人留香港。四月間，得夫人家書並附徐雯波近照，他感慨萬端。曾在一幅人物畫的畫跋上記有「故國春酣，此邦已是金風送爽。天南地北，離索何堪」等語。五月回到香港，就作出移居阿根廷的決定。

據大千先生自己所述移居海外的理由是：「遠去異國，一來可以避免不必要的應酬繁囂，能於寂寞之鄉，經營深思，多作幾幅可以傳世的畫；再者，我可以將中國畫介紹到西方，中國畫的深奧，西方人極不易瞭解，而近年來偶有中國畫的展覽，多嫌浮淺，並不能給外人留下深刻的印象，更談不上震驚西方人的觀感；另外，中國的歷史名跡，書畫墨寶，近幾十年來流傳海外者甚多，我若能因便訪求，雖不一定能合浦珠還，至少我也可以看看，以收觀摩之效」。（據台北資深記者謝家孝先生所述）。

除以上所述弘揚中國文化以及藝術上的追求等原因外，張大千還說到：「我雖不談政治，但我已敏感到香港恐怕也不是久居的安樂土，主要是幾個兒子（即前所述從四川到港的四子侄）留在我身邊不回去了。我怕共產黨不甘心會採取什麼行動，於是，我決定舉家遠遷南美。那種心情，也不能說去找世外桃源！」從這番話不難看出，張大千的內心隱衷，正如謝家孝所說：「一代畫苑鉅子，竟不能安居國土，卻見他棲棲惶惶遠走異國，免不了為之黯然！」

舉家遠去異國，需要一筆為數甚巨的費用。張大千素不重視錢財，他有「富可敵國」，「窮無立錐」兩顆閒章，正可說明他對錢財的態度。這時移家費用毫無著落。他終於想出個辦法，忍痛取出三件鈐有「別時容易見時難」、「大風堂珍玩」、「南北東西只有相隨無別離」收藏章的珍奇古畫去變賣。一件是五代顧閎中的《韓熙載夜宴圖》、五代董源的《瀟湘圖》、宋代劉道士的《萬壑松風圖》。他把這三件畫交給香港的一位文物經紀人囑咐他要優先讓給大陸，並可以低價。事被當時中央文物局局長鄭振鐸所知，立即派人去香港。據台北的蔡孟堅（此人曾是蘭州市長）說，賣這三件古畫前，張大千還曾將他珍藏的《李龍眠夜宴圖）賣給大陸，輾轉到了陳毅手裡，並收進建國後第一集古畫冊的封頁上。

前前後後這些事（指古畫回歸大陸與贈畫毛澤東），當時港台報刊透露曾使台灣當局非常不滿，蔣介石等的憤怒非同一般，後來經宋美齡從中多次緩頰和一些很有影響的朋友說情轉圜，事情才稍解。

張大千居阿根廷期間，在成都的二夫人曾正容與兒子張心智，按照他離川時的囑咐，把放在家中未帶走的當年臨摹的一百二十五件敦煌壁畫，全部交給四川博物館保存。完成他多年的心願。

這同樣是他眷念祖國的具體表現。

大千離國舉座皆不歡　「反右」開始斷了回國念

一九五三年，張大千從美國回阿根廷途中，在巴西停留訪友。在該國聖保羅市附近，看到一塊地方極像故鄉成都平原，正準備出售，巴西又歡迎移民，聖保羅的華僑朋友又多，他在朋友勸說下，買下這塊地，決定移居到這裡。他自己說僑居巴西的兩大理由：「一是我看中了這裡極像我的故鄉成都平原的風景，更主要的是，我要在沒有中國文化的地方，去宣揚中國文化！」他又說：「我所有的僅是幾支羊毛筆，我就靠手中這支筆，玩弄乾坤，為中國藝術在海外打天下。」

次年（一九五四年）他就在巴西這塊新購土地上，建起一座純粹中國式的園林，以慰鄉思。園中花卉巨石都從東方運來，充滿濃郁的東方色彩。園所在地巴西聖保羅市附近七十五里外的牟吉鎮旁（Sao Paulo Mogi）。為紀念故土，他把聖保羅音譯為「三巴」，四川古時分為巴南、巴東、巴西三郡之意；又將「牟吉」鎮音譯為「摩詰」。自己的家園稱為「摩詰山園」，紀念我國唐代詩人兼畫家王維（字摩詰）。不難看出他懷念祖國與故鄉之心的深切。

在張大千居巴西懷念故鄉的同時，祖國大陸的友人也在思念他。上世紀五〇年代初期，文藝界思想鬥爭接連不斷。「批判武訓傳」開其端。批俞平伯《紅樓夢研究》繼其後，又有「反胡風。」這時雖然還未觸及畫界。但對張大千卻有種種議論。有說他「破壞敦煌文物，有說他三妻四妾生活糜爛，也有說他去國外是叛國……總之，都是不利之詞。但瞭解張大千為人的幾位朋友，根本不信這些人的說法。

一九五六年十月，北京畫院在北京成立。慶祝畫院成立，美協副主席葉淺予與謝稚柳、于非闇、劉力上一起在「恩成居」吃飯。

四人中除劉力上是張大千的門人，餘三人都是大千的好友。談起大千在海外，舉座為之不歡。飯後，葉淺予建議于非闇以老友身份，寫篇〈懷張大千〉的文章送到境外，後來真寫成了，發表在香港《文匯報》上。文中談到他們四人的聚會，談到座中缺大千的不歡之態，臨風懷想，希望他能回來參觀，看看祖國日新月異的變化。

新成立的北京畫院，僅任命幾位副院長，于非闇就是副院長之一，並留有位置等待張大千來補闕。所以友人們勸他回來。于非闇這篇文章傳到海外，張大千可能是看到了。一九五七年春天，張大千託一位印尼華僑捎口信給中央一位領導人，說他想回來看看。這位領導人把這消息很快轉告美術界的負責人，葉淺予也聽到此事。大概是答覆還沒有作出來，「反右」就開始了，海外為之震驚，張大千由疑到最後斷了回國的念頭。葉淺予曾不無遺憾地說：「並不是張大千不想回來，而是我們的政策多變，政治運動不斷，嚇得他不敢回來」。有人接著問：「如果張大千當時回來，結局會怎樣」？葉淺予無奈地笑了笑，那就難說了，結局不妙是可以肯定的。即使他能躲過「反右」也躲不過「文革」。葉淺予自己就跌入「右派」的行列。

勸張大千回國工作或回國觀光，還有另一個渠道。一九五六年七月，世界萬國博覽會在巴黎召開，中國派了一個龐大的商業代表團去。當時「張大千近作展」在羅佛宮美術博物館舉行。中國商業代表團曾集體參觀先生的畫展。並設盛宴慶賀畫展成功。代表團的團長正是大千當年在上海相識的老友，兩人暢敘別後離情，那友人請他回國。聽到大千現欠有二、三十萬美元的債務，答應人民政府代他還債。張大千答道：「我張大千一生，自己的債自己了。想當年在敦煌，我也欠了幾百條金子的債，人家說我發掘藝術有功，可以申請政府補助，……我都不肯，因為從來不向政府要錢。……總之政府的錢是國家的，怎麼好拿國家的錢來給私人還帳？」回國之議也就不再談及。

羈留海外不入外國籍　寄身異域心情太孤淒

張大千去國遠遊，又是二十多年過去了，已到了二十世紀七〇年代。何處是家處處家，其實他是周遊世界，他的畫展在二、三十個國家巡迴展出，幾乎是一年一個國家。張大千的表弟俞鍾烈也在國外，說到他：「就在那國民黨偏安台灣，北京政府又與西方國家處於敵對的歲月裡，他就像一個超然的『文化大使』，獨自在海外展出書畫，足跡遍及歐、美、日本及東南亞各國，著實地宣揚了中國文化。而他那挽袖揮毫，落筆拂鬚的神態，確也堪稱一位表裡相符的中國『文化大使』。日後與他有過較長的相處，使我一向對中國傳統文化冷漠的態度也逐漸轉變，對祖國重新獲得了認同」。俞鍾烈的話可算至評。

還有一點是不能忽略的。張大千周遊世界各國，在有些國家又住得那麼久（如在巴西），但他從未向居住國提出過入籍要求，他始終保持著華夏子民的身份。

再一點，張大千人在海外，也關心著祖國的文物。一九六八年，大千時在日本。聽說「文革」破四舊「流出一批唐宋古書畫，約有萬餘件，都由日人原田觀峰收藏。他聽到頗為憂慮，特請日本問題專欄作家丁經章陪同，從東京乘飛機專程到福岡（博多），去原田的府上。說明來意，原田並未拒絕，一一取出讓他參觀。發現絕大多數是贗品，僅清末明初有少數真跡，其中還有二十多幅「張大千畫」，只有一幅是二十多歲時所作，餘全是假畫，他這才如釋重負。最後發現了他的兩位老師曾農髯、李瑞清各有一真跡畫。（曾的

《秋色圖》與李的《古柏》）他倍感親切，愛不釋手。請翻譯説明想在二畫前攝影留念。原田深受感動，竟慨然以二畫相贈。

張大千住巴西「八德園」期間，雖園林宛如故鄉山水，但他總覺得是寄身異域，心境不佳。他曾告訴台北報人謝家孝說：「巴西好地方，可惜太寂寞！」流露出海外遊子的孤淒情緒。

後來，巴西因工業發展，「八德園」附近將建水庫，此地終須放棄。又移居美國加州小城卡米爾。時為一九六九年秋。當時做此決定，有四大好處：一為美國歡迎移民，特別像他這樣的大藝術家；二為美國華人朋友比巴西多可減寂寞；三為美國醫療發達，自己身體又日漸衰殆：四為卡米爾小城景色優美。不過卡米爾新居究因房子過小，作畫都困難，一九七一年秋，又在著名風景區「十七里海岸」濱石鄉內買到一處較大房屋。周圍修林環繞，蒼松翠柏，蔥籠喜人，新居命名「環碧庵」（亦稱「環蓽庵」）。住進「環碧庵」不久見該地杜鵑花盛開，由杜鵑花聯想到子規鳥（也可稱杜鵑，鳴聲如「不如歸去」）思鄉情油然生。作詩《環碧庵成》云：「矮結一龕香九冷，貧無長物竹松栽。念家已破何堪憶。去國寧知竟莫回。夢裡瀘南思荔子，眼中海外見楊梅。仙人好事流人泣，九月偏教躑躅開！」悵惘無奈之情從詩中溢出。

難回故鄉暫時住台北　勺水抔土牽動故園心

張大千一九六九年自巴西移居美國後，七年中頻頻去台灣、香港，以此稍解故園之念。他曾向友人坦言：「在國外我並不快樂，就像大海裡浮動的木塊，不知此身繫於何處！」前已述及的台北老友蔡孟堅到美國去看他。他又暢談心事，說：「我住在美國這幾年，總覺得身體不舒服，可是一回到台灣，即精神百倍，就沒有這裡不舒服那裡不爽快的害病感覺，有人説我害的是『思鄉病』，我從來不否認；又有人說台灣太熱，對我這個怕熱不畏寒的人不適合，請問我們中國大陸氣候，哪一省夏天不熱？多是又濕又悶！我在台北過夏天，熱季是較長，可是如今生活水準高，家家有冷氣，我也感受不到熱有什麼威脅。」這番話顯然是他想去台灣居住。

「梁園雖好，決非久戀之家。」大陸也一時回不得，終於決定去台灣定居。一九七六年一月下旬就偕夫人徐雯波由美飛抵台北，正式申請移居。台北當局自然歡迎。他親自選定台北雙溪附近一塊荒廢的養鹿場建造新居，取名「摩耶精舍」。房屋在建過程中，一九七七年五月一日，張大千就率全家離開美國前往台灣。當日到台北，老友張群等人到機場迎接。甫下飛機，他就對眾人說：「我好想家鄉喲！回到台北真好！」

一九七八年八月，「摩耶精舍」落成，張大千一家喜遷新居。環顧周圍的自然景觀，他欣然自得！「這是我定居國內的

張大千（坐）與徐雯波（張大千第四夫人，右一），左立者為趙無極。

家，雖然面積不及巴西的八德園、美國的環碧庵，但是感情上最親切」。從此他在「摩耶精舍」不是吟詩作畫，就與友人談古論今，享人生之至樂。不過，他對四川故園也仍思念，一九七九年農曆正月十五，繪《紅梅圖》一幅，題詩中傾吐對故園的深深思念：「百本載梅亦自嗟，看花墮淚倍思家。」

這年十一月初，有位日本畫家滕原楞山來「摩耶精舍」拜訪。滕原在此年曾去西安，帶來大陸和親人的消息。滕原說起「大風堂」門人何海霞在西安已成果豐碩，藝術精深，在國內外享有相當名望，大千捋鬚大笑，連連說：「要得，要得！」滕原又說到大千的好友趙望雲已於一九七七年去世，他異常震驚，「唉」！一聲長歎後，情不自禁摘下眼鏡摔出丈外，打得粉碎！又站起身，手撫堂上所供命名為「西嶽華山」的巨石，向北默望久之，默然不語，顯係十分哀痛。

滕原千里迢迢還帶來一桶西安華清池的溫泉水，這是給先生的珍貴禮物，先生喜極，立即叫家人用此水磨一池墨，邊揮毫邊說：「用這楊貴妃沐浴用水畫一張唐裝仕女。」畫完，又讓夫人用剩餘的水洗了頭，並說：「這可是萬里之外的一次貴妃浴呀！」

一九八一年七月七日，張大千在台北摩耶精舍為巨作《廬山圖》開筆。

和上述事類似的事還有一起，一九八二年三月初，一位美籍人士從長江三峽入川訪問後，到台北來訪問大千，贈送了一份他渴望的珍貴禮物——一包「故鄉成都平原的泥土」。手捧泥土，他熱淚紛紛下，並把泥土供奉在先人靈位前。一勺水、一撮土，只要來自故鄉，無不牽動張大千的心。每當收到大陸親友從各地輾轉讓人送來四川土產，他都珍同拱璧，捨不得食用，只有至親好友來訪，才與大家一同品嚐，含淚領略來自故鄉的「厚味」。無怪台灣有人感歎說：「在感情方面，尤其是鄉土故國之思，正是大千先生最脆弱的一環。」

百憂勞心終止人生旅　特殊遭際應作客觀評

二十世紀八〇年代，張大千已臨人生大限定他已過了八十高齡。這些年常有子女或子侄從大陸出來到香港或到美國，想到台灣拜見老父，可是不能如願，只能用越洋電話互訴思戀之情，常使他老淚縱橫，泣不成聲傷心欲碎。大陸也常傳來一些老友過世的消息，如一九八二年四月，張伯駒的去世，他都傷心不已。

藝事的勞累，親屬的離散，又有糖尿病與心臟病等纏身，遠望故園不能歸去的無奈……都在吞噬著他的生命。張大千的人生之旅，終於停止在一九八三年四月二日，終年八十五歲。

張大千這位藝術偉人走了！葉淺予說得好：「大千的藝術生命是祖國大地孕育出來的，他的藝術成就值得祖國人民為之驕傲，儘管他雲遊海外，他的思想感情和偉大祖國緊緊貼在一起。」張大千的一生遭際是在特殊的年代形成的，雖有個人的因素，但主要是客觀的因素。不從彼時彼地立論就違背實事求是的精神。鳥戀故巢，狐死首丘，樹高千丈，葉落歸根。張大千是帶著深深的遺憾而走的。好在台北也畢竟是中華大地。

他像縹緲孤鴻消失人間

——憶石揮

一

他像縹緲孤鴻倏地在人間消失，屈指算來已有五十二個年頭了。

那是一九五七年初冬（十一月中旬）的一個傍晚，他擁吻一下新婚不久的妻子，走出家門，消失在濃重的夜色中。

從此，人間再也不見他的蹤影。

於是謠諑紛起，他是叛逃、背叛，去了香港、台灣。有人在外輪上看到他……這是真的嗎？然而言之鑿鑿，「三人成虎」，「眾口爍金」，你能不信？

他又出現了，那已經是一九五七年年底了。這回出現的是屍骸。上海吳淞口外，茫茫的海灘上，潮水湧來一具屍體。由於浸泡多日，面目無法辨認。從一顆假牙和腿傷以及西裝中的派克筆，推定是他。不過這消息被限制在一定範圍內。

他的形象始終是扭曲的。

時光過去二十二個年頭。顛倒的終於撥正，污泥終於抹掉。他的右派是錯劃的。他不是叛逃者。他背著種種惡名，懷著對人間的絕望，在民主三號輪上縱身跳入大海。

石揮。

他得到了平反昭雪，然而我們在戲劇舞台上永遠不再見到他。

他是誰呢？我們姑且留下懸念。

二

他就是有「話劇皇帝」之稱的石揮。

石揮（1915-1957）原名石毓濤，河北楊柳青人，在北京長大。幼時，他父親棄家不顧，靠母親獨立支撐。他讀北師大附小時，在小學六年級畢業的遊藝會上與同班同學藍馬（原名董世雄）登台表演，極為成功，一鳴驚人。迫於生活，初中讀完，剛十五歲就輟學打工。當過鐵路車僮、車站行李員、牙醫的學徒和影院小賣部的營業員……在生活的底層摸爬滾打。一九四〇年，由藍馬的力邀，他進入話劇領域，先後參加中國旅行劇團、上海劇藝社、苦幹劇團、中國演劇社，從跑龍套到小角色什麼都演。在苦幹劇團拜黃佐臨為師後，演技更臻成熟，成為劇團的台柱子。他先後演出《正氣歌》、《大馬戲團》、《秋海棠》、《雷雨》、《蛻變》、《樑上君子》、《金小玉》等近二十部話劇，名聲也越來越大，稱為「話劇皇帝。」

在沉沉黑夜的上海「孤島」時期，我偶來上海訪親，有幸看到石揮主演的話劇《文天祥》（即吳祖光寫的劇本《正氣歌》）。他運用京戲的唸詞和話劇的表演手段，塑造了一身浩然正氣「丹心照汗青」的文天祥形象。當時轟動上海，我對他著迷。

古人說：「語不驚人死不休。」他雖有得天獨厚的天賦，沒有獨到之處不演出。在每個角色身上都要創造不同的絕招。一九四二年，他在苦幹劇團演《大馬戲團》，四十天裡演七十七場，幾乎每天都是演日夜兩場，他扮演的慕容天錫，雖並不是主角，卻演得活脫神似，場場都有新鮮感。他能即興創造，賦角色以新的光彩。顯然這要付出很大的精力。某天他終於累倒了，其實演第七十四場時，因體力不支昏厥過去。醫生趕到後台檢查，看到這滿面油彩的病人說：「沒啥，這個人就是老了點」。其實他當時不過二十六、七歲，演的角色是六十歲。他休息一個夜場，第二天又照常演完日夜兩場。

從舞台上演出成名的石揮，表演絲毫沒有一般話劇演員的誇張和過火，他表演時雖有精確的設計，但不露痕跡。用著名演員趙丹的話來形容，就是「有纖巧、華麗而不雕琢」。石揮的表演有華麗的風格就是「帥」。他很重視傳統藝術修養，比如汲取京劇表演藝術的長處。他的表演十分耐看，魅力四射。

當年曾和石揮同台演出的黃宗江，有一次和導演黃佐臨散步。黃佐臨問：「話劇演員是沒有師傅的，怎麼石揮像有師傅呢？」黃宗江想了一下說：「他的師傅是天橋和京戲。」這話是有來由的。少年時，石揮和藍馬常遊天橋，愛聽相聲和看雜耍。藍馬家裡比較有錢，拿了些銅子，和石揮一起外出投師。學一出《捉放曹》，藍馬演陳宮，石揮演呂伯奢，有板有眼，像模像樣。有這樣的功底，所以石揮什麼角色都能演戲路很寬。比如在《日出》裡，他演過茶房王福升、大經理潘月亭、一心向上爬的李石清、以及闊太太的「面首」胡四，上、中、下幾等角色，他都演得各如其分，恰到好處。又如演《秋海棠》，他演從紅伶青衣變成潦倒戲子的男旦角秋海棠，有人擔心是否會演砸了，結果演得特別成功。上海灘一下轟動起來，許多原來不看話劇的都來看了，連演四個多月，使他紅得發紫。這年是一九四三年，有小報稱為「石揮年」。當時趙丹說了這樣中肯的話：「原來是鴛鴦蝴蝶派的戲，經他一演，把我們帶入新境界。」

三

石揮多才多藝，上世紀四〇年代有了「話劇皇帝」的美譽，他又憑著自己才智與悟性，闖進電影藝術的領域。由他導演的影片有《母親》、《我這一輩子》、《關連長》、《雞毛信》、《天仙配》、《假鳳虛凰》、《姐姐妹妹站起來》和《霧海夜航》。其中《我這一輩子》是石揮電影的代表作。他既是該片的導演又是片中的主角。該片改編自老舍的小說。石揮與老舍有共同的生活經歷，相似的藝術氣質，這是別人難以企及的先天優勢，加上他爐火純青的演技，他把舊中國老北京的一位巡警演絕了。無論巡警青年時充滿憧憬，中年時的失望與沮喪，到晚年時的淒涼與憤懣，他都演得細緻入微、感人至深。又借鑒相聲手法，使人笑出淚來。而完成這藝術傑構，當年石揮不過三十五歲。

此後石揮還編導主演了《關連長》、《霧海夜航》，不過很快就遭到批判，以後他就離開藝壇。

然而石揮在表演與導演藝術上達到的高度，享譽海外。一九八二年義大利都靈舉行中國電影回顧展，法國電影史學家米特里說：「我參加了這次回顧展，發現了中國電影，也發現了石揮。」日本電影評論家佐藤忠男說：「過去我只知道中國有個趙丹，現在我發現還有石揮。」美籍華裔作家董鼎山說石揮是中國的馬龍・白蘭度。由此可見，石揮的影響超越國界，在海外也受到人們的推崇與喜愛。他的自絕在中國電影史留下永久的遺憾。

四

石揮的噩運來自一九五七年的反右派運動。

名導謝晉曾說過這樣發自肺腑的真心話：「解放後，石揮的藝術才能遠遠沒有發揮，也始終沒有被放到最合適的位置上。」（二〇〇四年九月七日，《新京報》）不平則鳴，人是感情的動物。當號召「大鳴大放」「知無不言，言無不盡。」「言者無罪，聞者足誡」，又是大力貫徹「雙百方針」，這一系列反右運動的前奏出籠後，石揮怎知這是「陽謀」，他極為振奮，撰文發言，訴苦衷，批外行，倡傳統，憋在心中多年的話一吐為快。這就災禍臨頭了，刀槍劍戟一齊向他殺來。

上海電影製片廠是石揮工作的單位。一九五七年十一月，石揮剛導演了他最後一部電影《霧海夜航》，影片完成剪輯後的第二天，上影廠召開批判石揮大會，無中生有，捏造歪曲的批判與指責，鋪天蓋地而來。據當時與會者的回憶，有人說他驕傲狂妄，稍有成就就跟黨討價還價；也有人說他寫文章反黨，說他根本不懂藝術，就知道迎合觀眾的低級趣味，吃喝玩樂玩女人；更有人說他流氓成性，在周璇生病期間強姦了她……總之這位卓越的電影藝術家，一下就變成了頭頂長瘡、腳底流膿的臭狗屎！

反右運動壓頂而來，人人自危，為著自己過關，批臭石揮就可脫身。群眾的揭批出於這種動機，然而還有幾位石揮生平事之如師友的一齊揮戈上陣、口誅筆伐，極盡能事。上影廠副廠長、導演張駿祥，原本推崇石揮，讚揚備至，運動一來，他就發表〈石揮是電影界極端的右派分子〉，文中稱石揮「反黨是一貫性的」「上海淪為孤島的時期石揮就煽動人脫離黨的領導」，「解放以來從講笑話、說相聲到寫文章、拍電影，不放棄任何機會，千方百計地誣衊、諷刺和咒罵黨的文藝政策和文藝路線。」（一九五八年一月二十三日，《人民日報》）名導演鄭君里，電影《一江春水向東流》、《烏鴉與麻雀》是其名作。他從藝術角度批石揮。他的筆下，石揮是「一個賣弄『惡性海派噱頭的戲油子』，他的戲包袱裡裝的全是破爛」云云。張駿祥、鄭君里因批石揮躲過反右一劫，十年後難逃「文革」大限，張關進「牛棚」，鄭慘死獄中。

趙丹是石揮形同手足的好友，「文革」中被捕入獄，獄中書寫認罪材料，其中有一篇是〈五七年反右〉，他自承當時所以沒有列入右派，反搖身一變成為左派，就因為對右派的面對面鬥爭，批上官雲珠，批石揮。趙丹和瞿白音合寫了篇急就章，對石揮痛加批判。批判他是「靠自我吹噓，投機挑撥，其表演特點不外乎是賣弄低級趣味」，「解放前夕，他做了演出的老闆，剝削同行。還做過投機倒把的棉紗交易……解放後，黨耐心教育他……可是他欲壑難填，大聲叫囂『黨埋沒人才』，『不尊重傳統，』『新社會只叫人說假話，』……」有誰知十年後，「文革」一到趙丹也落入羅網，在獄中被毆打，一九八〇年死後做屍體解剖，醫生對趙夫人黃宗英說：「趙丹身上沒有一塊地方沒傷」。「覆巢之下，豈有完卵」此之謂也，趙丹大去前曾有名言：「管得太具體，文藝沒希望。」這是沉痛的由衷之言。

也許正是這些師友的違心批判，使石揮義無反顧、從人生的濁流走向清流。

五

石揮一生坎坷，他的愛情生活晚來而又短暫。

石揮曾和周璇相愛，正準備結婚時，香港傳出周璇的緋聞，他受很大打擊。後來周璇患精神病，被上影廠的一個美工強姦。這段婚姻吹了。

一九五四年石揮和京劇演員童保苓結婚，當時石揮已三十九歲，童葆苓二十三歲，兩人相差十六歲，在舊社會該算兩代人了。童葆苓是京劇名演員童芷苓的妹妹，他（她）倆從相識到相戀，導因於石揮首次拍攝自編自導的影片《母親》（上海文華影片公司出品）。《母親》中有一個學唱戲的女孩子，一直選不到合適的演員，石揮找到京劇名伶李萬春要他推介。童葆苓生長在梨園世家，自幼受童家班嚴格訓練，十三歲就登台演出《武家坡》、《四郎探母》等劇目，得到讚譽。當時葆苓在李萬春的科班「鳴春社」演出，李萬春把她推薦給石揮。石揮看了她演出非常滿意，當場拍板。在拍片過程中，童和石朝夕相處，對老大哥一絲不苟的藝術追求、待人誠懇善良、生活艱苦樸素，留下極好印象。一縷芳心傾注到他身上，石揮也看出這位多情少女的心態，於是兩人相愛了，但童葆苓家中並不贊成。童說：「家裡找我談話，明確跟我講不支持，但我對家人說，石揮已經等我好多年了，我不能就這樣甩了他。另外一點，我是學生出身，我當時對婚姻的看法是：資本家我看不起，國民黨軍官我也看不起，而石揮給我的印象卻很好。」（餘之：《童葆苓談石揮》）由於童的堅持，家中同意了。一九五一年訂婚，過了三年（一九五四年）才結婚。婚禮很簡樸，僅在歐美同學會請幾個朋友吃了一頓飯，舉行一次小型的家庭「派對」。那天聚會的朋友有梅葆玖、李少春、裘盛戎，還有王曉棠。

婚後，兩人生活幸福美滿，但分居北京、上海兩地，童又常有外事演出，經常在國外，真像牛郎織女聚少離多，關山阻隔、人分兩地總是苦惱。石揮終於向周揚訴求，兩年後童葆苓南調，進上海京劇團。

生活剛掀開新的一頁，那知禍殃從天外飛來。童葆苓有沉痛的自述：「我們婚後長期兩地分居，直到一九五七年我才調到上海，團聚的生活開始了，生活簡直像一齣戲，我們剛剛嚐到幸福生活的甜美，正想要一個我們盼望已久的孩子，不料，一場急風暴雨改變了一切。」

據石揮夫人童葆苓說，石揮雖在舊社會有多少苦難經歷，但對新社會的「運動」一無所知。一九五七年十一月上影廠連續兩天開批石揮大會。第一天會開過，石揮跌跌衝衝回家。細心的妻子問他：「會開得怎樣？」他沒有正面回答，只是喃喃自語：「厲害，厲害，一個人要是打成右派，那連蹬三輪的也不如了。」

童葆苓說，石揮沒有參加第二天的批判大會躭在家裡。

另有不同的說法，上影廠石揮的同事、友人沈寂說：「第二次批判完是在中午，他先走，我看見他從陝西南路一家銀行出來，他是個孝子，給母親寄錢。他問我：『沈寂，怎麼樣？看樣子情況不太好吧？』我說：『不會怎樣，頂多批判會開一下就完了。』他很敏感，他說：『不，至少我以後不能演戲了，完了，完了，……』我印象中他穿了一件風衣式的雨衣，他說走了，走了……後來我想，石揮平時膽子很小，竟然跳海了，說明他對人生絕望了，他這樣做，要花多大的勇氣，石揮的悲劇最後完成了。」（《石揮：「我這一輩子」天問的慨歎》）

兩者的不同，就在於石揮是否參加了第二天的批判會，結局是一樣的。

那天下午，童葆苓要陪同一個越南文化代表團參觀上海京劇院。她離家時，想起下午要有一個保姆來應聘。這時石揮正一個勁在吸煙。她輕輕説：「我去單位了，下午有個保姆來，你在家裡等著。」她説完，石揮忽然失態地站起來，拚命擁抱她吻她。她卻沒有意識到會有什麼事發生。還是石揮説：「好，妳走吧。」他用悵然若失的目光，送著她離去……

晚上了，石揮還沒有回來，夜已深，石揮依然沒有回來。童葆苓和衣躺在床上，幾次風吹窗櫺，她瞿然驚醒，開門而望，只有黑魆魆的夜空，哪有石揮的蹤影。整整等了一夜，她害怕了，她打電話給上海京劇院的領導，領導答應幫她找，後來一直沒有消息，她憂急成病，她母親接她回北京。有一次，她去山東演出，接到一封信，説石揮已去世，她痛哭失聲，但還是不知道石揮是怎樣死的。後來她的姐姐童芷苓告訴她石揮是投海而死。死訊傳來她精神崩潰了！整日如醉如癡，恍恍惚惚。半夜夢迴，常常是哭醒的。她多次幻想，隨著房門輕輕推開（石揮失蹤後，她的房門關而不鎖，她怕石揮丢了鑰匙），石揮走進來，擁吻她……然而生死永訣，石揮哪會再回來呢？

「十年生死兩茫茫，不思量自難忘。」時間沖不淡童葆苓心中之痛。她寫信給一位友人：「……真是一場夢，不過我常做好夢，夢見他回來了，我真希望別醒過來，永遠在夢裡多好！」

一九六一年，童葆苓改嫁於戲劇理論家馬彥祥。

一九六六年，「文革」一到，童葆苓被加上同情石揮與石揮不劃清階線的帽子，遭到無情批判、殘酷鬥爭……

童葆苓後移居美國。

六

二十二年後，一九七九年三月二日，上海所有報紙刊出一條消息，上影廠的十四名右派部得到改正，其中有石揮、吳永剛、吳茵、項堃、白沉、陳歌辛、凌雲、楊華、沈寂、房珊、鄭禮華、紀雷、曹明等。隨後，上影廠開了平反改正大會，倖存者每人戴了一朵大紅花。可石揮不僅無從戴起，連屍骨都沒有一片。

人心是天平，雖然這是遲來的「改正」，但還是「改正」了。石揮的故鄉天津市政府在楊柳青八大家之一的石家大院，為石揮立墓並建造紀念館，在館中展示石揮在電影、話劇方面的傑出成就。

七

當年我曾是石揮迷，對他一直懷著傾倒的心情。不過，他在台上，我在台下，無由相通。後來終於有了當面向他傾訴這種心情的機會。那是一九四九年，在解放不久的蘇南行政區首府無錫，石揮和演員張伐等一行十餘人，在無錫城中公園內演活報劇。我以記者的身份去訪問他，並表示自己一直是他的忠實觀眾，還有過想跟他學藝的念頭。他答了一句很幽默的話（可惜忘了），還在我的本子上簽名留念，這可貴的手跡在十年浩劫中失去。

記得進入新時期後，由石揮改編、導演並親自演出的《我這一輩子》重新上映。他在影片中扮演的那個　警，從二十歲，演到六、七十歲，他演得層次分明，而又一氣呵成。功力深厚極了。看著，看著，忽然忘記他已死了。

石揮的藝術生命永生。

二〇〇九・五・廿九

追憶舒繡文

一

我認識影劇圈中的一些名人，大半由於職業（記者）的關係。

舒繡文就是其中一個。

抗戰時期在重慶，就知道影劇界有四大名旦：白楊、張瑞芳、舒繡文、秦怡。當時自己是個窮學生，她們演劇我買不起昂貴的票，自然無法一睹這四大名旦的風儀。不過我從一部表現抗戰的故事片《保衛我們的土地》裡，看到扮演農婦的舒繡文，留下極深的印象。後來偶然從一位同學那裡知道，舒繡文也在重慶。當時她加盟中國電影製片廠是該廠主要演員。他們住在純陽

話劇「四大名旦」舒繡文。

洞的大廟裡，這廟在高坡上，周圍空曠潮濕，遍地野墳荒草，因在最高處，沒有水源，吃水要爬兩百六十多級梯坎，從江邊提水一步步挑著上來。生活異常艱苦。我對她（舒繡文）油然而生敬意。

苦熬八年，抗戰終於勝利。中共地下黨領導的昆侖電影製片廠拍攝了《一江春水向東流》（上下集）。這影片明星薈萃，其中就有兩大名旦。飾男主角張忠良的是陶金，白楊飾「淪陷夫人」素芬，舒繡文飾「抗戰夫人」王麗珍，上官雲珠飾「勝利夫人」，真是珠聯璧合、相映生輝。

我初識舒繡文也就因這影片《一江春水向東流》。

一九四七年我從學校踏入社會，在無錫一家民間報任記者。是年春，無錫一家豪華的電影院（皇后影劇院）開張。首映影片就是《一江春水向東流》。為擴大影響，影院請來了舒繡文、上官雲珠、陶金、吳茵。白楊是否來，我的記憶裡已經模糊。

在影院召開的記者招待會上，我見到了舒繡文。

影片先在上海放映，立即得到好評，有些文章在讚譽舒繡文的演技外，還講到舒繡文塑造王麗珍這角色的經過。我有位劇九隊的朋友，更和昆侖廠的人員熟悉，知道更多拍攝情況，歷歷如數家珍。當初編導蔡楚生把劇本交給舒繡文，她看完後泣不成聲，並連贊「好戲，好戲！」導演還想聽她要演什麼角色的想法，她說不願演王麗珍，她不喜歡這女人，她八面玲瓏，又兇狠殘忍，不適合我演！導演鄭君里笑了：「這角色非妳莫屬。編劇時就考慮到了。雖然妳的性格和王麗珍的性格完全相反，年齡也有差距，但我們相信你能演好她。演好反面人物，讓群眾恨她唾棄她，不正是藝術魅力嗎？」她接受了。排練中，王麗珍有一場跳西班牙舞的戲。導演考慮到她和角色的年齡差距，她又從未跳過節奏強烈、動作難度大的西班牙舞，準備找個替身演員。她斷然反對：「既然讓我演這角色，我就一定要自己演！」「為了塑造角色，我什麼苦都能吃。我不相信學不會！」炎夏酷暑，她跟一位白俄舞蹈教師學，餓了吃兩塊餅乾；渴了，喝一口涼開水。苦練了幾個月，終於掌握了西班牙舞的高難度動作，表演給大家看，眾人驚呆了！為了把握住王麗珍的性格及情感，她和不少交際花、官太太、嬌小姐交朋友，和她們聊天、跳舞、打麻將，這些人的精神與氣質，全溶化在王麗珍這角色中。無怪後來有人說「舒繡文演王麗珍可謂一絕！」「中國影壇除了舒繡文，再無第二人能演得如此成功了！」

我既瞭解和掌握如許舒繡文的情況，記者招待會一開始，我就對舒繡文說：「您不愧為一個性格演員。把王麗珍這個角色的多種性格演絕了。她倚在乾爹（周伯勳飾）懷裡是那樣柔媚，宛如小鳥倚人；對張忠良時而溫馴，時而凶厲，把他玩弄於掌股之上。」我又說：「您演這個角色，真是又甜又辣！」

「是嘛！請道其詳。」她脆生生的北京話，好聽極了！

舒繡文（右起第一人）在電影《一江春水向東流》中演抗戰夫人王麗珍。

「您演那角色女性化時就甜，女性異化時就辣。」我直率地回答還作了些分析。

「這樣說來，我是一個稱職的廚師了。」她這樣一說，惹得我們的同行都笑了起來。

接著我的同行們紛紛提問，我無從再說。

招待會結束時，她贈送我一張簽名的劇照。這照片曾配發我的訪問記上，以後一直珍藏著，不幸毀於「文革。」

這樣匆匆一瞥的邂逅，在她未必記得，在我卻深藏在記憶中。也從此起不僅關心她的行蹤更多瞭解她的過往。

二

她早年的身世是酸辛的。

一九一五年，她出生在安徽安慶。這時已家道中落，父親謀官不成，家中一貧如洗，便意志消沉，而後又染上抽鴉片的惡習，還娶了煙館老闆的女兒為妻。後來移居到北京。舒繡文十三歲畢業於北京女師大附小，安徽中學才讀半年，就因家貧而輟學。被迫在家為煙客燃裝鴉片。一九三一年，她十六歲，家庭狀況每況愈下。她曾在自傳裡這樣描述：「父親仍沒有工作……鴉片越抽越凶，自己折磨自己，母親由於生育過多，身體極度虛弱，根本無法找到工作，加之，又有了一個小弟弟，小妹妹……全家生活十分困難，並已負債累累。」

怎麼辦呢？面對家徒四壁、早就賣光當盡，三餐也難以為繼的處境，舒繡文尋找生路。鄰居有個舞女，舒繡文學會了跳舞，無奈改名許飛瓊，她也當了舞女。這條路是污泥濁水，她想出污泥而不染。可不容易做到。因她初下舞海，顧客不多。仍然要舉債。有位債主，已年過半百，這人別有用心，看她無力還債，要她以身抵債。荒唐的父親竟要她屈從。她毅然出走。

天涯茫茫，路在何處？她想到一個舞客，是一家報紙（北京《世界日報》）的記者，這人舉止文雅，與一般紈絝子弟不同，而又非常同情舒繡文的處境。他盛讚舒繡文有演戲的天賦，適合做演員，並説他可以推薦她去影劇界。她決定去投奔這位姓褚的記者。

淚流滿面的舒繡文出現在褚記者面前，他誇獎她的自主抉擇，實在是不可多得的女性，並説自己正要去上海《大公報》工作，可以帶她去上海，而上海影劇界多的是熟人，讓她登上影壇並非難事。

人心險惡，世途崎嶇，單純幼稚的舒繡文，跟著這人到了上海。詎料她已落入陷阱與圈套。這人其實是個偽君子，已有兩房妻室。他把她安頓在一家菜館樓下，逐日糾纏要和她結婚，絕口不提工作的事。她上當了，與這人同居！幸而她很快洞悉真相，後悔自已的輕信自責自己的盲目，斷然與這人分手。

離開這人後，生計就成難題。正面臨絕境時，一天在和人閒聊，她的流利響脆的北京話引起旁人注意。常到這家菜館來吃飯的一位年青人，已觀察她幾天了，有一天突然問：「你這位北京姑娘來上海幹什麼？」她沒好氣地搶白了他一頓。這青年不僅不惱，反問她：「你想拍電影嗎？」「我就是來上海拍電影的。」於是一拍即合。舒繡文坦率講了自己的遭遇。

這位青年就是後來和她共事於「五月花劇社」的桂公創。當時桂是電影界的一個小職員。他覺得這北京姑娘嗓音清脆、口齒靈利，又性格潑辣，是個演員苗子，他伸出援助之手。當時中國開始拍有聲電影，許多演員不會説標準的普通話，經介紹，舒繡文進天一影片公司。該公司老闆娘陳玉梅是位名演員，但普通話講不好。舒繡文擔任她的國語教師，在拍攝現場矯正發音。言明工資每月三十元，已差堪生活。

不久後，中國第一部有聲電影片《歌女紅牡丹》中女主角的台詞就由舒繡文配音。

這是舒繡文跨進演藝界的第一步。

三

舒繡文是從舞台走上銀幕的。

給她伸出援助之手的桂永創，在一九三一年和魏鶴齡、王惕禹等人於上海組建「集美歌舞劇社」，把這個只在小學時演過活報劇的舒繡文吸收進來。

她初上舞台演話劇《名優之死》（田漢編劇），面對嚴峻的考驗。她有自知之明，自己身材不高，長得也不漂亮，只有小學文化程度，又未受過專業訓練，演主角劉鳳仙是力不勝任。開始排練，她一無是處。好在她能謙虛好學，拜魏鶴齡為師。魏是劇專畢業，當時已聲名鵲起。在名師教導下，她自己刻苦用功。從這開始，她服膺表演的前提是「刻意求真、崇尚體驗」。她表演每一個角色，都熟悉這角色的生活。她演《名優之死》的主角是京劇演員，她就苦練京劇基本功：壓腿、下腰、跑圓場、拉山膀、吊嗓子……這個戲終於演出成功。以後她加入「五月花劇社」、「春秋劇社」，成了一名出色的演員。

一九三四年夏天，舒繡文進了上海明星影片公司，從舞台走向銀幕。先後參加《夜來香》、《熱血忠魂》、《劫後桃花》、《新舊上海》、《四千金》等二十多部影片的演出。在《夜來香》這片子中，她扮演賣花姑娘，她的主要搭檔是「電影皇后」胡蝶，旁人無不為她擔心，她自己也誠惶誠恐，無時不在憂慮與恐慌中。由於她真實、淳樸、細膩、獨特的表演意外獲得成功。曾有戲評說「繡文的演技超過了當代影后，今後前程無限。」

功夫不負苦心人，舒繡文由一般演員成了挑大樑的主角。她並沒有就此止步，在繼續努力。她追求進步，成為中國左翼戲劇家聯盟的成員。

一九三七年，抗日戰爭爆發，不久戰火延燒到　滬前線。二十二歲的舒繡文已是上海明星影片公司的名演員。她走上淞滬前線，她的身影出現在槍林彈雨中。不久，當局交給她一項重要任務去漢口拍攝抗戰影片《保衛我們的土地》，她欣然接受。拋棄明星公司每月三百六十元的高薪，告別年邁體弱的雙親，她到了漢口。這是中國第一部表現抗戰的故事片。片中魏鶴齡扮演農民劉山，她演劉山妻。影片正面描寫農民拿起刀槍和日本鬼子拼搏。她熱情似火、奔放不羈的性格正符合這角色。當時周恩來任國民政府軍事委員會政治部副部長。就在影片公映那天，舒繡文與周恩來相遇。周說：「舒繡文同志，你的農婦演得不錯，感情真實，我們都很喜歡，向你祝賀。願你再拍出一部更好的電影。」自此起她和中共的關係進了一層。

武漢失守後，抗戰中心移到重慶。舒繡文也隨中國電影製片廠到了重慶。她對艱苦的生活甘之如飴。只要有利於抗戰，她都樂意去做。即使是街頭演講與歌詠她都走在前面。她說：「我只是一個普通的演員，不是明星！」

接著，一九四〇年，中制拍攝影片《塞上風雲》，片中，舒繡文扮演羅安姬娜。外景要在內蒙古的伊克昭盟紮薩克拍攝。途中經過延安。延安的新天地給她們耳目一新。第二天，毛澤東在棗園的窯洞請劇組一行人吃晚飯。舒繡文看到毛穿的棉褲補著補丁，敬佩毛的艱苦樸素。她握著毛的手，激動得說不出話。還是毛問了她的姓名和年齡。毛說：「我知道你，聽周恩來同志提到過你，說你是一位很有出息的演員。只可惜我沒有看到你演的電影和話劇，以後有機會再補吧。」她連連說自己還是個小學生，還有待今後的學習與提高。

她在延安的表現，重慶當局自然知道。劇組回重慶不久，就發生這樣一件事。一天，照例舉行總理紀念周（紀念孫中山），「中製」（中國電影製片廠）的特務頭目突然宣佈全體員工要參加國民黨。禮堂周圍佈滿持槍的士兵，氣氛緊張極了，全體員工沉默對付。特務頭目進而追逼道：「入黨自願嘛，誰要不願可以退出。」話音剛落，舒繡文就站起來走了出去，還碰地一聲把門甩成巨響。特務頭子氣白了臉，他知道舒是廠裡的台柱，她脾氣極強是有名的霹靂火，廠長和大導演都奈何她不得，他追到門口看著已走遠了的舒繡文，虛張聲勢地喊：「舒小姐，妳回來。」猶帶餘憤的舒繡文徑直來到周恩來這邊，她說：「這次到延安去，你通知我們不准留在那裡。我們聽你的，不做不利於抗戰的事，都回來了。現在國民黨逼著我們入黨，我們不入，現在我要加入共產黨。」周恩來委婉地勸她，「按目前形勢，留在黨外比在黨內更能發揮作用。妳的戲演得好，許多演員欽佩妳，妳為人豪爽樂於助人，能夠團結更多的人走向進步。」舒繡文氣仍未消，周恩來又說：「我們已把妳當黨員要求了，入黨只是形式。」她這才高興地走了。

抗戰期間，電影拍攝非常艱難，膠片與器材依賴進口，話劇演出容易其作用直接而顯著。舒繡文積極參加話劇演出。一九四一年上演郭沫若的歷史劇《棠棣之花》。舒繡文扮演聶政之妹這個叛逆的女性；一九四二上演《戰鬥的女性》，舒繡文飾曾是綠林好漢的豔山紅，以後先後演出《正在想》、《虎符》、《蛻變》、《天國春秋》、《殘霧》、《霧重慶》、《兩面人》等，在這些劇中，舒繡文無不擔任主要角色，這些角色千姿百態，性格各異，她都演得極其成功。因此人們把舒繡文列為話劇的四大名旦之一，另三位是白楊、張瑞芳、秦怡。雖沒有排出名次，如按各人工資，舒居於前。據一九四三年《商務日報》報導：舒繡文三百三十元，白楊三百二十元，張瑞芳三百元，秦怡六十元。舒繡文又因演過「綠林好漢」的豔山紅，武藝不凡的洪宣嬌，人們把她看作有特色的武旦，稱她為四大名旦的「刀馬旦」。

抗戰勝利後，舒繡文回到上海。她所屬的聯華影藝社，改組為昆侖影業公司，親中共的影藝界人士都集中在這裡。《一江春水向東流》是該公司的首次出品。事前周恩來曾和舒繡文及有關人士說：「希望這影片能概括出抗戰八年，以至戰後今日的社會面貌，能成為照出兩個世界，兩種人生的一面鏡子，引起社會的注意。」舒繡文不負周恩來所望，在該影片中所扮演的王麗珍這個角色，體現了「戰後的社會面貌，成為照出兩個世界，兩種人生的一面鏡子」。影片不僅在當時轟動全國，即使在今天也享譽世界。

四

她一生中多次婚姻不堪憶述。她首次婚姻就是悲劇。小時有個男同學，常在一起溫習功課，又曾一起表演舞蹈與話劇。兩人情投意合，私訂終身。這隱秘給父親知道了，這男的家中清貧，父親嫌貧愛富，竭力反對她（他）們的結合。無奈她已有身孕，狠心的父親把她逐出家門。她去找這位心愛的人，可遍找不著。只好單身在鄉間租屋待產。生下一個男該，原以為看新生嬰兒份上，父親會回心轉意。結果父親把嬰兒送進育嬰堂，仍然拒絕她進家門。

她與那位褚姓記者的一段是被騙，算不得婚姻。經過與結局，上已述及不再詞費。

舒繡文與劇作家潘孑農的結合是動了真情的。潘孑農是著名的編劇與導演，浙江湖州人。生於一九〇九年。上世紀二〇年代起，他既從事文學創作也充任影劇的編導。一九三七年進上海藝華影業公司，編撰電影劇本《花開花落》。在這前後他與舒繡文結合。潘老自己說，當時舒要把父母弟妹接來上海，他擔心舒父的阿芙蓉癖不戒掉的話，可能引起家庭矛盾。他的意見是先匯錢去給舒父待他戒掉惡習後再來上海。結果這樣做了，舒父到上海後，依然惡習如故，潘、舒爭吵後，兩人關係漸疏。不久，潘應田漢之邀有南京之行，行前他留字給舒，決定就此分手。然而出乎潘所料，幾天後舒也到南京，若無其事又和他住在一起，並這樣說：「怎麼，你就這樣不要上海這個家啦？」又說：「我看了你的字條，心裡非常難過，想到我們當初的結合是多麼的艱難，實在不該產生目前的不幸。這次，父母逼我與你分手，我以自殺抗爭。你知道，我很愛父母，他們的一生太苦了，希望你能諒解我，演完戲和我一起回上海。」誰知，家中彌漫的煙味與不和最終還是導致兩人分離。一九四四年，潘孑農在重慶與郭美英結婚。此後，幾十年過去，雖然各已婚嫁，但仍相互關心對方。一九五七年反右罡風疾捲全國，知識份子人人自危。一天，潘孑農剛到單位，就接到一個電話，是女性的聲音，忙問是誰？對方說：「我是纅，不必多問。我就要去北京了，你那裡情況怎麼樣？千萬要當心啊！」電話突然掛斷。潘老突然想起舒繡文的小名叫「纅兒」。這一下，他明白了，原來她在赴京之前，還在關心他的安危。潘老說：「這就是懂感情，重真情的舒繡文！」

五

一九四九年後，舒繡文的藝術生命進入旺發期。在上海拍過《女司機》、《一場風波》等影片。她演什麼就像什麼。在火車上體驗生活，學會了開火車。由於太勞累，她得了心臟病。拍《祥林嫂》時，廠方不敢再讓她拍了，因其中有祥林嫂撞頭的場面，她是會真撞的，豈不要出人命。

她調到北京去了，不能拍電影就上了話劇的舞台。她調到北京人民藝術劇院。在話劇舞台上，精神不減當年。她演過《駱駝祥子》中的虎妞、《北京人》中的愫芳、《伊索》中的克里婭、《風雪夜歸人》中的俞小姐……記得《駱駝祥子》演出後，周恩來夫婦走上舞台，周雙手握著她的右手，鄧穎超雙手握她的左手，祝賀她演出成功，那張照片在報刊上發表後，我曾剪下珍藏著。聽說當時舒繡文感動得徹夜難眠。她對兒子兆元說：「孩子，這是我有生以來最幸福的時刻啊！總理這樣關心我，我更要好好為黨工作。」

這時，她如日中天，入了黨，當了全國政協委員，又是全國人大代表，全國婦聯委員……藝術與政治雙豐收。

人，畢竟是血肉之軀，過度的勞累必然損壞健康。一九六二年的冬天，本就身體極度虛弱的舒繡文，醫生早就開了病假要她休息，她仍堅持演《駱駝祥子》，這天她演完了最後一幕。幕布徐徐拉上時，她突然倒在舞台的側面。台下熱烈的掌聲不能喚醒她，同台的演員摸她的心臟和脈搏是不規則的亂跳，病狀很兇險。人們想起她的話：「我要死在舞台上！」不能讓她應這句話。眾人含著淚把她送到治療心臟病最好的醫院，周總理打電話來詢問病情，經醫生盡心搶救，她戰勝了死神。甦醒過來的第一句話：「戲演完了嗎？真對不起觀眾，沒能去謝幕！」

住院治療期間，她仍然沒有放下工作。不能上台演出了，拿起手中筆，寫了幾十萬字的表演日記和回憶錄，薪火相傳為後人留下藝術遺產。出院回家後，把劇院的學生請到家裡給他們上課。她說：「我希望你們青出於藍勝於藍都超過我！」

她又病倒了，這一回更嚴重。一九六五年，她去上海動了心臟的大手術。手術是成功的，她還可以騎自行車上街了。她滿有信心自己能活到八十歲！

然而更不祥的命運隨著罡風惡浪就要接踵而至。

六

她剛從死亡線上掙扎過來，文化大革命就來了！

一開始，她就被剝奪了養病的條件，造反派命令她必須每天到單位接受批判或批鬥。可憐她久病之人，虛弱極了，只能掙扎著扶著牆一步一步挨著走，臉色煞白、滿身冷汗，總算到了。那條路平常人只須走十分鐘，她走了整整一個半小時。

一天，造反派來到舒繡文所住樓下，大喊：「舒繡文快下來批鬥。」使人揪心的喊聲驚動院內的同事。有人挺身而出說道：「她病得太厲害了，沒法下樓。」「沒法下樓，今天就是爬也得爬下來。」正吵鬧之際，樓上的門忽然打開。她出現在門口，臉色灰黃，乾癟得嚇人，雙眼沒有一絲光彩，腹水脹得幾乎撐破衣服，喘著氣，一步步邁下樓來，尚未站穩，獸性十足的幾個造反派衝上去架著她把她推進一間屋子，門關上了，傳出粗暴的打罵聲……人間何世，如此殘忍！

上世紀三〇年代，她就蜚聲上海影劇界，同江青打過交道，於是那些「四人幫」的爪牙就想從她嘴裡掏到一些東西。一位目擊者談到舒繡文被「提審」的一次經過。舒繡文被追問三〇年代演過什麼戲，同什麼人合演。舒繡文回答，在上海業餘影人劇團演出過《大雷雨》，同台演出的有趙丹、鄭君里、葉露茜、歐陽山尊。還有誰？舒繡文沉默了，不再回答。接著就是啪、啪、啪，幾個耳光，一連串的辱罵。舒繡文拍案而起怒斥道：「你們怎麼打人?!」這一來真把幾個打手鎮住了。他們自找台階下台：「你，你，把今天的交代寫成書面。」

這樣的蹂躪、摧殘，血肉之軀怎能經得住，一九六八年的冬天，她的心臟病更重了，在同事們的多次呼籲下，一輛平板車把她送進同仁醫院。她本應住單間，卻是住七個人的大病房，無人打理，喝口水都叫不到人，嚴重的腹水，她無法仰臥，整天坐著呻吟……此情此景，令人泫然欲涕！她唯一的兒子兆元因受牽連去農村勞動改造了，只有兆元尚過門的未婚妻曲青雲來陪床。

她的病更嚴重了，肚子因腹水鼓脹著又無法排尿，醫生看了直搖頭，在她腹部開了個洞，黃色的液體噴射而出，她僅輕鬆了一天，第二天脹得更厲害了。幾天後，腹水撐破肚子自動順著大腿淌下來流了一地。醫生輕輕對曲青雲說：「沒法治了，準備後事吧！」曲青雲立即給舒兆元發電報要他回來，被監督勞動的舒兆元沒有自由不能回來。

一九六九年三月十六日晚，生命的大限到了！一直守護她的曲青雲，有事臨時出去了。她兩眼發直呆坐著。護理員送來飯菜，她看都不看。忽然她把自已一件最喜歡的黃色毛衣穿上，梳理了頭髮，嘴裡不斷說：「青雲哪裡去了，怎麼還不回來看我？」她躺下了。突然，她又坐起來，大喊：「兆元，兆元！」喊著兒子的名字，一會又喊青雲，全病房的人都被驚醒。折騰到半夜，她又坐起來，聲嘶力竭喊：「快開門，掀起簾子，我弟弟（亡故多年）趕著馬車來接我了！」她神志不清，不斷囈語。

第二天清晨七點十五分，她停止了呼吸。這天是一九六九年三月十七日，她死在藝術生命最可發揮的時候，終年五十四歲。

她雖是全國人大代表、全國政協委員，死後並未開追悼會。（她死前已被解放）。生前遭難，死後寂寞。

她的身前友好、導演石凌鶴賦詩兩首悼念她。詩云：「戰鬥女性豔山紅，慷慨亂塵尚大公；演到橫眉怒目處，無虧亂世闖英雄。」「竊符救趙美如姬，機智溫柔志不移；天國宣嬌忠烈師，揮刀斬血寫新詩！」詩中歷敘她演過的劇名與人物，也寫出她的性格。

一九七九年五月，粉碎「四人幫」後，舒繡文追悼會終於舉行。這時她已死了十年。鄧穎超主持，曹禺致悼詞。她是否瞑目，無從得知。

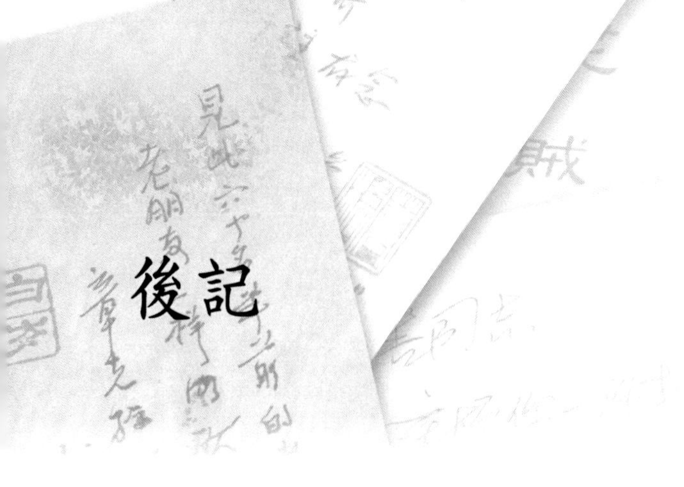

後記

人世蹉跎，歲月無情，本書問世之日，我已整整八十五歲。垂老之年，居然還能有著作問世，而且是在寶島台灣。註1欣喜之情，自不用說。

遙想當年，不僅海峽阻隔，而且兩岸形同敵國。關禁之嚴真所謂一隻蒼蠅都飛不過，在大陸說到「台灣」，人皆禁聲。通「台」之罪，罪可追天。好在時去世易，一笑泯恩仇。畢竟炎黃子孫，如今兩岸行旅如織，暢通無阻，我輩文人更能易地出書，實應額首慶幸。

說完一點感觸，該說此書問世緣由。

枯寂人生需友情溫暖，而在晚歲尤需友情。我有幸在二〇〇七年春夏之交，結識幾位極有學養，造詣頗深的幾位年青友人。其一就是南京曉莊學院邵建教授。初遇之日，一見如故，言談間並無年齡之閡，老朽如我也感受到不少新思想新觀點，大有相見恨晚之感。因邵先生又接識了新的友人。

是年夏，某日傍晚。忽接邵教授電話，邀我去傅厚崗某茶社，會見一位遠方來客——山東馮克力先生。那天高朋滿座。除邵、馮兩位外，還有張昌華、范泓兩位著作極富、碩果累累的作家、學人。另有一位與我年齡相若的尉先生。

馮先生是資深編輯，主持著膾炙人口的《老照片》，還擔負著幾套叢刊、叢書的編輯。深得作者與讀者的敬仰。難得的馮先生謙誠隨和，真是一位山東漢子，同樣我們一見如故。閒談中，我回憶當年記者生涯中的幾件舊情往事。如當年隨蔣介石遊太湖[註2]，立刻引起馮先生注意，要我成稿寄給他。當晚賓主盡歡而散。

恭敬不如從命，遵馮編意見，陸續寄去成稿，某些篇章，蒙先後在《溫故》、《老照片》發表。（台灣《傳記文學》也曾發表數篇）立即為《作家文摘》、《揚子晚報》轉載。社會反響堪稱不錯。

此後，馮編來函鼓勵，認為拙作都是親歷、親見、親聞，寫這樣文章的人愈來愈少了。他並說，積有一定數量可結集出版。

新的機緣又悄然而至。近年在大陸多種報刊常見蔡登山大作（拙文常和他同發一刊），語辭閎麗、史料豐富、觀點卓越，私心仰慕。原認為此人必在大陸並積有年歲。某次問起邵先生方知蔡先生身在台北，著作家、出版家一身兩任，也為邵之相識。因而又成尚未謀面的文字交。蔡先生也相約結集後也可在台出版。

然而寫來艱難，一是畢竟年老了，二是回憶這些往事，常常動情，與筆下人物同嗟傷同悲懷。兩度春秋才告完成。這該是我寫得最慢的一本書。

在此成書之日，我要深深感謝邵建、馮克力、蔡登山三位先生，沒有他們的鼓勵與支持，也就沒有本書問世。

還需說明的一點是，本書在兩地出版，篇目略異。台版篇目多於大陸，因而成兩集出版。

李偉，二〇〇九於南京，時年八十五歲。

>>> **注釋**

註1：本書問世前，筆者已在台北出版《報人風骨——徐鑄成傳》，秀威資訊公司出版。

註2：本篇未收入本書，將在另冊面世。

世紀映像叢書

1. 百年記憶－中國近現代文人心靈的探尋
   蔡登山・著
2. 青山有史－台灣史人物新論
   謝金蓉・著
3. 雪泥鴻爪－近代史工作者的回憶
   陶英惠・著
4. 大師的零玉－陳寅恪，胡適和林語堂的一些瑰寶遺珍
   劉廣定・著

5. 玫瑰，在她如此盛開的時候－探索女性文學的綺麗世界
   朱嘉雯・著
6. 錢鍾書與書的世界
   林耀椿・著
7. 徐志摩與劍橋大學
   劉洪濤・著
8. 魯迅愛過的人
   蔡登山・著

世紀映像叢書

9. 數風流人物－梁啟超、徐志摩、陳獨秀、雷震
   吳銘能・著
10. 文學風華－戰後初期13著名女作家
   應鳳凰・著
11. 李長之和他的朋友們
   于天池、李書・合著
12. 丁文江圖傳
   宋廣波・著

13. 走過的歲月－一個治史者的心路歷程
   陳三井・著
14. 一代漂泊文人
   姚錫佩・著
15. 另眼看作家
   蔡登山・著
16. 情多處處有戲－賈馨園談戲曲
   賈馨園・著

世紀映像叢書

17. 跨界劇場・人
  林乃文・著
18. 青史留痕－－個台灣學者的大陸之旅
  陳三井・著
19. 林黛玉的異想世界－紅樓夢論集
  朱嘉雯・著
20. 打開塵封的書箱－新文學版本雜話
  朱金順・著

21. 狂飆的年代－近代台灣社會菁英群像
  林柏維・著
22. 典型在夙昔－追懷中央研究院六位已故院長（上）
  陶英惠・著
23. 典型在夙昔－追懷中央研究院六位已故院長（下）
  陶英惠・著
24. 摩登・上海・新感覺－劉吶鷗
  許秦蓁・著

世紀映像叢書

25. 張靜江、張石銘家族（上）
    張南琛、宋路霞・著
26. 張靜江、張石銘家族（下）
    張南琛、宋路霞・著
27. 何故亂翻書－謝泳閱讀筆記
    謝泳・著
28. 北大教授－政學兩界的人和事
    張耀杰・著

29. 素描－中國現當代作家印象
    陳子善・著
30. 魯迅與周作人
    張耀杰・著
31. 精神的流浪－丁東自述
    丁東・著
32. 人文肖像－在朝內166號與前輩魂靈相遇
    王培元・著

世紀映像叢書

33. 法蘭西驚艷
    陳三井・著
34. 河流裡的月印－郭松棻與李渝小說總論
    黄啟峰・著
35. 上海灘名門閨秀
    宋路霞・著
36. 現代文壇繽紛錄（一）－作家剪影
    秦賢次・著

37. 曾經輝煌－被遺忘的文人往事
    蔡登山・著
38. 「天方夜譚」－現代學術社群史話
    潘光哲・著
39. 曾經風雅－文化名人的背影
    張昌華・著
40. 故紙風雪－文化名人的背影
    張昌華・著

世紀映像叢書

41. 思想的風景－近代思想史另類閱讀
   向繼東・著
42. 醒獅精神－青年黨人物群像
   陳正茂・著
43. 昨夜星光燦爛（上）－民國影壇的28位巨星
   張偉・著
44. 昨夜星光燦爛（下）－民國影壇的28位巨星
   張偉・著

45. 上海的美麗時光
   陳子善・著
46. 追尋，漂泊的靈魂－女作家的離散文學
   朱嘉雯・著
47. 紙韻悠長－人與書的往事
   張偉・著
48. 各擅風騷－民國人和事
   陳正茂・著

世紀映像叢書

49. 關於廢名
    眉睫・著
50. 蠹魚篇
    謝其章・著
51. 絕代風流－西南聯大生活實錄
    劉宜慶・著
52. 先生之風－西南聯大教授群像
    劉宜慶・著

國家圖書館出版品預行編目

浪花淘盡：文人劫難記 / 李偉作. -- 一版. -
- 臺北市：秀威資訊科技, 2010.03
面； 公分. --（史地傳記類；PC0104）
BOD版

ISBN 978-986-221-404-6（平裝）

1.作家 2.傳記 3.中國當代文學

782.248 99001308

史地傳記 PC0104

浪花淘盡——文人劫難記

作 者 / 李 偉
主 編 / 蔡登山
發 行 人 / 宋政坤
執 行 編 輯 / 林泰宏
圖 文 排 版 / 鄭維心
封 面 設 計 / 蕭玉蘋
數 位 轉 譯 / 徐真玉、沈裕閔
圖 書 銷 售 / 林怡君
法 律 顧 問 / 毛國樑 律師
出 版 印 製 / 秀威資訊科技股份有限公司
台北市內湖區瑞光路583巷25號1樓
電話：02-2657-9211 傳真：02-2657-9106
E-mail：service@showwe.com.tw
經 銷 商 / 紅螞蟻圖書有限公司
台北市內湖區舊宗路二段121巷28、32號4樓
電話：02-2795-3656 傳真：02-2795-4100
http://www.e-redant.com

2010 年 3 月 BOD 一版
定價：500 元

讀　者　回　函　卡

感謝您購買本書，為提升服務品質，煩請填寫以下問卷，收到您的寶貴意見後，我們會仔細收藏記錄並回贈紀念品，謝謝！

1.您購買的書名：＿＿＿＿＿＿＿＿＿＿＿＿＿＿

2.您從何得知本書的消息？

☐網路書店　☐部落格　☐資料庫搜尋　☐書訊　☐電子報　☐書店

☐平面媒體　☐ 朋友推薦　☐網站推薦 ☐其他＿＿＿＿＿

3.您對本書的評價：(請填代號　1.非常滿意 2.滿意 3.尚可 4.再改進)

封面設計＿＿　版面編排＿＿　內容＿＿　文/譯筆＿＿　價格＿＿

4.讀完書後您覺得：

☐很有收獲　☐有收獲　☐收獲不多　☐沒收獲

5.您會推薦本書給朋友嗎？

☐會　☐不會，為什麼？＿＿＿＿＿＿＿＿＿＿＿＿＿＿＿＿＿＿

6.其他寶貴的意見：＿＿＿＿＿＿＿＿＿＿＿＿＿＿＿＿＿＿＿＿

＿＿＿＿＿＿＿＿＿＿＿＿＿＿＿＿＿＿＿＿＿＿＿＿＿＿＿＿＿

＿＿＿＿＿＿＿＿＿＿＿＿＿＿＿＿＿＿＿＿＿＿＿＿＿＿＿＿＿

＿＿＿＿＿＿＿＿＿＿＿＿＿＿＿＿＿＿＿＿＿＿＿＿＿＿＿＿＿

讀者基本資料

姓名：＿＿＿＿＿＿＿＿＿＿　年齡：＿＿＿　性別：☐女 ☐男

聯絡電話：＿＿＿＿＿＿＿＿　E-mail：＿＿＿＿＿＿＿＿＿＿

地址：＿＿＿＿＿＿＿＿＿＿＿＿＿＿＿＿＿＿＿＿＿＿＿＿

學歷：☐高中(含)以下　☐高中　☐專科學校　☐大學

☐研究所(含)以上 ☐其他＿＿＿＿＿＿＿

職業：☐製造業 ☐金融業 ☐資訊業 ☐軍警 ☐傳播業 ☐自由業

☐服務業 ☐公務員 ☐教職　☐學生 ☐其他＿＿＿＿＿